한자 연상 기억술

맵핑으로 바로 외우고
오래 기억하는

한국두뇌개발교육원 손 동 조 지음 | 한국최초기억법창안자 손 주 남 감수

Foreign Copyright:
Joonwon Lee
Address: 127, Yanghwa-ro, Mapo-gu, Chomdan Building 6th floor,
  Seoul, Korea
Telephone: 82-70-4345-9818
E-mail: jwlee@cyber.co.kr

맵핑으로 바로 외우고 오래 기억하는
한자 연상 기억술

2015. 1. 10. 1판 1쇄 발행
2017. 1. 10. 1판 2쇄 발행

지은이 | 손동조
감 수 | 손주남
펴낸이 | 이종춘
펴낸곳 | BM 주식회사 성안당
주소 | 04032 서울시 마포구 양화로 127 첨단빌딩 5층(출판기획 R&D 센터)
     | 10881 경기도 파주시 문발로 112 출판문화정보산업단지(제작 및 물류)
전화 | 02) 3142-0036
     | 031) 950-6300
팩스 | 031) 955-0510
등록 | 1973. 2. 1. 제406-2005-000046호
출판사 홈페이지 | www.cyber.co.kr
ISBN | 978-89-315-7822-5 (13710)
정가 | 18,000원

이 책을 만든 사람들
기획 | 최옥현
진행 | 정지현
본문 디자인 | 김인환
표지 디자인 | 박원석
홍보 | 박연주
국제부 | 이선민, 조혜란, 고운채, 김해영, 김필호
마케팅 | 구본철, 차정욱, 나진호, 이동후, 강호묵
제작 | 김유석

이 책의 어느 부분도 저작권자나 BM 주식회사 성안당 발행인의 승인 문서 없이 일부 또는 전부를 사진 복사나 디스크 복사 및 기타 정보 재생 시스템을 비롯하여 현재 알려지거나 향후 발명될 어떤 전기적, 기계적 또는 다른 수단을 통해 복사하거나 재생하거나 이용할 수 없음.

※ 잘못된 책은 바꾸어 드립니다.

머리말

　많은 사람들이 한자는 어렵고, 재미없다고 한다. 하지만 한자를 배워서 익히면 어휘력이 풍부해지고, 글의 이해를 돕는 등 한자학습의 긍정적인 효과에 대해서는 많은 사람들이 공감하고 있다. 이 책은 바로 한자학습의 장점은 알지만, 막상 학습이 실천되지 않는 사람들을 위해 만들어졌다.

　이 책의 학습 과정을 거치면 한자가 가장 배우기 쉽고, 한자 그 자체 짜임의 논리성으로 인해 다른 학습 능력도 향상되는 것을 스스로 느낄 수 있게 될 것이다.

　한 자를 깨치면 열 자를 알게 되고, 열 자를 깨치면 백 자를 깨치는 수평적 사고를 할 수 있도록 구성하였으며, 한자가 만들어진 과정과 배우는 방법이 연상기억법으로 되어 있어 단순한 한자학습을 넘어 기억법에 대한 논리적 이해를 돕는 데에도 도움을 줄 수 있도록 하였다.

▶ **이 책의 구성과 공부 방법**
1. 한자 하나를 알면 열 자를 알 수 있도록 배열하였다.
    - 배열의 원칙은 상위급수 글자부터 하위급수에 이르도록 하여 8급에서 1급까지 종합적으로 공부할 수 있도록 하였다.
    - 열 자는 자원별로 선정하여 글자 형성의 유래와 근원을 이해하는 데 주력할 수 있게 같은 모양을 한눈에 볼 수 있도록 하였다.
2. 글자의 훈과 음(소리)이 저절로 나올 수 있도록 뜻은 청색으로 표시하였으며, 음은 낱말을 두 개 이상씩 넣어서 읽는 것만으로도 익히는 데 도움이 되도록 하였다.
3. 두 개의 낱말 중 하나는 풀이 속에 넣어 밑줄 표시로 활용하고 글자 하나의 소리와 뜻, 낱말 활용을 묶어 글자 하나하나를 풀이하였다.
4. 연상기억은 풀이된 내용을 머릿속에서 그림으로 상상할 수 있도록 하였다.

　이 책의 가장 큰 특징은 논리적인 한자의 특성을 이용한 체계적인 구성을 통해 한자학습을 보다 쉽고 과학적으로 기억법 원리에 의해 글자가 머릿속에 그려지도록 구성된 점이다. 그렇기 때문에 초, 중, 고등학교 학생은 물론 중국어, 일본어를 공부하는 대학생 및 자기계발을 위한 직장인과 성인들까지 두뇌개발훈련이 필요한 모든 사람들에게 적극 추천한다.

저자 손동조

두뇌혁명 프로젝트 3,500字
기적의 한자 암기

기억의 방에 정보 입력

100개 단어 순간 암기

1급 3500字 한자 암기 시범

숫자와 연상결합 기억 회생하기

SBS
놀라운 대회 스타킹 182회 출연

암기왕 손주남

공간 지각 능력, 좌뇌·우뇌 훈련

그림, 숫자, 한글, 영어 암기 시범

초스피드로 기억하기!!

목차

머리말 ··· 3
두뇌혁명 프로젝트 3,500字 기적의 한자 암기 ··· 4

Part 1 한자부수 연상풀이 훈음 연상기억 1~27 ··· 7

Part 2 맵핑 漢字 연상기억 ··· 63

1강 돼지 시 豕의 場 ······ 64	35강 오히려 상 尙의 場 ·· 132	69강 참 진 眞의 場 ····· 200
2강 선비 사 士의 場 ······ 66	36강 서울 경 京의 場 ···· 134	70강 몸 기 己의 場 ····· 202
3강 면할 면 免의 場 ······ 68	37강 높을 고 高의 場 ···· 136	71강 한가지 공 共의 場 ·· 204
4강 참새 작 雀의 場 ······ 70	38강 옳을 가 可의 場 ···· 138	72강 흰 백 白의 場 ····· 206
5강 범 호 虎의 場 ······· 72	39강 기이할 기 奇의 場 ·· 140	73강 맏 형 兄의 場 ····· 208
6강 닭 유 酉의 場 ······· 74	40강 어미 모 母의 場 ···· 142	74강 마을 리 里의 場 ···· 210
7강 황새 관 雚의 場 ······ 76	41강 이를 지 至의 場 ···· 144	75강 귀신 귀 鬼의 場 ···· 212
8강 나무 목 木의 場 ······ 78	42강 쓸 용 用의 場 ······ 146	76강 방패 간 干의 場 ···· 214
9강 한글 가나다 숫자 공식표 80	43강 머리 두 頭의 場 ···· 148	77강 아침 단 므의 場 ···· 216
10강 어질 량 良의 場 ····· 82	44강 흙 토 土의 場 ······ 150	78강 장인 공 工의 場 ···· 218
11강 성 씨 氏의 場 ······ 84	45강 때 시 時의 場 ······ 152	79강 사귈 교 交의 場 ···· 220
12강 수건 건 巾의 場 ····· 86	46강 말 물 勿의 場 ······ 154	80강 아닐 비 非의 場 ···· 222
13강 두루 방 旁의 場 ····· 88	47강 묶을 속 束의 場 ···· 156	81강 견줄 비 比의 場 ···· 224
14강 모 방 方의 場 ······· 90	48강 뭍 륙 陸의 場 ······ 158	82강 예 고 古의 場 ······ 226
15강 기 기 旗의 場 ······· 92	49강 글 서 書의 場 ······ 160	83강 별 태 台의 場 ······ 228
16강 목마를 갈 曷의 場 ··· 94	50강 미칠 급 及의 場 ···· 162	84강 볼 견 見의 場 ····· 230
17강 양 양 羊의 場 ······· 96	51강 던질 투 投의 場 ···· 164	85강 클 보 甫의 場 ····· 232
18강 망할 망 亡의 場 ····· 98	52강 소리 음 音의 場 ···· 166	86강 문 문 門의 場 ····· 234
19강 그물 망 罒의 場 ···· 100	53강 없을 막 莫의 場 ···· 168	87강 또 차 且의 場 ····· 236
20강 무릇 범 凡의 場 ···· 102	54강 귀 이 耳의 場 ······ 170	88강 밥 식 食의 場 ····· 238
21강 글월 문 文의 場 ···· 104	55강 받을 봉 奉의 場 ···· 172	89강 누울 와 臥의 場 ···· 240
22강 형통할 형 亨의 場 ·· 106	56강 콩 두 豆의 場 ······ 174	90강 비 우 雨의 場 ····· 242
23강 북방 임 壬의 場 ···· 108	57강 글귀 구 句의 場 ···· 176	91강 욀 강 講의 場 ····· 244
24강 새 조 鳥의 場 ····· 110	58강 벼 화 禾의 場 ······ 178	92강 검소할 검 儉의 場 ·· 246
25강 토끼 묘 卯의 場 ···· 112	59강 가운데 중 中의 場 ·· 180	93강 합할 합 合의 場 ···· 248
26강 골 곡 谷의 場 ······ 114	60강 각각 각 各의 場 ···· 182	94강 나 여 余의 場 ····· 250
27강 검을 현 玄의 場 ···· 116	61강 가죽 피 皮의 場 ···· 184	95강 책 책 册의 場 ····· 252
28강 넓을 박 博의 場 ···· 118	62강 지탱할 지 支의 場 ·· 186	96강 매울 신 辛의 場 ···· 254
29강 놈 자 者의 場 ······ 120	63강 잠잘 침 寢의 場 ···· 188	97강 다행 행 幸의 場 ···· 256
30강 모일 회 會의 場 ···· 122	64강 푸를 청 靑의 場 ···· 190	98강 돼지 해 亥의 場 ···· 258
31강 검을 흑 黑의 場 ···· 124	65강 꾸짖을 책 責의 場 ·· 192	99강 부를 소 召의 場 ···· 260
32강 저녁 석 夕의 場 ···· 126	66강 구역, 구분할 구 區의 場 194	100강 창 과 戈의 場 ····· 262
33강 그 기 基의 場 ······ 128	67강 문서 권 卷의 場 ···· 196	101강 가까울 근 近의 場 · 264
34강 활 궁 弓의 場 ······ 130	68강 이룰 성 成의 場 ···· 198	

부록 1급 한자능력검정시험대비 3,500字 정리 ··· 267

Part 1

한자부수 연상풀이
훈음 연상기억

한자부수 연상풀이 훈음 연상 기억 1

7급 3획	7급 3획	한 일
上 위 상	下 아래 하	한 사람씩 일렬로 서서 줄다리기를 한다 손가락 하나, 또는 선 하나를 가로로 그어 수효 '하나'를 나타내고 땅과 하늘, 달, 나뭇가지를 뜻함.

■ **연상기억** : 땅 위(上), 하늘 아래(下), 하석 상대(下石上臺)

7급 5획	7급 7획	불똥, 점 주
主 주인 주	住 살 주	불똥 튀는 주위가 붉은 점으로 나타나 주위를 밝힌다 떨어져 나간 불똥이 점으로 보이나 점은 더욱 또, 아주 심하거나 큰 것의 수식어로 쓰임.

■ **연상기억** : 주인이(主) 주거하여 살다(住).

8급 4획	4급Ⅱ 8획	뚫을 곤
中 가운데 중	忠 충성 충	(팽이가) 뚫을려고 곤두섰다 위에서 내려그어 팽이나 상자의 중간을 종으로 뚫음.

■ **연상기억** : 중간(中)에서 충성(忠)을 다하다.

3급 2획	1급 5획	삐칠 별
乃 이에 내	孕 아이밸 잉	(꼬리가) 삐쳐 별난 모습 선을 그을때 오른쪽에서 왼쪽으로 끌어 당김을 가리켜서 '삐치다'라는 뜻.

■ **연상기억** : 결혼한지 9 내지(乃) 10개월 사이에 아이를 잉태(孕)하다.

3급 3획		3급 11획	乙 새 을
乞 빌 걸		乾 마를, 하늘 건	새가 을숙도에 산다 새의 굽은 앞가슴과 초목의 새싹이 걸려 있거나 굽은 모양을 나타냄.

■ 연상기억 : 풀이 말라서(乾) 비틀어지다(乙).

3급 2획		7급 3획	亅 갈고리 궐
了 마칠 료		子 아들 자	갈고리로 걸(궐)어 올리다 바위에 붙은 미역을 갈고리로 걸어 올리는 모습에서 갈고리의 끝부분을 나타냄.

■ 연상기억 : 태어나서(了) 팔을 펼쳐 아들(子)이 되다.

3급 4획		5급 12획	二 두 이
 云 이을 운		雲 구름 운	둘 이서 논다 윷이 둘은 엎어지고 둘은 재껴져 '개'가 됨.

■ 연상기억 : 하늘과 땅 사이(云)에 구름(雲)이 끼다.

3급 9획		5급 11획	 머리부분 두 (돼지해머리)
 亭 정자 정		停 머무를 정	머리부분에 두건을 두르다 가로선(一) 위에 꼭지점(.)을 찍어 머리부분을 뜻함.

■ 연상기억 : 정자각(亭)에 나그네가 머물러 쉬어가다(停).

한자부수 연상풀이 훈음 연상 기억 ②

4급 4획
仁
어질 인

5급 5획
仙
신선 선

人 사람 인

사람들은 서로
인사한다

두 사람이 서로 의지하여 서 있는 모습으로 서로 돕고 혼자서는 못 산다는 의미.

■ 연상기억 : 신선(仙)과 같이 인자(仁)한 사람.

8급 6획
先
먼저 선

5급 9획
洗
씻을 세

儿 걷는 사람, 어진 사람 인

(천천히) 걷는 사람
인가봐?

걷는 사람이 앞 발을 내딛고 뒷발은 든 모양으로 사람의 두 다리를 표현.

■ 연상기억 : 선생님(先)이 세수(洗)를 한다.

6급 4획
公
공평할 공

4급 8획
松
소나무 송

八 여덟 팔

(구십) 여덟 할아버지
팔자 수염

영감의 수염 모습을 나타냈으나 숫자 팔(8)의 개념이고, 이별, 가르는 것, 넘치는 것을 나타냄.

■ 연상기억 : 공무원(公)이 소나무(松)의 송충을 잡는다.

7급 4획
內
안 내

4급 10획
納
들일 납

入 들 입

들어 가는
입구

뾰족한 윗부분 물체의 안쪽 속으로 들어갈때 갈라진 뒷 아랫부분을 나타냄.

■ 연상기억 : 국내(內)에서 납세(納) 의무를 지키다.

4급 8획		5급 12획	冂	멀 경
周 두루 주	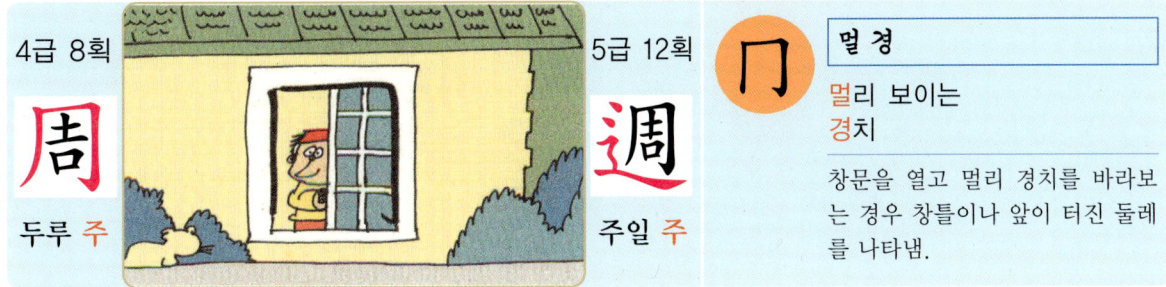	週 주일 주		멀리 보이는 경치 창문을 열고 멀리 경치를 바라보는 경우 창틀이나 앞이 터진 둘레를 나타냄.

■ **연상기억** : 친구 주변에서 두루두루(周), 주일(週)을 지내다.

8급 9획		8급 13획	冖	덮을 멱
軍 군사 군		運 운전 운 옮길 운		덮어 놓은 멱(미역)국 상 위에 보자기로 덮어 놓은 음식을 먹음. 모자, 지붕 위를 뜻함.

■ **연상기억** : 군인(軍)이 운전(運)하는 차.

3급 10획		3급Ⅱ 10획	冫	얼음 빙
凉 서늘할 량		凍 얼 동		얼음으로 만든 빙과 처마 밑 고드름의 끝이 떨어지는 모양과 얼음의 결, 또는 습한 것과 찬 것을 나타냄.

■ **연상기억** : 청량(凉)리 얼음 냉동(凍) 공장.

3급Ⅱ 3획		2급 6획	几	책상, 안석 궤
凡 뭇 범		汎 넓을 범		책상을 궤짝으로 만들었다 책상 모양의 양쪽 다리 모습과 궤짝의 양쪽 윤곽을 나타냄.

■ **연상기억** : 비범(凡)한 각오로 범(汎) 국민운동 시작.

한자부수 연상풀이 훈음 연상 기억 3

2급 6획

匈
오랑캐 흉

3급Ⅱ 10획
胸
가슴 흉

凵 입 벌릴 감
입 벌려 감이 떨어지기를 기다린다
물건을 담을 수 있도록 위가 터진 모양.

■ 연상기억 : 오랑캐의 흉(匈)한 가슴(胸)의 흉곽.

6급 4획

分
나눌 분

4급 10획
粉
가루 분

刀 칼 도
칼이 도마 위에 있다
칼의 등과 날의 표시로 도마 위에 놓은 칼을 본떠 만든 모습으로 자르다, 베다의 뜻으로 쓰임.

■ 연상기억 : 나누고 또 나누어(分) 가루(粉)가 되다.

1급 6획
肋
갈비 륵

4급 12획
筋
힘줄 근

力 힘 력
힘을 쓰는 역도 선수
힘쓸 때 가슴, 팔, 어깨쭉지에 생기는 힘살의 모양으로 힘과 노력, 일을 뜻함.

■ 연상기억 : 갈비쪽 늑골(肋)의 힘줄 근육(筋).

4급Ⅱ 5획

包
쌀 포

3급 8획
抱
안을 포

勹 쌀 포
쌀을 포대에 포장했다
사람이 팔을 구부려 에워싸는 모양에서 쌀을 포장하여 에워싸다.

■ 연상기억 : 포장(包)한 선물을 싸안다(抱).

| 5급 4획 化 될 화 |  | 7급 8획 花 꽃 화 | 匕 | **비수 비**
비수로
비(베)다
비수를 가슴에 대는 모양이나 비수외에 굽은 '숟가락', 허리 굽은 노인, 칼을 뜻함. |

■ 연상기억 : 꽃봉오리(艹)가 변(化)하여 꽃(花)이 되다.

■ 연상기억 : 화살(矢)과 창(殳)에 맞은 상처(匚)를 소독(西)하다.

■ 연상기억 : 패망(亡)하여 고달픈 여인이 망령(妄)이 들다.

■ 연상기억 : 여자의 세간살이(什) 중 바늘(針)이 필수품이다.

한자부수 연상풀이 훈음 연상 기억

1급 8획		3급 11획	卜	점 복
卦 점 괘		掛 걸 괘		점을 쳐 복을 빌다 고대 사람들은 거북등을 태워 그 갈라진 모양으로 길흉을 점침.

■ 연상기억 : 점(占)을 쳐 점괘(卦)를 괘도(掛)처럼 걸다.

3급 7획		3급Ⅱ 11획	卩	마디, 병부 절
却 물리칠 각		脚 다리 각		마디가 절이다 무릎의 마디를 접고 앉은 모습에서 '마디'와 '앉는다'는 뜻을 지님.

■ 연상기억 : 물러 갈 때(却)에 다리(脚)에 힘이 빠지다.

5급 10획		4급 13획	厂	굴바위 엄, 언덕 안
原 언덕 원		源 근원 원		굴바위 밑에 엄숙히! 산기슭 굴바위가 옆으로 삐져 나와 생긴 빈 공간에 엄숙히 앉아 있는 모습.

■ 연상기억 : 샘(泉)의 근원(源)이 언덕(原)에서 시작되다.

1급 7획		5급 12획	厶	마늘 모, 사사 사
宏 클 굉		雄 수컷 웅		마늘 모양 마늘 모양을 본뜬자로 팔꿈치를 구부려 물건을 감싸 안을 때 삼각형의 팔꿈치 모양.

■ 연상기억 : 굉장히(宏) 큰 수컷(雄)의 새 집.

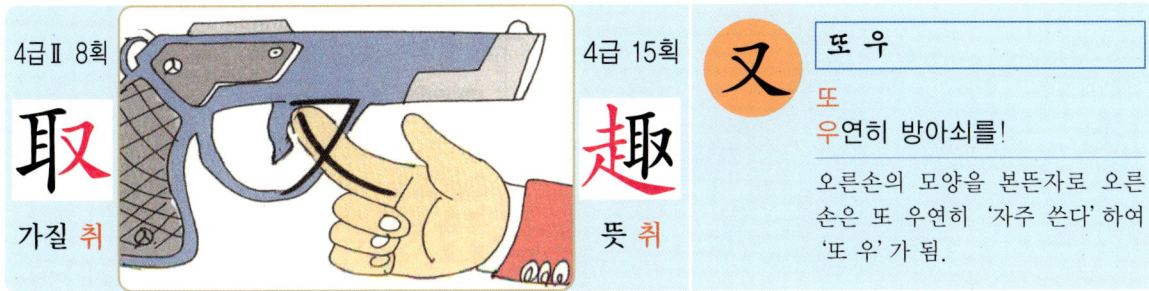

■ **연상기억** : 손(又)에 귀(耳)를 쥔 취지(趣).

■ **연상기억** : 글귀의 구절(句)이 마음을 잡다(拘).

■ **연상기억** : 적군이 나라(國)를 포위(圍)하다.

■ **연상기억** : 흙(土)에서 싹이 소생하다(生), 먹은 것을 토해내다(吐).

한자부수 연상풀이 훈음 연상 기억 ⑤

| 5급 3획  선비 사 |  | 5급 5획 仕 벼슬 사 | 士 선비 사
선비가
사는 사회
하나(一)를 깨우쳐 열(十)을 아니 가히 선비(士)답다. |

■ **연상기억** : 선비(士)가 공부하여 벼슬(仕)을 하다.

| 7급 5획  겨울 동 |  | 5급 11획 終 마침 종 | 夂 뒤쳐져올 치
뒤쳐져오니
치근(측은)하다
수레를 끄는(\) 사람(夂)은 뒤쳐져 온다. |

■ **연상기억** : 얼어붙은(冬) 얼음처럼 실의 마지막(終) 매듭.

| 7급 10획  여름 하 |  | 4급Ⅱ 11획  곳 처 | 夊 천천히 걸을 쇠
쇠약해서
천천히 걸을 수 밖에
쇠약한 노인(夂-人)이 지팡이를 끌면서(\) 천천히 걷는다. |

■ **연상기억** : 여름(夏)에 피서할 곳(處)을 찾다.

| 6급 6획  많을 다 |  | 1급 8획 侈 사치할 치 | 夕 저녁 석
저녁에
석간을 본다
그믐이나 초승달은 보름달(夕-月)과 반대로 기운 반달(夕)이며, 쪽배를 뜻함. |

■ **연상기억** : 사람(人)의 몸에 많은(多) 치장은 사치다(侈).

■ **연상기억** : 태산(太)에서 흘러내린 물에 씻어(汰)내다.

■ **연상기억** : 둘째 부인(妻)이 대접(接)하다.

■ **연상기억** : 효자(孝)로 가르치다(敎).

■ **연상기억** : 편안한(安) 자세로 책상(案)에 앉아 공부하다.

한자부수 연상풀이 훈음 연상 기억

3급 II 14획	1급 17획	寸	마디 촌
壽 목숨 수	濤 물결 도		촌(시골) 마디(마디) 이정표가 있다 대나무 촌의 대나무 마디에 이정표를 만들어 매달은 삼촌.

■ 연상기억 : 나이들어 잡힌 주름(壽)이 물결 위에 파도같군(濤).

7급 4획	4급 7획	小	작을 소
少 적을 소	妙 묘할 묘		작은 소 인형 작고 큰 것의 비교로 세 인형은 작은 두 인형을 팔(八)자로 좌우에 놓고 중간에 일(l)을 배치한 모습.

■ 연상기억 : 소녀(少)의 묘한 재주(妙)로 묘기를 부리다.

3급 4획	4급 12획	尤	절름발이 왕
尤 더욱 우	就 이를 취		절름발이의 왕 한쪽 정강이가 굽은 사람(大-尤)의 모양을 본뜬자로 불구의 몸으로 왕이 됨.

■ 연상기억 : 더욱(尤) 노력하여 뜻을 이루어 내다(就).

5급 9획	2급 12획	尸	주검 시
屋 집 옥	握 쥘 악		주검과 시체는 같은 말 원래는 고인돌의 모습으로 고인돌과 시체.

■ 연상기억 : 가옥(屋)의 문서는 오래 잡고(握) 있어야 한다.

1급 10획		2급 17획	싹날 철
芻 꼴 추		趨 달아날 추	싹이 날 철이다 싹이 돋아나오는 모양으로 줄기(凵)와 떡잎(丿)을 나타냄.

■ **연상기억** : 가축 먹이는 풀(芻)로 자가생산하는 추세(趨)다.

3급Ⅱ 8획		5급 9획	메 산
岸 언덕 안		炭 숯 탄	메아리 치는 산 메처럼 솟은 산이 세 개 나란히 있어 한쪽 산에서 '야호' 소리치면 메아리쳐 들려온다.

■ **연상기억** : 언덕(岸) 아래 숯(炭) 가마.

3급Ⅱ 7획		5급 7획	내 천
巡 돌 순		災 재앙 재	냇가의 (개)천 일 년 내내 흐르는 개천에서 물놀이 하는 모습.

■ **연상기억** : 돌아(巡)가는 물에서 수재(災)를 입다.

8급 9획	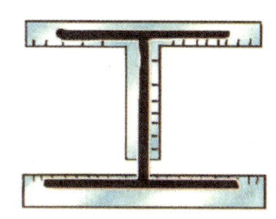	1급 12획	장인 공
空 빌 공		腔 빈속 강	장인이 사용하는 공구 목수나 장인들이 사용하는 자 또는 공구.

■ **연상기억** : 구강(腔) 안의 빈 공간(空).

한자부수 연상풀이 훈음 연상 기억

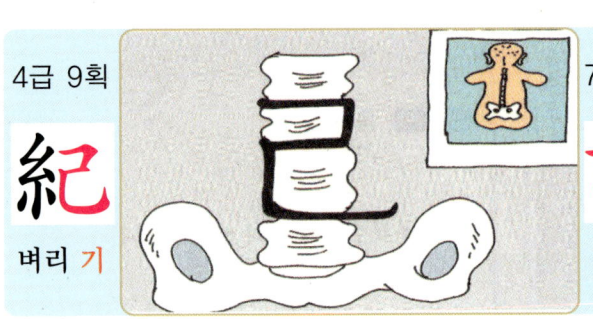

4급 9획		7급 10획	己	몸 기
紀		記		몸이 기둥
벼리 기		기록 기		몸을 받쳐주는 등뼈의 모양을 본 뜬 자로 몸과 '자기'를 나타냄.

■ **연상기억** : 기원(紀)전 역사를 기록하다(記).

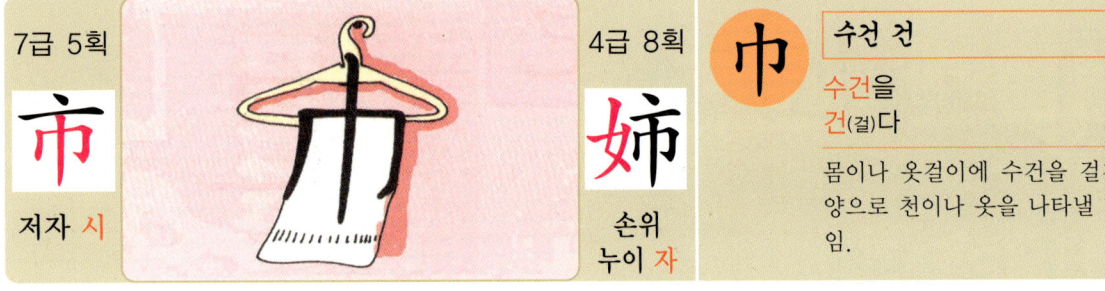

7급 5획		4급 8획	巾	수건 건
市		姉		수건을 건(걸)다
저자 시		손위 누이 자		몸이나 옷걸이에 수건을 걸친 모양으로 천이나 옷을 나타낼 때 쓰임.

■ **연상기억** : 저잣(市) 거리에 자매(姉)가 서 있다.

3급 6획		3급 7획	干	방패 간
汗		旱		방패를 든 간수
땀 한		가물 한		나무 판자 또는 나무 갈고리로 화살이나 창칼을 막는 방패로 쓰는 간과(방패와 창).

■ **연상기억** : 땀(汗)을 흘려 가뭄(旱)을 견디다.

3급Ⅱ 5획		1급 10획	幺	작을 요
幼		窈		작은 요람
어릴 유		그윽할 요		작은 텐트에 작은 요를 넣어 놓은 모양을 본땄으나 실(糸)을 끊어 작게 한 모양과 간난아기의 모습.

■ **연상기억** : 유치원(幼)생 어린 요조숙녀(窈).

4급 10획 座 자리 좌		6급 10획 席 자리 석	广	**집 엄** 집을 엄청 큰 바위로 지었다

바위를 지붕삼아 엄숙히 집을 지킨데서 '집 엄'자를 만들어 집과 물건, 짐승의 몸체를 뜻함.

■ **연상기억** : 좌석(座席)에 앉다.

5급 9획 建 세울 건		5급 11획 健 굳셀 건	廴	**발 끌며 걸을 인** 발을 질질 끌며 걷는 인간

인간은 발을 길게 끌며(ㄟ) 걸어간다(夂).
길게 걸을 때 인대가 늘어난다.

■ **연상기억** : 건설(建)업에 종사하여 건강(健)하다.

3급Ⅱ 7획 弄 희롱할 롱		3급Ⅱ 15획 弊 폐단 폐	廾	**들 공** 들어 공중으로 들어 올리다.

막대(一)를 두손으로 맞잡아 공중으로 들어 올리는 모습이나 윷놀이에 포개진 두 개의 모습.

■ **연상기억** : 어린이를 희롱(弄)하는 폐단(弊).

6급 5획 代 대신 대		4급Ⅱ 6획 伐 칠 벌	弋	**주살, 푯말 익** 주살로 푯말을 맞추는 데 익숙하다

푯말이나 지주를 받친 형태를 본떠 만든 글자.

■ **연상기억** : 대신하여(代) 정벌(伐)하다.

한자부수 연상풀이 훈음 연상 기억 ⑧

3급 5획 **弘** 클 홍

6급 12획 **强** 굳셀 강

弓 활 궁
활을 든
궁도

활의 구부러진(弓) 모습을 본뜬자로 무기를 뜻함.

■ 연상기억 : 활 시위를 크고 넓게(弘) 강하게(强) 당기다.

6급 14획 **綠** 푸를 록

4급 15획 **緣** 인연 연

彐 돼지머리 계
돼지가 머리를
계속 흔들고 있다

산돼지 머리의 모양이 계속 삐져나와 뾰족하게 뻗은 이의 음과 연결된 모양.

■ 연상기억 : 초록(綠) 동산의 돼지와 인간과 인연(緣).

2급 11획 **彫** 새길 조

3급Ⅱ 11획 **彩** 채색 채

彡 터럭(머리) 삼
터럭(머리털)
삼(세)개

머리카락 세 가닥이 바람에 날리는 모습에서 그림자, 채색, 터럭을 뜻함.

■ 연상기억 : 조각(彫)상에 채색(彩)을 하다.

1급 7획 **彷** 노닐 방

1급 12획 **徨** 방황할 황

彳 자축거릴 척
자축하는 척
거리를 거닐다

거리를 자축하면서 두 팔과 다리를 힘차게 뻗는 모습. '왼발', '오른발' 두 발로 번갈아 걸음.

■ 연상기억 : 거리에서 배회하며 방황(彷徨)하다.

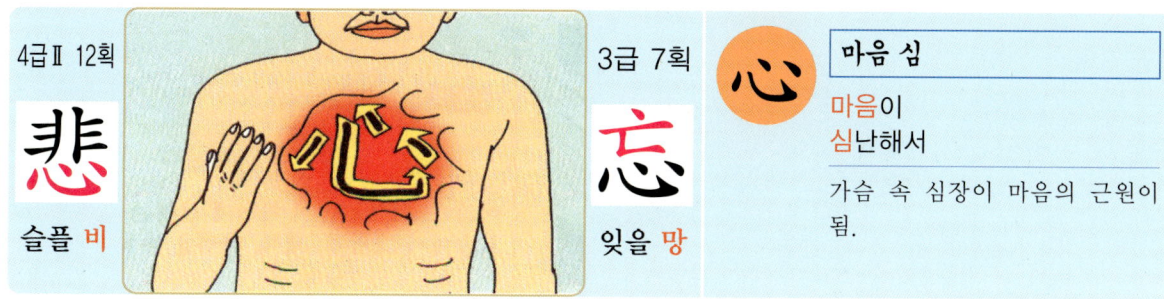

■ 연상기억 : 슬픔(悲)을 빨리 잊다(忘).

■ 연상기억 : 경계(戒)하는 보초가 엔진 기계(械)를 고장내다.

■ 연상기억 : 어그러진(戾) 행동에 눈물(淚) 흘리다.

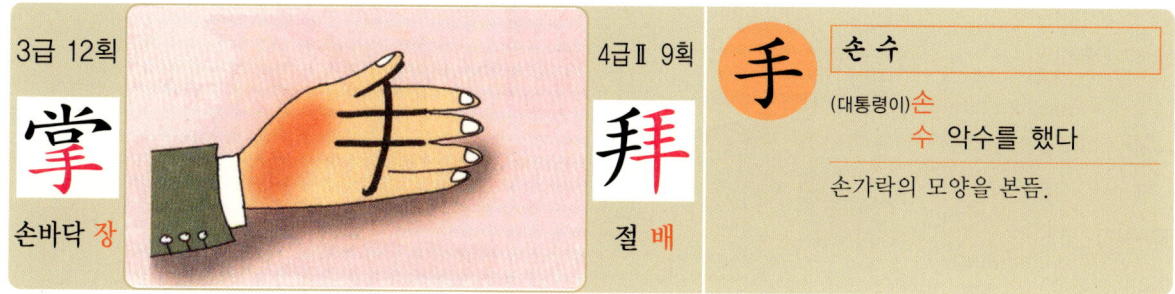

■ 연상기억 : 손바닥(掌)을 바닥에 대고 절(拜)을 하다.

한자부수 연상풀이 훈음 연상 기억

3급 8획		5급 7획	支	지탱할 지
枝 가지 지		技 재주 기		지탱할 지붕 교회는 십자가(十)에 못 박힌 예수님 손(又)에 의해 지탱됨.

■ **연상기억** : 가지(枝)를 잡고 흔드는 기술(技).

3급 13획		3급 11획	攴	칠 복
鼓 북 고		敍 베풀 서		칠복이가 막대를 들고 친다 지탱할 지(支)의 한쪽이 떨어진 모습으로 막대(卜)를 손(又)에 들고 침.

■ **연상기억** : 북(鼓)을 치며 잔치를 베풀다(敍).

3급 10획		2급 10획	文	글월 문
紋 무늬 문		紊 어지러울 문		글씨가 월등한 문장 돼지코 선비(亠)가 무늬놓은 옷을 입고 서 있음.

■ **연상기억** : 옷 무늬(紋)가 어지럽도록 혼란(紊)하다.

5급 10획		3급 11획	斗	말 두
料 헤아릴 료		斜 비낄 사		말 안에 두 개의 낱알 되로 되어 말을 채우는 모습에서 말(斗) 안 두 개의 점은 쌀을 의미함.

■ **연상기억** : 말로 헤아려(料) 경사지게(斜)하다.

■ 연상기억 : 쪼개어(析) 빛이 드니 밝다(분석하여 명석하게 하다).

■ 연상기억 : 방학(放) 숙제를 모방(倣)하다.

■ 연상기억 : 슬퍼서(慨) 밥이 안넘어 간다(旣).

■ 연상기억 : 설날 아침(旦)에 걸친 건(但) 때때옷이다.

25

한자부수 연상풀이 훈음 연상 기억

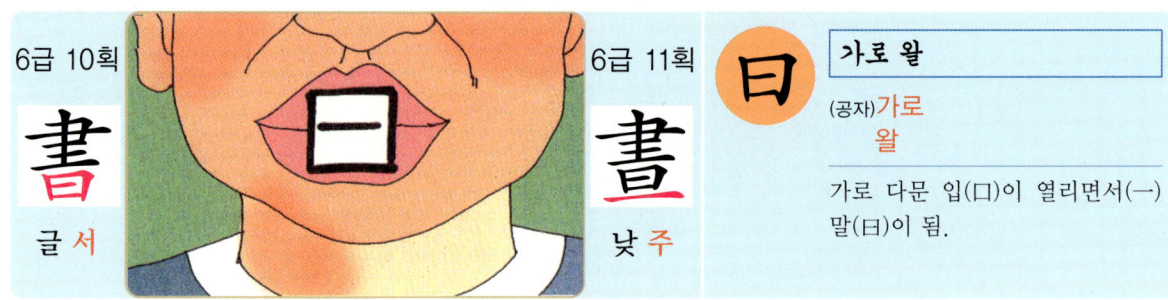

6급 10획		6급 11획	曰 가로 왈
書 글 서		晝 낮 주	(공자)가로 왈 가로 다문 입(口)이 열리면서(一) 말(曰)이 됨.

■ **연상기억** : 법서(書)를 주경야독(晝耕)하여 공부하다(書).

5급 8획		3급Ⅱ 13획	月 달 월
明 밝을 명		盟 맹세할 맹	달 아래를 월하(下)라고 한다 하늘의 구름 위에 떠다니는 쪽배(舟)의 모양을 본뜸.

■ **연상기억** : 맑고 깨끗한(明) 피를 그릇(皿)에 담아 맹세하다(盟).

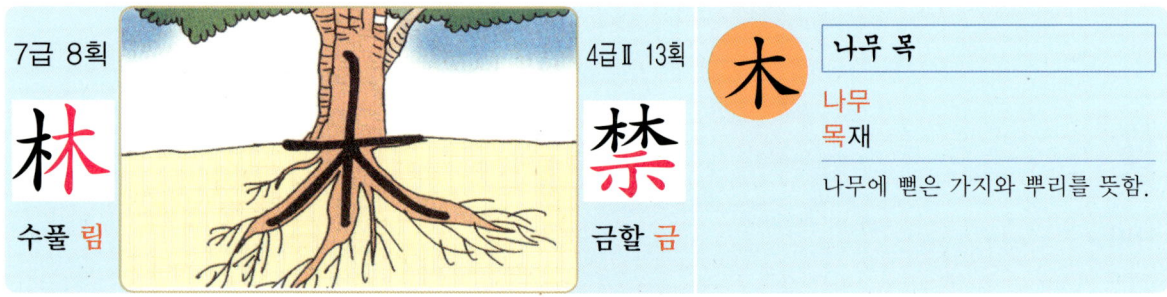

7급 8획		4급Ⅱ 13획	木 나무 목
林 수풀 림		禁 금할 금	나무 목재 나무에 뻗은 가지와 뿌리를 뜻함.

■ **연상기억** : 제단(示)을 모신 숲(林)에 들어가지 않는다(禁).

3급Ⅱ 7획		2급 8획	欠 하품 흠
吹 불 취		炊 불땔 취	(피곤하여) 하품이 흠~하고 절로난다 입을 벌려 하품하는 모습.

■ **연상기억** : 입(口)으로 불어(吹) 불(火)을 피우다.

4급Ⅱ 7획		3급 10획	止	그칠 지
步 걸을 보		涉 건널 섭		(비가) 그칠 지
				비가 그치기를 나무 밑에 서서 기다림.

■ 연상기억 : 걸어서(步) 강을 건너다(涉).

6급 6획	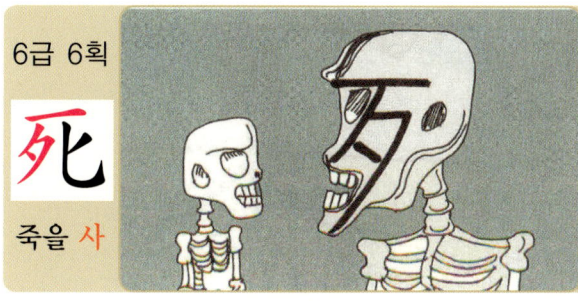	2급 9획	歹	뼈앙상할 알, 죽다 사
死 죽을 사		屍 주검 시		뼈(만) 앙상하여 누군지 알 수 없다
				죽은 사람의 해골이 앙상하여 뼈 알자만 남아 '뼈 앙상할 알'이 됨.

■ 연상기억 : 사람이 죽어서(死) 시체(屍)가 되다.

4급 15획		1급 12획	殳	칠 수
穀 곡식 곡		殼 껍질 각		(나도) 칠 수 있다
				손으로 막대를 잡고 침.

■ 연상기억 : 벼를 터니(穀) 껍질만 남는다(殼).

1급 8획		4급Ⅱ 8획	毋	말 무
拇 엄지손가락 무		毒 독할 독		(하지) 말라고 나무라니 무섭다
				여자가 잘못된 짓을 하지 못하도록 타이르니 '말다' 라는 뜻.

■ 연상기억 : 무지(拇)에 독을 묻혀 소독(毒)하다.

한자부수 연상풀이 훈음 연상 기억

3급 9획		1급 11획	比 견줄 비
皆 다 개		偕 함께 해	(국자를) 견주어 비교하다 국자가 나란히 꽂혀 두 개를 견주어 비교함.

■ 연상기억 : 개근(皆)상을 부부가 함께(偕) 타다.

3급 11획		3급Ⅱ 7획	毛 털 모
毫 터럭 호		尾 꼬리 미	여우털로 만든 모자 여우털과 꼬리를 단 털모자를 상상함.

■ 연상기억 : 꼬리 털(尾)이 높게(毫) 서다.

3급 8획		4급 11획	氏 성 씨
昏 어두울 혼		婚 혼인 혼	성장한 나무는 씨앗에서 자란 것이다 한 나무에서 갈라진 뿌리 즉, 씨족을 의미함.

■ 연상기억 : 어두운(昏) 밤에 촛불을 밝혀 혼인하다(婚).

5급 7획		7급 10획	气 기운 기
汽 김 기		氣 기운 기	기운찬 기세 솥에서 나오는(乀) 김의 기운(氕)을 측정, 평가함.

■ 연상기억 : 쌀(米)밥을 지을 때 나는 김(汽).

6급 5획		3급 8획	水	물 수
 永 길 영		泳 헤엄칠 영		물 나오는 수도 물이 양쪽으로(ㅆ) 퍼져 나오는 수도의 모습에서 물 수(水)가 만들어짐.

■ **연상기억** : 영(永)원한 수영(泳)선수는 없다.

3급 8획		3급Ⅱ 11획	火	불 화
 炎 불꽃 염		淡 맑을 담		불똥이 튀는 화산 화산이 불을 뿜는 모양, 불길이 타오르는 모양.

■ **연상기억** : 화염(炎)의 재가 담(淡)수를 덮다.

5급 8획		3급Ⅱ 11획	爪	손톱 조
 爭 다툴 쟁	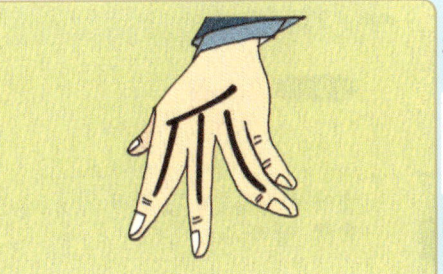	 淨 깨끗할 정		손톱 조심 긴 손톱을 조심스럽게 가꿈.

■ **연상기억** : 정(淨)수기 판매의 전쟁(爭).

1급 8획		2급 10획	父	아비 부
 斧 도끼 부	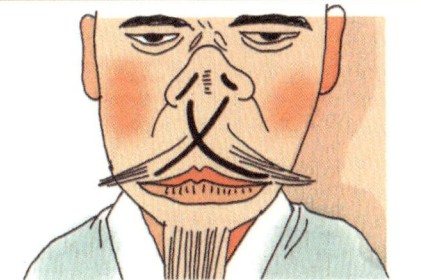	 釜 가마 부		아비 부친 아비의 수염이 부자 친구의 부친을 닮음.

■ **연상기억** : 도끼(斧)로 가마(釜)를 부수다.

한자부수 연상풀이 훈음 연상 기억

1급 14획		2급 17획	爻	사귈 효
爾 어조사 이		彌 미륵 미		사귀여 좋은 효력 포크와 나이프는 좋은 친구로 서로 엇갈려 사귀여 효력을 봄.

■ 연상기억 : 임금이(爾) 미륵불(彌)에 공양하다.

4급Ⅱ 11획		4급 15획	爿	조각널 장
將 장수 장		獎 권장할 장		조각을 넣어서 장식 나무를 쪼갰을 때의 왼쪽 조각의 모양.

■ 연상기억 : 장수(將)가 권장하다(獎).

3급Ⅱ 8획		1급 13획	片	조각 편
版 조각 판	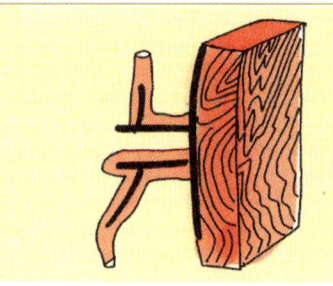	牒 편지 첩		조각의 (파)편 나무를 쪼갰을 때의 오른쪽 조각 모양.

■ 연상기억 : 조각판(版)에 편지(牒)를 써 보내다.

3급Ⅱ 8획		3급Ⅱ 12획	牙	어금니 아
芽 싹 아	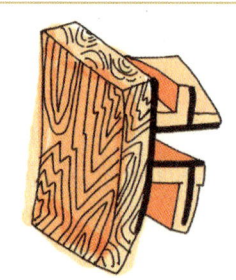	雅 맑을 아		어금니가 아프다 잇몸에 뿌리(牙)내린(牙) 모습.

■ 연상기억 : 아~ 소리가 싹(芽)처럼 맑다(雅).

| 1급 12획
 犀
 물소 서 |  | 3급 16획
 遲
 더딜 지 | 牛 | 소 우
 소가
 우는 모습
 소뿔(⺍)과 정면에 선(十) 자세를 표현한 모양. |

■ **연상기억** : 물소(犀)가 더디어 지각하다(遲).

| 3급Ⅱ 16획
 默
 잠잠할 묵 |  | 3급Ⅱ 19획
 獸
 짐승 수 | 犬 | 개 견
 개가 서로
 견준다
 개가 서로 견주며 으르렁 거림. |

■ **연상기억** : 침묵(默)이 흐르는 밤에 짐승(獸)이 짓는다.

| 3급Ⅱ 10획
 畜
 기를 축 |  | 3급Ⅱ 14획
 蓄
 쌓을 축 | 玄 | 검을 현
 검은
 현관 바닥
 작은(幺)것이 공기 내에 가려져 (亠) 그 빛이 검게 보인다. |

■ **연상기억** : 가축(畜)을 기르기 위해 먹이를 축적하다(蓄).

| 2급 9획
 珏
 쌍옥 각 | 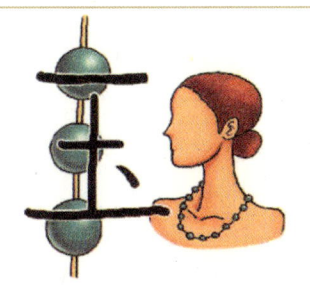 | 6급 10획
 班
 나눌 반 | 玉 | 구슬 옥
 구슬과
 옥을 꿴 목걸이
 구슬을 끈에 꿴 모양의 글자. |

■ **연상기억** : 쌍옥(珏)을 반으로 나누다(班).

한자부수 연상풀이 훈음 연상 기억 13

4급 8획		1급 8획	瓜	오이 과
孤		狐		오이 과 식물
외로울 고		여우 호		덩굴에 달린 고부랑한 오이(厶) 모양을 본뜸.

■ 연상기억 : 고독(孤)한 여우(狐)의 삶.

2급 18획		1급 11획	瓦	기와 와
甕		瓷		기와가 와르르
옹기 옹		질그릇 자		지붕에 기와가 와르르 무너지는 모습.

■ 연상기억 : 옹기(甕) 독은 질그릇자기(瓷)와 같이 흙으로 빚어 굽는다.

1급 9획		1급 11획	甘	달 감
柑		紺		달고 단 감
감자나무 감		감색 감		혀를 내민 입 모양.

■ 연상기억 : 감귤(柑)의 색이 감색(紺)이다.

5급 8획		7급 8획	生	날 생
性		姓		날로 생동감 넘치는 새싹
성품 성		성 성		흙(土)에서 싹(丿)이 나오는 모양.

■ 연상기억 : 남여 성별(姓)에 따른 성격(性)의 차이.

6급 11획		4급Ⅱ 12획	用	쓸 용
通 통할 통		痛 아플 통		쓸만한 거북이 껍질은 모두 사용한다. 거북이 등껍질 모양, 옛날에는 거북이 등껍데기를 도구로 썼다하여 '쓰다' 도구의 뜻이됨.

■ **연상기억** : 교통(通)사고로 인한 통증(痛).

3급 9획		3급Ⅱ 15획	田	밭 전
畓 논 답		踏 밟을 답		밭 전체. 밭 전체 사이 사방으로 뻗은 밭두둑.

■ **연상기억** : 논밭(畓)을 발로 밟다(踏).

6급 8획		1급 13획	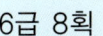	발 소
定 정할 정		碇 닻 정		발이 조그만(소)하다. 발목에서 발꿈치까지 모양을 책상 다리에 비교.

■ **연상기억** : 책상다리를 돌(石)로 고정(定)시키다.

6급 10획		3급Ⅱ 10획		병질 엄, 병들어기댈 녁
病 병 병		症 증세 증		병상에는 질병을 이기려는 엄숙한 분위기가 흐른다. 사람의 집(广)에 습기로 찬 냉기(冫)가 돌면 사람이 병듦(병 증세가 녁녁히).

■ **연상기억** : 병(病)의 증세(症).

한자부수 연상풀이 훈음 연상 기억 14

7급 11획		4급II 16획	癶	걷다, 필 발
登 오를 등		燈 등불 등		발로 걸어서 정상을! 양쪽 발(癶)을 벌리고 걸어가는 모양을 본뜸.

■ 연상기억 : 밤에 산에 오를(登)때 등불(燈)을 준비해야 한다.

4급 8획		3급II 7획	白	흰 백
拍 칠 박		伯 맏 백		흰 백색 티슈 흰 냅킨 박스의 해(日)의 무늬와 그 빛(丿).

■ 연상기억 : 박수(拍)를 보내는 백부(伯).

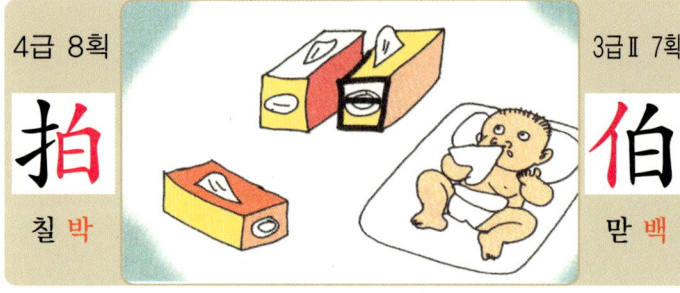

3급II 8획		3급II 10획	皮	가죽 피
彼 저 피		被 입을 피		가죽으로 된 피부 짐승의 가죽을 손(又)으로 벗겨내는 모양에서 눈꺼풀의 눈썹을 편으로 뽑고 있는 모습.

■ 연상기억 : 저편(彼) 언덕의 붕괴로 입은 피해(被).

3급II 15획		3급II 12획	皿	그릇 명
盤 쟁반 반		盛 성할 성		(물) 그릇이 들어 있는 명품의 난로 그릇의 옆 모양을 본뜸.

■ 연상기억 : 쟁반(盤)위의 음식이 진수성찬(盛).

4급 9획 看 볼 간		6급 9획 省 살필 성	目 눈 목

눈을 들어 나무로 만든 목재를 본다
눈 높이를 맞추어 본다.

■ **연상기억** : 거리 간판(看)을 잘 살펴(省)보다.

3급Ⅱ 9획 柔 부드러울 유		1급 16획 蹂 짓밟을 유	矛 창 모

창으로 남을 해치니 모질다
작살같이 줄이 달린 사시창이 사람이나 고기를 죽이니 모진 것이 창이다.

■ **연상기억** : 부드러운(柔) 싹을 짓밟다(蹂).

3급Ⅱ 10획 疾 병 질		1급 13획 嫉 시기할 질	矢 화살 시

화살이 시위를 떠났다
화살이 시위에서 날아갈 때 앞의 뾰족한(ㅅ) 부분과 뒷쪽 갈라진 부분.

■ **연상기억** : 여자의 병(病)은 시기와 질투(嫉).

4급Ⅱ 10획 砲 대포 포		4급Ⅱ 10획 破 깨뜨릴 파	石 돌 석

돌로 된 석기시대 무덤
언덕 아래(厂) 굴러 떨어진 돌덩이 (口) 모양을 본뜸.

■ **연상기억** : 대포(砲)를 쏘아 깨뜨리다(破).

한자부수 연상풀이 훈음 연상 기억

4급Ⅱ 11획	4급Ⅱ 14획	示	보일 시

祭 제사 제 　　　察 살필 찰

示 보일 시
(잘) 보이는 시루떡

보이는 시력의 뜻도 있지만 원래는 제물을 차려 놓는 제단과 제기의 모양을 본뜸.

■ **연상기억** : 제사(祭) 지내는 법을 잘 관찰하다(察).

8급 13획	1급 17획	禸	짐승발자국 유

萬 일만 만 　　　邁 갈 매

禸 짐승발자국 유
짐승발자국이 유난히 크다

말 굽(冂)과 굽은 다리(厶)를 합치니 유난히 큼.

■ **연상기억** : 만원(萬)이 되어 표가 매진되다(邁).

6급 7획	3급 11획	禾	벼 화

利 이할 리 　　　梨 배 리

禾 벼 화
벼가 잘 자라서 화평해진 농부

벼로 화평해진 농부.

■ **연상기억** : 이익이(利) 많은 배나무(梨).

2급 11획	1급 15획	穴	구멍 혈

窒 막힐 질 　　　膣 자궁 질

穴 구멍 혈
구멍이 난 혈맥

굴(宀)을 파헤쳐(八) 구멍을 뚫어 통과하듯 혈에 침을 놓아 피를 잘 통하게 함.

■ **연상기억** : 막힌 동굴, 질(膣) 내막염.

■ **연상기억** : 높은 위치(位)에서 나란히(竝) 서다.

■ **연상기억** : 삿갓(笠) 쓴 사람이 피리(笛)를 불다.

■ **연상기억** : 미궁(迷)에 빠진 양식(糧) 조달계획은 없다.

■ **연상기억** : 실이 모여 붉은색(紅) 자주빛(紫)을 띠다.

한자부수 연상풀이 훈음 연상 기억 16

| 1급 9획 缶工 항아리 항 |  | 3급Ⅱ 11획 陶 질그릇 도 | 缶 | **장군 부**
장군의 질 그릇을 부하가 차고 있다

배가 불룩하고 병 입이 좁고 길게 생겨 대소변을 담아 옮기는 항아리의 모양. |

■ 연상기억 : 도자기(陶) 항아리(缶)는 불에서 구어 만든다.

| 2급 14획 網 그물 망 |  | 3급Ⅱ 14획 綱 벼리 강 | 网 | **그물 망**
그물
망태

그물의 벼리(冂)와 그물 코(㸚)의 모양을 본뜸. |

■ 연상기억 : 그물 망태(網)는 벼리(로프)에 붙어 기강(綱)을 잡는다.

| 5급 12획 善 착할 선 | | 2급 18획 繕 기울 선 | 羊 | **양 양**
양이
양순하다

양의 뿔과 등, 다리를 표현한 글자. |

■ 연상기억 : 선량한(善) 양처럼 실로 기워 수선(繕)한다.

| 3급 17획  씻을 탁 |  | 1급 17획 擢 뽑을 탁 | 羽 | **깃 우**
깃이
우수한 새

새의 긴 '깃'과 날개 모양을 본뜸. |

■ 연상기억 : 꿩의 깃처럼 세탁(濯)해 깨끗한 깃을 뽑아(擢)쓴다.

| 2급 10획 耆 늙은이 기 |  | 1급 13획 嗜 즐길 기 | 老 | **늙을 로**
 늙은 노(로)인
 허리 굽은(匕) 노인이(耂) 지팡이를 짚고 서 있음. |

■ **연상기억** : 늙은이(耆)가 좋아하는 기호(嗜)식품.

| 3급Ⅱ 9획 耐 참을 내 |  | 2급 13획 瑞 상서 서 | 而 | **말이을 이**
 (노인이) 말을 이어서 한다
 말을 할 때 코, 입 밑에 수염(而)이 이어져 움직인다. |

■ **연상기억** : 인내(耐)하고 노력한 사람에게 서광(瑞)이 온다.

| 3급Ⅱ 10획 耕 밭갈 경 |  | 1급 10획 耗 줄 모 | 耒 | **쟁기 뢰**
 쟁기 로(뢰) 밭을 간다
 나무로 만든 밭 가는 쟁기 모양을 본뜸. |

■ **연상기억** : 밭을 경작(耕)하느라 힘이 소모(耗)된다.

| 4급 22획 聽 들을 청 | 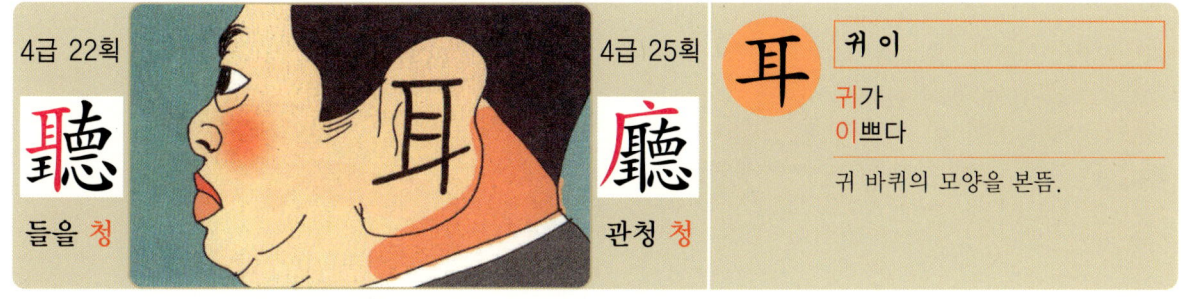 | 4급 25획 廳 관청 청 | 耳 | **귀 이**
 귀가 이쁘다
 귀 바퀴의 모양을 본뜸. |

■ **연상기억** : 백성의 말을 경청하는(聽) 관청(廳).

한자부수 연상풀이 훈음 연상 기억

4급Ⅱ 9획	5급 12획	聿 붓 율
律 법률 율	筆 붓 필	붓으로 율법을 쓴다 '붓'을 잡고 손을 놀려(聿) 획(一)을 그어 율법을 씀.

■ 연상기억 : 사람이 살아갈 법률(律)을 붓(筆)으로 쓰다.

3급 8획	7급 8획	肉 고기 육
肥 살찔 비	育 기를 육	고기의 육질이 연하다 고기 덩어리 속에 힘살을 표시함.

■ 연상기억 : 살이 찐 비만체질(肥)로 육성(育)하다.

3급 8획	3급Ⅱ 17획	臣 신하 신
臥 누울 와	臨 임할 임	신하와 신하 임금 앞에서 꿇고 몸을 구부린 상태의 모양.

■ 연상기억 : 임금 앞에 굽히고(臥) 임(臨)하다.

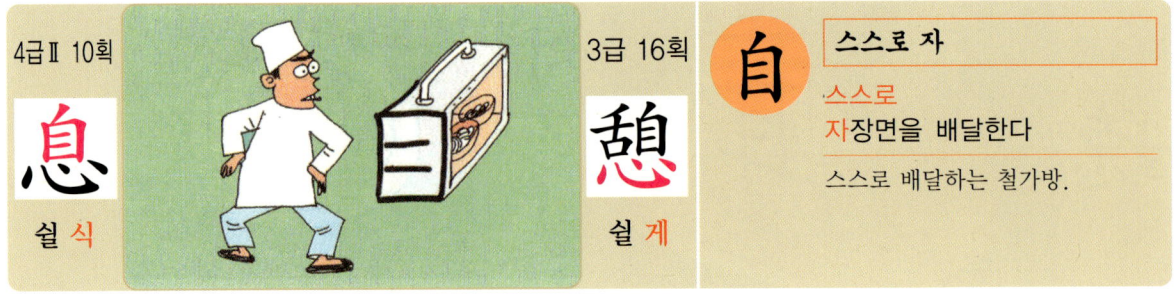

4급Ⅱ 10획	3급 16획	自 스스로 자
息 쉴 식	憩 쉴 게	스스로 자장면을 배달한다 스스로 배달하는 철가방.

■ 연상기억 : 휴게실(憩)에서 휴식(息)을 취하다.

■ 연상기억 : 도착(到)하여 거꾸러지다(倒).

■ 연상기억 : 소문을 날조(捏)하여 명예를 훼손(毀)하다.

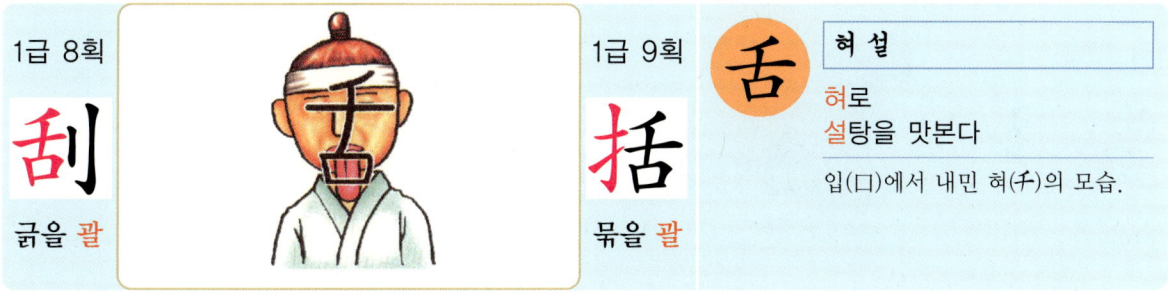

■ 연상기억 : 묶은(括) 상투를 깎다(刮).

■ 연상기억 : 하왕이(桀) 인간 호걸(傑)이다.

한자부수 연상풀이 훈음 연상 기억 18

5급 11획

배 선

2급 11획

舶
큰배 박

舟 배 주
배를
주인이 몰다

배가 앞으로 나아갈 때 중간에 노 젖는 모습.

■ 연상기억 : 큰 선박(船舶).

1급 16획

개간할 간

3급Ⅱ 17획

懇
간절할 간

艮 그칠 간
그칠줄 모르는
간섭에 고개를 돌린다

눈(目)을 뒤로 향하고 사람이 서 있는 모양.

■ 연상기억 : 개간(墾)하기를 간절히(懇) 바라다.

1급 19획

艶
고울 염

4급Ⅱ 12획

絶
끊을 절

色 빛 색
빛나는 엉덩이
색깔

무릎 마디를 접고(巴) 엎드린(ク) 원숭이 엉덩이의 색.

■ 연상기억 : 고운 색(艶)의 실을 끊다(絶).

3급 9획

苗
모 묘

1급 12획

描
그릴 묘

艸 풀 초
풀잎이 무성한
초원

풀싹이 돋아남.

■ 연상기억 : 밭의 싹을(苗) 화선지에 그리다(描).

3급Ⅱ 8획		6급 18획	虎	범 호

虎
범 호

號
이름 호

(평)범한
호랑이

범의 몸체와 얼룩덜룩한 색(七)이 합쳐 범호가 됨.

■ 연상기억 : 호랑이(虎)에게 보호(號)를 붙인다.

4급Ⅱ 18획		2급 24획	虫	벌레 충

蟲
벌레 충

蠶
누에 잠

벌레 먹은
충치 난 뱀

뱀이 사리고 앉은 모양을 본뜸.

■ 연상기억 : 곤충(蟲) 중 누에(蠶)는 비단실을 제공한다.

4급Ⅱ 12획		1급 9획	血	피 혈

衆
무리 중

恤
불쌍할 휼

피가 도니
혈색이 좋다

그릇(皿)에 담은 피가 색(ノ)이 있는 모습.

■ 연상기억 : 대중(衆)이 불쌍히(恤) 여기다.

2급 9획		4급Ⅱ 12획	行	다닐 행

衍
넓을 연

街
거리 가

다니면서 (쌍둥이)
행세를 한다

다니다가 네거리에서 만난 두 사람의 모습.

■ 연상기억 : 물이 펼쳐진(衍) 거리(街)가 넓다.

한자부수 연상풀이 훈음 연상 기억 19

3급Ⅱ 14획		4급 13획	衣 옷 의
裳 치마 상		裝 꾸밀 장	옷 의 종류 사람(亠)이 입은 저고리의 옷섶(衣)모양.

■ 연상기억 : 치마(裳)를 입혀 꾸미다(裝).

4급Ⅱ 11획		4급 15획	襾 덮을 아
票 표 표		標 표할 표	덮어 줄 아이의 옷 다리미질하면서 덮은 천(一)과 다리미의 손잡이(日).

■ 연상기억 : 투표(票)용지에 표시(標)를 하다.

5급 11획		1급 16획	見 볼 견
規 법 규		窺 엿볼 규	(어디서나) 볼 수 있는 (의)견 충돌 사람이 서서(儿) 보는 진압대원 앞 모양(目).

■ 연상기억 : 문구멍(穴)을 뚫고 엿보다(窺).

4급Ⅱ 13획		1급 17획	角 뿔 각
解 풀 해		邂 만날 해	(사슴) 뿔이 각이 졌다(뿔의 각도) 짐승의 뿔 모양을 본뜸.

■ 연상기억 : 오해를 풀기(解) 위해 만나다(邂).

7급 14획		7급 13획	言 말씀 언
語 말씀 어		話 말씀 화	말씀을 언제나 바르게 하신다 머리(亠)로 두번(二)생각해서 말(口)하라는 뜻.

■ 연상기억 : 외국어(語) 회화(話).

3급Ⅱ 11획		3급Ⅱ 15획	谷 골 곡
欲 하고자할 욕		慾 욕심 욕	골짜기의 물소리가 곡소리 같다 양쪽 산(父)의 골짜기(口)모양.

■ 연상기억 : 욕구(欲)불만은 욕심(慾) 탓이다.

4급Ⅱ 13획		6급 18획	豆 콩 두
豊 풍년 풍		禮 예도 예	콩으로 두부를 만들다 콩 꼬투리 안에 콩이 가지런히 든 모습.

■ 연상기억 : 풍년(豊) 제사의 예를(禮) 올리다.

4급Ⅱ 12획		1급 15획	豕 돼지 시
隊 떼 대		墜 떨어질 추	돼지가 (춤추기) 시작한다 돼지 양돈 사업을 시작했을 때 돼지의 머리와 앞발 꼬리로 돼지의 생김새를 본뜸.

■ 연상기억 : 돼지떼가(隊) 언덕에서 추락하다(墜).

한자부수 연상풀이 훈음 연상 기억

1급 10획
豹
표범 표

3급Ⅱ 14획
貌
모양 모

豸 해태, 벌레 치
해태의 머리가 치렁치렁하다
맹수가 발을 모으로 등을 높이 세워 덤벼 들려는 모양.

■ 연상기억 : 얼굴이 표범(豹) 모양(貌)의 아이.

5급 13획
買
살 매

5급 15획
賣
팔 매

貝 조개 패
조개로 패물을 만든다
조개 모양을 본뜸.

■ 연상기억 : 물건을 사서(買) 팔다(賣).

1급 14획
赫
빛날 혁

2급 11획
赦
용서할 사

赤 붉을 적
붉은 적색 불이 타오른다
아궁이에 큰(大-土) 불이(小) 타오르는데서 붉고 밝다는 뜻이 됨.

■ 연상기억 : 빛나(赫)는 공훈으로 사면(赦)을 받다.

3급Ⅱ 12획
超
뛰어넘을 초

3급Ⅱ 12획
越
넘을 월

走 달아날 주
(곧) 달아나는 주자는 도둑이었다
팔을 휘져으며 발(㐄-止)을 내딛어 힘차게 달아나다.

■ 연상기억 : 뛰어넘어 초월(超越)하다.

3급Ⅱ 12획		3급Ⅱ 9획	足	발 족
捉		促		발을 족(쪼)그리고 앉았다
잡을 착		독촉할 촉		무릎의 슬개골(口)에서 발가락 끝까지(止)의 모양을 본뜸.

■ **연상기억** : 순간포착(捉). 재촉(促)하는 장면.

4급 10획		4급Ⅱ 17획	身	몸 신
射		謝		(임산부의) 몸을 신체검사한다
쏠 사		사례할 사		아이 밴 여자의 볼록한 몸의 모양을 본뜸.

■ **연상기억** : 1등 사수(射)에게 사례(謝)하다.

1급 8획		2급 9획	車	수레 거, 차
軋		軌		수레로 거동한다
삐걱거릴 알		수레바퀴 궤		수레의 축과 뼈대의 모양.

■ **연상기억** : 기차 궤도(軌)에 알력(軋)이 생겨 삐걱거리다.

3급 16획		4급 21획	辛	매울 신, 말잘할 변
辨		辯		말잘하는 변호사가 (죄인에게) 매운 신라면을 사줬다
분별할 변		말씀 변		죄 지은(辛) 자(一)의 이마에 문신을 새기니 혹독하고 맵다.

■ **연상기억** : 변리사(辨)와 변호사(辯)의 구별.

한자부수 연상풀이 훈음 연상 기억

7급 13획		2급 16획	辰	별 진
農 농사 농		濃 짙을 농		별나고 진귀한 조개 바위 밑(厂)에서 조개가 입을 벌리고 기는 모양.

■ **연상기억** : 농사(農)지은 과일의 당도(濃)가 짙다.

3급 11획		3급 13획	辵	쉬엄쉬엄갈 착
逐 쫓을 축		遂 드디어 수		쉬엄쉬엄가서 (목적지에) (도)착하다 머리카락 날리며(彡) 그칠지(止)를 바라고 뒤에서 쉬엄쉬엄 착지하려고 함.

■ **연상기억** : 뒤 쫓아서(逐) 드디어 수행(遂)하다.

2급 10획		2급 11획	邑	고을 읍
 邕 막힐 옹		扈 따를 호		고을 아파트가 읍내에 있다 도시에서 화분 진열대 위에 네모난 화분(邑). 사람들이(口) 다리를 접고 머무르는 (巴)고을.

■ **연상기억** : 호도병(扈)이 옹색(邕)하다.

4급Ⅱ 12획		3급 16획	酉	닭 유
尊 높을 존		遵 따를 준		닭 요리로 술을 먹도록 유인했다 '술' 병의 모양을 본뜸.

■ **연상기억** : 존경(尊)하는 사람을 따르다(遵).

3급Ⅱ 15획		2급 18획	采	**분별할 변**
審 살필 심		瀋 물이름 심		분별하여 변한 것을 찾는다 쌀(米)에 든 티(丿)를 분별함.

■ **연상기억** : 심양(瀋) 도시의 환경 심사(審).

6급 11획		6급 11획	里	**마을 리**
野 들 야		理 다스릴 리		마을 이(리) 평안하다 마을 이장이 밭(田) 두둑(土)에 앉아 있음.

■ **연상기억** : 야생(野) 동식물을 다스리다(理).

3급Ⅱ 15획		1급 17획	金	**쇠 금, 성 김**
錦 비단 금		鍼 침 침		쇠(소) 도둑이 금괘를 발견했다 흙(土) 덮여 있는 광석을 나타내어 '금'을 뜻함.

■ **연상기억** : 침술(鍼) 도구를 비단천(錦)에 싸다.

4급 11획		1급 14획	長	**긴, 어른 장**
張 베풀 장		漲 불을 창		긴 머리를 한 어른이 장님이다 긴 머리나 장대를 뜻한 글자이나, 어른의 뜻도 지닌다.

■ **연상기억** : 과장(張)된 책의 장수는 책의 부피만 불(漲)은 것이다.

한자부수 연상풀이 훈음 연상 기억

■ **연상기억** : 문을 열고 닫다(開閉).

■ **연상기억** : 배가 선창에(埠) 돌아(歸)오다.

■ **연상기억** : 종(隷)이 달아나 잡아(逮)오다.

■ **연상기억** : 새가 손(又) 외짝. 두 쌍이(雙) 앉다.

7급 13획		3급Ⅱ 13획	雨	비 우
電 번개 전		雷 우뢰 뢰		비가 많이 오면 우비를 덮어야지 하늘(一)의 공간(冂)에서 내리는 빗물(氺).

■ 연상기억 : 우뢰(雷)속에 번개(電)치다.

6급 11획		3급 12획	靑	푸를 청
淸 맑을 청		晴 갤 청		푸른 청색 터널 땅 구덩이(丹)에서 자란 풀(土)이 푸름.

■ 연상기억 : 물은 맑고(淸) 날씨는 쾌청(晴)하다.

2급 10획		1급 11획	非	아닐 비
俳 배우 배	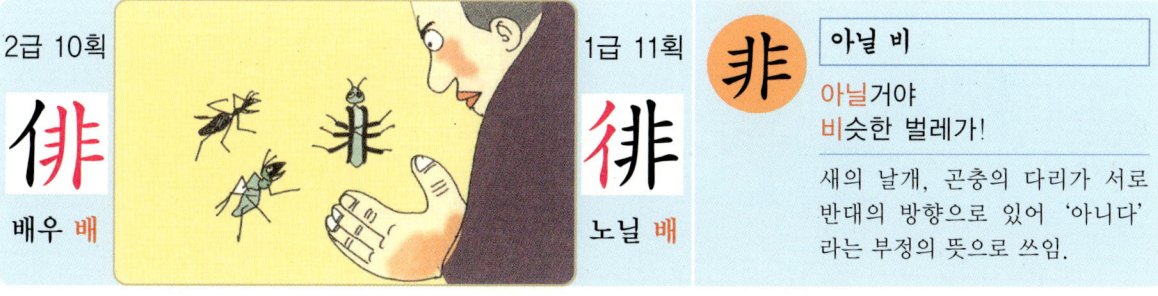	徘 노닐 배		아닐거야 비슷한 벌레가! 새의 날개, 곤충의 다리가 서로 반대의 방향으로 있어 '아니다' 라는 부정의 뜻으로 쓰임.

■ 연상기억 : 배우(俳)가 거리를 배회(徘)하다.

1급 15획		1급 20획	面	얼굴 면
緬 가는실 면		麵 냉면 면		(탈의) 얼굴 면적이 크다 사람 머리의(首) 윤곽(口)을 본뜸.

■ 연상기억 : 냉면(麵)의 사리가 가는실(緬)같다.

한자부수 연상풀이 훈음 연상 기억 23

2급 14획		2급 18획	革	가죽 혁
靺 말갈족 말		鞨 오랑캐이름 갈		(곰) 가죽으로 혁띠를 만들어야지

짐승 가죽의 머리(卄), 몸통(口), 다리(一), 꼬리(丨) 부분의 모양을 본뜸.

■ 연상기억 : 말갈족(靺鞨).

8급 17획		4급Ⅱ 16획	韋	가죽 위
韓 나라 한		衛 지킬 위		가죽 위에 손자국을 남기다

주변(囗)을 빙돌아 발자국 모양이 생겨 '두르다'는 뜻과 가죽(口)을 아래위로 당겨 '부드럽다'는 의미.

■ 연상기억 : 나라(韓)를 지키다(衛).

1급 21획		2급 23획	韭	부추 구
殲 다죽일 섬		纖 가는실 섬		부추를 구해야지

부추의 자란 모습을 뜻함.

■ 연상기억 : 부추 자르듯 사람을 다 죽이고(殲), 실 섬유(纖)로 묶다.

6급 11획		4급Ⅱ 14획	音	소리 음
章 글월 장		障 막힐 장		소리로 하는 음악

가수가 똑바로 서서(立) 입에 나오는 소리(日)를 토해 낸다.

■ 연상기억 : 글(章) 읽는 소리가 장벽(障)에 막히다.

■ **연상기억** : 얼굴 이마(顔)에 액수 큰 수표(額)를 붙이다.

■ **연상기억** : 길(道)을 인도(導)하다.

■ **연상기억** : 신속(迅)하게 심문(訊)하다.

■ **연상기억** : 밥(飯)을 먹고 물을 마시다(飮).

한자부수 연상풀이 훈음 연상 기억 24

3급Ⅱ 13획 **楓** 단풍나무 풍

1급 16획 **諷** 욀 풍

風 바람 풍
바람이
풍부해 잘 나는 연
바람에 날리는 풍선(凡) 속에 벌레가 든 모습.

■ 연상기억 : 단풍(楓) 나무를 그린 풍자(諷) 만화.

2급 20획 **馨** 꽃다울 형

2급 18획 **馥** 향기 복

香 향기 향
향기가 나는
향불
쌀(禾)밥이 고소한 맛(日-甘)을 내는 향기.

■ 연상기억 : 꽃다운(馨) 향기(馥)가 나는 꽃.

2급 12획 **馮** 탈 빙

1급 16획 **憑** 기댈 빙

馬 말 마
말이
마굿간으로 간다
말의 목, 갈기와 꼬리(馬), 다리(灬)를 뜻함.

■ 연상기억 : 말에 기대어(憑) 빙판(馮)을 탄다.

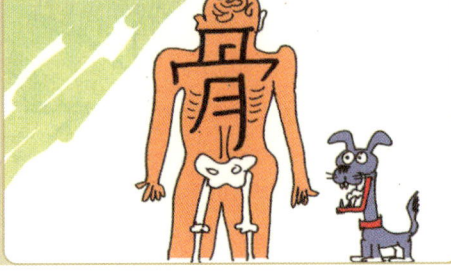

6급 23획 **體** 몸 체

1급 16획 **骸** 해골 해

骨 뼈 골
뼈가 큰
골격
살(肉)이 발라내진(冎) 뼈를 뜻함.

■ 연상기억 : 몸에 살이(體) 빠지면 해골(骨)이 된다.

54

3급Ⅱ 15획	1급 14획	高	높을 고
稿 원고 고	敲 후려칠 고		높은 고구려 진지 성(同) 위에 높이 치솟은 망루(冋)의 모양을 본떠 '높다'의 뜻이 됨.

■ **연상기억** : 원고(稿) 뭉치로 후려치다(敲).

1급 10획	4급 15획	髟	머리늘어질 표
套 덮개 투	髮 터럭 발		머리가 늘어져 표시가 난다 긴(長) 머리(彡)가 늘어져 표가 남.

■ **연상기억** : 긴 머리털(髮)을 틀어 상투를 틀다(套).

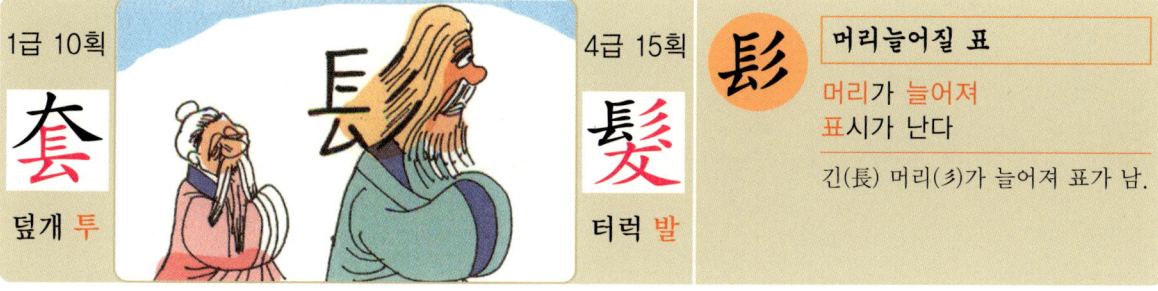

■ **연상기억** : 주먹을 쥐고 권투(拳鬪)시합을 한다.

■ **연상기억** : 흉격(膈)의 사이가 뜨다.

55

한자부수 연상풀이 훈음 연상 기억

3급Ⅱ 14획		1급 15획	鬼	귀신 귀
魂 넋 혼		魄 혼 백		귀신의 귀 / 죽은(由) 사람(儿)의 영혼이 삿(厶)되게 사람을 해치는 귀신이 되다.

■ **연상기억** : 사람이 죽으면 혼백(魂魄)이 분리된다. (혼백으로 혼비백산)

5급 14획		1급 19획	魚	물고기 어
漁 고기잡을 어		鯨 고래 경		물고기가 어항을 나와서 / 물고기의 머리(ᄼ), 몸통(田), 꼬리(灬)의 모양을 본뜸.

■ **연상기억** : 어부(漁)가 고래(鯨)를 잡다. (어부의 포경)

4급 14획		3급Ⅱ 10획	鳥	새 조
鳴 울 명		烏 까마귀 오		새는 조류이다 / 꽁지가 긴 새의 모양을 본뜸.

■ **연상기억** : 까마귀(烏)가 울면(鳴) 슬프다.

3급Ⅱ 24획		1급 20획	鹵	소금밭 로
鹽 소금 염		鹹 짤 함		소금밭으로 먹고 산다 / 소금밭을 일구는 모습.

■ **연상기억** : 염전(鹽)의 소금이 짜다(鹹). (염전의 함수)

4급Ⅱ 11획		2급 14획	鹿	사슴 록

麗
고울 려

塵
티끌 진

사슴 뿔의
녹(록)용

사슴의 뿔 밑 머리(亠), 몸통(严), 네 발(比)의 모양을 본뜸.

■ 연상기억 : 고구려(麗) 군마의 먼지 티끌(塵).

7급 8획		1급 12획	麥	보리 맥

來
올 래

萊
명아주 래

보리 밭에
맥주 냄새가 난다

보리 이삭(來)과 뿌리(夂)의 모양을 본뜸.

■ 연상기억 : 하늘에서 온(來) 보리(麥)와 명아주(萊).

2급 15획		3급Ⅱ 16획	麻	삼 마

摩
문지를 마

磨
갈 마

(산) 삼을 캐는
(심) 마니

삼의 잎으로 만든 대마초. 집(广) 뜰에 심은 삼밭(林).

■ 연상기억 : 삼(麻)을 손(手)으로 다듬어 갈다(磨).

1급 18획		4급 23획	黃	누를 황

壙
뫼구덩이 광

鑛
쇳돌 광

누런
황색 벼

빛 광(芡-光)과 밭 전(田)의 합침. 밭에 곡식이 누렇게 익은 모습.

■ 연상기억 : 광(壙)에서 쇳덩이를 캐다(鑛). (금광에서 채광)

한자부수 연상풀이 훈음 연상 기억

1급 15획		3급Ⅱ 14획	黍	기장 서
黎		漆		기장(비행사)들이 서서 일한다
검을 려		옻 칠		물(水-氺)을 넣어(入) 술을 만드는 데 가장 좋은 벼(禾)의 기장을 뜻함.

■ 연상기억 : 검은(黎) 옻칠(漆). 칠흑 같은 밤에 여명이 밝아온다.

3급Ⅱ 15획		4급 17획	黑	검을 흑
墨		點		검은 흑색 연기가 나온다
먹 묵		점 점		불땔 때 연기(炎→灬)가 창(囧)을 빠져 나가면서 그을어진 것이 '검다'의 뜻.

■ 연상기억 : 먹물(墨)을 갈아서 점(點)을 찍는다.

6급 14획		3급 15획	黹	바느질 치
對		幣		바느질해서 치수를 맞춘다
대할 대		돈 폐		실을 꿴 바늘로 헝겊에 수 놓은 모양을 본뜸.

■ 연상기억 : 돈(幣)을 대하면(對) 즐겁다. 대립적 관계의 폐백잔치.

2급 19획		1급 25획	黽	맹꽁이 맹
繩		鼈		맹꽁이가 '맹'하고 운다
노끈 승		자라 별		큰 두 눈에(㔾) 배가 볼록 나와 맹꽁이 모양을 본뜸.

■ 연상기억 : 별주부의 자승자박(鼈·繩).

4급 7획		1급 12획	鼎	솥 정
壯 씩씩할 장		牌 패 패		솥에 정성스럽게 불을 지핀다
				큰 조개(日-貝)를 솥으로, 나무를 쪼개어(爿, 爿) 불땠던 데서 '솥'으로 쓰임.

■ 연상기억 : 장엄한(壯) 모습의 문패(牌).

6급 16획		1급 15획	鼓	북 고
樹 나무 수		廚 부엌 주		북을 고수가 친다
				북을 세워놓고(壴-封) 나무가지를 손에 들고(支) 침.

■ 연상기억 : 오래된 수목(樹)으로 주방가구(廚)를 만들다.

3급 18획		1급 21획	鼠	쥐 서
獵 사냥할 렵		蠟 밀 랍		쥐가 서로 문다
				곡식을 씹는 쥐의 입(臼)과 발(卅), 꼬리(乀) 모양을 본뜸.

■ 연상기억 : 수렵시(獵) 채취한 밀랍(蠟).

4급Ⅱ 19획		4급Ⅱ 6획	鼻	코 비
邊 가 변		辺 가 변(약)		코에 비염이 있다
				코는 자신에게(自) 콧구멍을 통하여 (畀→囟-自-丌) 숨을 쉼.

■ 연상기억 : 콧구멍 방향으로 가면 보이지 않는 벼랑 끝(邊)이다.

59

한자부수 연상풀이 훈음 연상 기억 27

2급 16획		4급Ⅱ 17획	齊	**가지런할 제**
劑 약제 제		濟 건널 제		가지런히 제자리에 서 있다 벼나 보리의 이삭들이 가지런하게 제자리에 서 있음.

■ **연상기억** : 약제(劑)를 팔아 경제(濟)를 살리다.

1급 20획		1급 22획	齒	**이 치**
齡 나이 령		齷 악착 착		이를 치료해야 한다 잇몸에 이가 아래 위에 나란히 박힌(止) 모양을 본뜸.

■ **연상기억** : 연령(齡)에 악착같이 집착(齷)하다.

1급 19획		3급 22획	龍	**용 용(룡)**
寵 사랑할 총	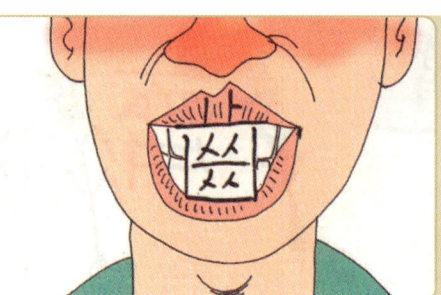	襲 엄습할 습		용 용(룡) 죽겠지 머리(立)를 치켜세운 몸(肉-月)으로 하늘을 나는 용의 모습을 본뜬 모양.

■ **연상기억** : 집안의 총아(寵)로 자란 나에게 용의 급습(襲)은 상상일 뿐.

3급 11획		3급 16획	龜	**거북 구(귀), 터질 균**
亀 거북 구(약)		龜 거북 귀		거북이는 귀하다 거북이 머리(🙼), 등(田), 발(彐), 꼬리(乚)의 모양을 나타냄.

■ **연상기억** : 구미시 건축물에 균열이 생기다(龜).

특급 8획		3급Ⅱ 24획	侖	피리 약
侖 뭉치 륜		靈 신령 령		피리 소리가 약하다

여러 구멍(口口口)에서 나오는 많은 소리가 한데 뭉쳐서(侖) 조화되는 피리.

■ **연상기억** : 신령(靈)이 인륜(侖)을 다스리다.

2급 29획		2급 15획	鬯	활집, 울창주 창
鬱 답답할 울		蔚 우거질 울		활집에 꽂은 창

활집 통(鬯)에 울금초(彡) 술을 담근 모양.

■ **연상기억** : 경상남북도의 울(鬱)릉도와 울산(蔚) 광역시의 특수민속주 울(鬱)창술.

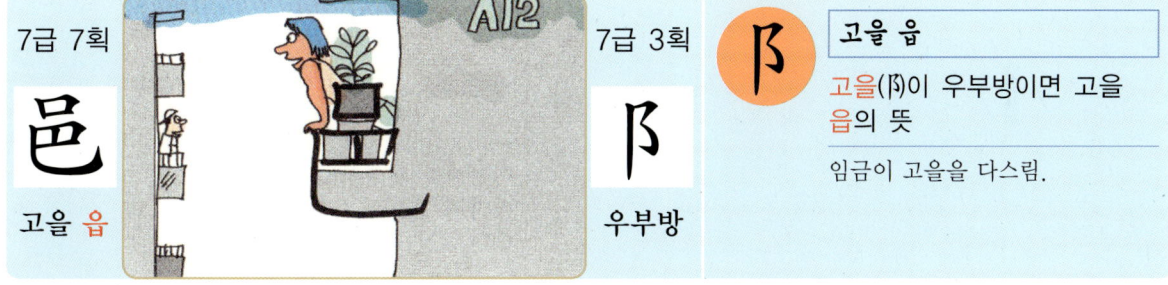

7급 7획		7급 3획	阝	고을 읍
邑 고을 읍		阝 우부방		고을(阝)이 우부방이면 고을 읍의 뜻

임금이 고을을 다스림.

■ **연상하기** : 口 경계선+巴=경계선 안에 사람이 모여 사는 고을을 뜻함.

2급 3획		2급 8획	阜	언덕 부
阝 좌부변		阜 언덕 부		언덕(阝)이 좌부변이면 언덕 부 또는 큰 토지의 뜻

언덕에 가려 햇살이 들지 않는 곳은 그늘.

■ **연상하기** : 돌이 없는 언덕, 또는 높고 큰 토지를 뜻함.

M·E·M·O

Part 2

맵핑 漢字 연상기억

맵핑 漢字 연상기억

돼지 시 豕의 場

1강

- 10. 이룰, 드디어 수 遂
  - ⑲ 수행
  - ⑳ 완수
- 4. 돼지 돈 豚
  - ⑦ 돈육
  - ⑧ 양돈
- 5. 어두울 몽 蒙
  - ⑨ 계몽
  - ⑩ 몽매
- 6. 호걸 호 豪
  - ⑪ 호걸
  - ⑫ 호우
- 8. 떨어질 추 墜
  - ⑮ 추락
  - ⑯ 격추

돼지 시 豕

- 逐 9. 쫓을 축
  - ⑰ 축출
  - ⑱ 각축
- 家 1. 집 가
  - ① 가정
  - ② 가훈
- 嫁 2. 시집갈 가
  - ③ 출가
  - ④ 개가
- 稼 3. 심을 가
  - ⑤ 가동
  - ⑥ 가득
- 隊 7. 무리 대
  - ⑬ 대열
  - ⑭ 군대

64

漢字 자원(字源) 부수풀이 자동 연상기억

1일차 학습 돼지 시 豕

한자 쓰기 연습				
❶ 家	7급 10획 집 가	① 家庭 : 집 가,	뜰 정	(가정)
		② 家訓 : 집 가,	가르칠 훈	(가훈)

1. 연상기억 : 집안에(宀) 돼지(豕)처럼 식구가 번성하니, 집 가

❷ 嫁	1급 13획 시집갈 가	③ 出嫁 : 날 출,	시집갈 가	(출가)
		④ 改嫁 : 고칠 개,	시집갈 가	(개가)

연상기억 : 소녀(女)가 가정(家)에서 자라 출가하니, 시집갈 가

❸ 稼	1급 15획 심을 가	⑤ 稼動 : 심을 가,	움직일 동	(가동)
		⑥ 稼得 : 심을 가,	얻을 득	(가득)

연상기억 : 벼(禾)를 집(家)에 심으니, 심을 가

❹ 豚	3급 11획 돼지 돈	⑦ 豚肉 : 돼지 돈,	고기 육	(돈육)
		⑧ 養豚 : 기를 양,	돼지 돈	(양돈)

연상기억 : 돼지(豕) 삼겹살(肉)을 얻으니, 돼지 돈

❺ 蒙	3급 14획 어두울 몽	⑨ 啓蒙 : 열 계,	어두울 몽	(계몽)
		⑩ 蒙昧 : 어두울 몽,	어두울 매	(몽매)

연상기억 : 돼지(豕)를 풀(艹)에 덮어(冖)싸니, 어두울 몽

❻ 豪	3Ⅱ급 14획 호걸 호	⑪ 豪傑 : 호걸 호,	뛰어날 걸	(호걸)
		⑫ 豪雨 : 호걸 호,	비 우	(호우)

연상기억 : 돼지(豕)가 높이(高) 있으니, 호걸 호

❼ 隊	4Ⅱ급 12획 무리 대	⑬ 隊列 : 무리 대,	벌릴 열	(대열)
		⑭ 軍隊 : 군사 군,	무리 대	(군대)

연상기억 : 언덕(阜)의 돼지 떼(豕)가 있으니, 무리 대

❽ 墜	1급 15획 떨어질 추	⑮ 墜落 : 떨어질 추,	떨어질 락	(추락)
		⑯ 擊墜 : 칠 격,	떨어질 추	(격추)

연상기억 : 언덕 대열(隊)에서 땅 밑(土)으로 떨어지니, 떨어질 추

❾ 逐	3급 11획 쫓을 축	⑰ 逐出 : 쫓을 축,	날 출	(축출)
		⑱ 角逐 : 뿔 각,	쫓을 축	(각축)

연상기억 : 돼지(豕)가 쫓아(辶)오니, 쫓을 축

❿ 遂	3급 13획 드디어 수	⑲ 遂行 : 이룰 수,	다닐 행	(수행)
		⑳ 完遂 : 완전할 완,	이룰 수	(완수)

연상기억 : 드디어 잘 되게(㒸) 수행(辶)하니, 드디어 수

맵핑 漢字 연상기억
선비 사 士의 場

2강

- 10. 기록할 지 誌
  - ⑲ 일지
  - ⑳ 잡지
- 志 9. 뜻 지
  - ⑰ 지조
  - ⑱ 지원
- 4. 장수 장 將
  - ⑦ 장수
  - ⑧ 장성
- 壯 1. 씩씩할 장
  - ① 웅장
  - ② 장관
- 5. 권장할 장 獎
  - ⑨ 장려
  - ⑩ 권장
- 莊 2. 장엄할 장
  - ③ 산장
  - ④ 장원

선비 사 士

- 6. 젓갈 장 醬
  - ⑪ 장유
  - ⑫ 장육
- 裝 3. 꾸밀 장
  - ⑤ 포장
  - ⑥ 장식
- 8. 맺을 결 結
  - ⑮ 결혼
  - ⑯ 연결
- 吉 7. 길할 길
  - ⑬ 길운
  - ⑭ 불길

漢字 자원(字源) 부수풀이 자동 연상기억

2일차 학습 선비 사 士

한자 쓰기 연습

❶ 壯
| 4급 7획 | ① 雄壯 : 수컷 웅, | 씩씩할 장 | (웅장) |
| 씩씩할 장 | ② 壯觀 : 씩씩할 장, | 볼 관 | (장관) |

연상기억 : 용사들(士)의 널조각 방패(爿)가 있으니, 씩씩할 장

❷ 莊
| 3Ⅱ급 11획 | ③ 山莊 : 메 산, | 장엄할 장 | (산장) |
| 장엄할 장 | ④ 莊園 : 장엄할 장, | 동산 원 | (장원) |

연상기억 : 초원(艹)의 산장이 웅장(壯)하니, 장엄할 장

❸ 裝
| 4급 13획 | ⑤ 包裝 : 쌀 포, | 꾸밀 장 | (포장) |
| 꾸밀 장 | ⑥ 裝飾 : 꾸밀 장, | 꾸밀 식 | (장식) |

연상기억 : 웅장(壯)하게 장식(衣)하니, 꾸밀 장

❹ 將
| 4Ⅱ급 11획 | ⑦ 將帥 : 장수 장, | 장수 수 | (장수) |
| 장수 장 | ⑧ 將星 : 장수 장, | 별 성 | (장성) |

연상기억 : 널판(爿)에 고기(月)를 매만지는 장수이니, 장수 장

❺ 獎
| 4급 14획 | ⑨ 獎勵 : 권장할 장, | 힘쓸 려 | (장려) |
| 권장할 장 | ⑩ 勸獎 : 권할 권, | 권장할 장 | (권장) |

연상기억 : 장수(將)처럼 크게(大) 되라고 권장하니, 권장할 장

❻ 醬
| 1급 18획 | ⑪ 醬油 : 젓갈 장, | 기름 유 | (장유) |
| 젓갈 장 | ⑫ 醬肉 : 젓갈 장, | 고기 육 | (장육) |

연상기억 : 장수들의 음식은 장유(酉)에 절인 고기이니, 젓갈 장

❼ 吉
| 5급 6획 | ⑬ 吉運 : 길할 길, | 옮길 운 | (길운) |
| 길할 길 | ⑭ 不吉 : 아닐 불, | 길할 길 | (불길) |

연상기억 : 선비(士)의 말(口)은 길조이니, 길할 길

❽ 結
| 5급 12획 | ⑮ 結婚 : 맺을 결, | 혼인할 혼 | (결혼) |
| 맺을 결 | ⑯ 連結 : 이을 련, | 맺을 결 | (연결) |

연상기억 : 길한(吉) 것을 맺어(糸)주니, 맺을 결

❾ 志
| 4Ⅱ급 7획 | ⑰ 志操 : 뜻 지, | 잡을 조 | (지조) |
| 뜻 지 | ⑱ 志願 : 뜻 지, | 원할 원 | (지원) |

연상기억 : 선비(士)의 마음(心)은 지조가 있으니, 뜻 지

❿ 誌
| 4급 14획 | ⑲ 日誌 : 날 일, | 기록할 지 | (일지) |
| 기록할 지 | ⑳ 雜誌 : 섞일 잡, | 기록할 지 | (잡지) |

연상기억 : 선비의 뜻(志)있는 말(言)을 기록하니, 기록할 지

맵핑 漢字 연상기억

면할 면 免의 場

3강

10. 바꿀 환 換
　⑲ 교환
　⑳ 환율

喚 9. 부를 환
　⑰ 소환
　⑱ 아비규환

4. 토끼 토 兔
　⑦ 토분
　⑧ 토피

免 1. 면할 면
　① 면제
　② 감면

5. 편안할 일 逸
　⑨ 안일
　⑩ 독일

娩 2. 낳을 만
　③ 분만
　④ 완만

면할 면 免

勉 3. 힘쓸 면
　⑤ 근면
　⑥ 면학

6. 원통할 원 寃
　⑪ 원통
　⑫ 원루

晚 7. 늦을 만
　⑬ 대기만성
　⑭ 만학

8. 당길 만 挽
　⑮ 만류
　⑯ 만회

| 68

漢字 자원(字源) 부수풀이 자동 연상기억

3일차 학습 면할 면 免

① 免 면할 면
- 3Ⅱ급 7획
- ① 免除 : 면할 면, 덜 제 (면제)
- ② 減免 : 덜 감, 면할 면 (감면)
- **연상기억** : 여자가 엎드려 감면되니, 면할 면

② 娩 낳을 만
- 2급 10획
- ③ 分娩 : 나눌 분, 낳을 만 (분만)
- ④ 婉娩 : 순할 완, 낳을 만 (완만)
- **연상기억** : 여자(女)의 책임이 면제(免)되는 길이 분만(娩)이니, 낳을 만

③ 勉 힘쓸 면
- 4급 9획
- ⑤ 勤勉 : 부지런할 근, 힘쓸 면 (근면)
- ⑥ 勉學 : 힘쓸 면, 배울 학 (면학)
- **연상기억** : 아기를 낳으려고(免) 힘(力)을 쓰니, 힘쓸 면

④ 兔 토끼 토
- 3Ⅱ급 8획
- ⑦ 兔糞 : 토끼 토, 똥 분 (토분)
- ⑧ 兔皮 : 토끼 토, 가죽 피 (토피)
- **연상기억** : 토끼가 꼬리(丶)를 떨구고 죽음을 면(免)하니, 토끼 토

⑤ 逸 편안할 일
- 3Ⅱ급 12획
- ⑨ 安逸 : 편안 안, 편안할 일 (안일)
- ⑩ 獨逸 : 홀로 독, 편안할 일 (독일)
- **연상기억** : 토끼(兔)가 달아나 편안하게 숨으니, 편안할 일

⑥ 寃 원통할 원
- 1급 11획
- ⑪ 寃痛 : 원통할 원, 아플 통 (원통)
- ⑫ 寃淚 : 원통할 원, 눈물 루 (원루)
- **연상기억** : 토끼(兔)를 집안에 가두어(宀) 원통하니, 원통할 원

⑦ 晩 늦을 만
- 3급 11획
- ⑬ 大器晩成 : 큰대, 그릇기, 늦을만, 이룰성 (대기만성)
- ⑭ 晩學 : 늦을 만, 배울 학 (만학)
- **연상기억** : 아기(免)를 늦게(日) 낳으니, 늦을 만

⑧ 挽 당길 만
- 1급 10획
- ⑮ 挽留 : 당길 만, 머물 류 (만류)
- ⑯ 挽回 : 당길 만, 돌 회 (만회)
- **연상기억** : 아기(免)를 당기(扌)어 만류하니, 당길 만

⑨ 喚 부를 환
- 1급 12획
- ⑰ 召喚 : 부를 소, 부를 환 (소환)
- ⑱ 阿鼻叫喚 : 언덕아, 코비, 부르짖을규, 부를 환 (아비규환)
- **연상기억** : 크게(奐) 소리쳐(口) 부르니, 부를 환

⑩ 換 바꿀 환
- 3Ⅱ급 12획
- ⑲ 交換 : 사귈 교, 바꿀 환 (교환)
- ⑳ 換率 : 바꿀 환, 비율 률 (환율)
- **연상기억** : 손(扌)으로 큰(奐)것과 바꾸니, 바꿀 환

맵핑 漢字 연상기억
참새 작 雀의 場

4강

10. 맑을 아 雅
⑲ 아담
⑳ 우아

雀 9. 참새 작
⑰ 동작동
⑱ 공작

4. 떠날 리 離
⑦ 이별
⑧ 이혼

隻 1. 외짝 척
① 수척
② 척안

5. 어려울 난 難
⑨ 난국
⑩ 비난

참새 작 雀

雙 2. 쌍 쌍
③ 쌍방
④ 쌍용

6. 암컷 자 雌
⑪ 자웅
⑫ 자성

集 3. 모일 집
⑤ 집회
⑥ 소집

8. 수컷 웅 雄
⑮ 웅장
⑯ 웅자

雜 7. 섞일 잡
⑬ 잡념
⑭ 잡초

漢字 자원(字源) 부수풀이 자동 연상기억

4일차 학습 참새 작 雀

한자 쓰기 연습

❶ 隻
- 2급 10획 / 외짝 척
- ① 數隻 : 셈 수, 외짝 척 (수척)
- ② 隻眼 : 외짝 척, 눈 안 (척안)
- 연상기억 : 손(又)에 한 마리의 외짝 새(隹)가 있으니, 외짝 척

❷ 雙
- 3Ⅱ급 18획 / 쌍 쌍
- ③ 雙方 : 둘 쌍, 모 방 (쌍방)
- ④ 雙龍 : 둘 쌍, 용 룡 (쌍용)
- 연상기억 : 손(又)에 새(隹)가 두 마리 있으니, 쌍 쌍

❸ 集
- 6급 12획 / 모일 집
- ⑤ 集會 : 모을 집, 모일 회 (집회)
- ⑥ 召集 : 부를 소, 모을 집 (소집)
- 연상기억 : 새(隹)들이 나무 위에 모여서 집회를 여니, 모일 집

❹ 離
- 4급 9획 / 떠날 리
- ⑦ 離別 : 떠날 리, 다를 별 (이별)
- ⑧ 離婚 : 떠날 리, 혼인할 혼 (이혼)
- 연상기억 : 철새(隹)가 왔다가 이별하고 떠나니, 떠날 리

❺ 難
- 4Ⅱ급 19획 / 어려울 난
- ⑨ 難局 : 어려울 난, 판 국 (난국)
- ⑩ 非難 : 아닐 비, 어려울 난 (비난)
- 연상기억 : 진흙(堇) 위에 앉은 새(隹)가 어려움에 처하니, 어려울 난

❻ 雌
- 3급 13획 / 암컷 자
- ⑪ 雌雄 : 암컷 자, 수컷 웅 (자웅)
- ⑫ 雌性 : 암컷 자, 성품 성 (자성)
- 연상기억 : 비수에(匕) 그친(止) 자리의 새(隹)이니, 암컷 자

❼ 雜
- 4급 18획 / 섞일 잡
- ⑬ 雜念 : 섞일 잡, 생각 념 (잡념)
- ⑭ 雜草 : 섞일 잡, 풀 초 (잡초)
- 연상기억 : 새(隹)가 나무나(木) 잡초 위에 섞이니, 섞일 잡

❽ 雄
- 5급 12획 / 수컷 웅
- ⑮ 雄壯 : 수컷 웅, 장할 장 (웅장)
- ⑯ 雄姿 : 수컷 웅, 모습 자 (웅자)
- 연상기억 : 큰(宏-굉)의 새(隹)는 수컷이니, 수컷 웅

❾ 雀
- 1급 11획 / 참새 작
- ⑰ 銅雀洞 : 구리 동, 참새 작, 골 동 (동작동)
- ⑱ 孔雀 : 구멍 공, 참새 작 (공작)
- 연상기억 : 몸체가 작은(小) 새(隹)가 모이니, 참새 작

❿ 雅
- 3Ⅱ급 12획 / 맑을 아
- ⑲ 雅淡 : 맑을 아, 맑을 담 (아담)
- ⑳ 優雅 : 넉넉할 우, 맑을 아 (우아)
- 연상기억 : 새(隹)의 어금니(牙)가 부딪치는 소리니, 맑을 아

맵핑 漢字 연상기억
범 호 虎의 場

5강

10. 근거 거 **據**
　⑲ 거점
　⑳ 근거

9. 심할 극 **劇**
　⑰ 극약
　⑱ 비극

4. 곳 처 **處**
　⑦ 처세
　⑧ 처녀

1. 범 호 **虎**
　① 맹호
　② 호랑

범 호
虎

5. 빌 허 **虛**
　⑨ 허공
　⑩ 허약

2. 사나울 학 **虐**
　③ 학살
　④ 잔학

6. 사로잡을 로 **虜**
　⑪ 포로
　⑫ 노획

3. 삼가할 건 **虔**
　⑤ 경건
　⑥ 건각

8. 화로 로 **爐**
　⑮ 화로
　⑯ 난로

7. 이름 호 **號**
　⑬ 번호
　⑭ 칭호

72

漢字 자원(字源) 부수풀이 자동 연상기억

5일차 학습 범 호 虎

한자쓰기 연습					
❶ 虎	3Ⅱ급 8획	① 猛虎 : 사나울 맹,	범 호		(맹호)
	범 호	② 虎狼 : 범 호,	이리 랑		(호랑)
	연상기억 : 호피무늬(虍)의 호랑이가 어슬렁거리며 걸으니(儿), 범 호				
❷ 虐	2급 9획	③ 虐殺 : 사나울 학,	죽일 살		(학살)
	사나울 학	④ 殘虐 : 남을 잔,	사나울 학		(잔학)
	연상기억 : 호랑이(虍)가 발톱(虐)이 사나우니, 사나울 학				
❸ 虔	1급 10획	⑤ 敬虔 : 공경할 경,	삼가할 건		(경건)
	삼가할 건	⑥ 虔恪 : 삼가할 건,	조심할 각		(건각)
	연상기억 : 호랑이(虍) 무늬(文)가 경건하니, 삼가할 건				
❹ 處	4Ⅱ급 11획	⑦ 處世 : 곳 처,	인간 세		(처세)
	곳 처	⑧ 處女 : 곳 처,	계집 녀		(처녀)
	연상기억 : 호랑이(虍)가 다니는(夂) 곳에 처세를 잘해야 하니, 곳 처				
❺ 虛	4Ⅱ급 12획	⑨ 虛空 : 빌 허,	빌 공		(허공)
	빌 허	⑩ 虛弱 : 빌 허,	약할 약		(허약)
	연상기억 : 호랑이(虍)를 잡기 위한 구덩이(丘)가 비어 있어 허탕이니, 빌 허				
❻ 虜	1급 12획	⑪ 捕虜 : 잡을 포,	사로잡을 로		(포로)
	사로잡을 로	⑫ 虜獲 : 사로잡을 로,	얻을 획		(노획)
	연상기억 : 호랑이(虍)를 나무에 꿰어(毋) 힘을 다하니, 사로잡을 로				
❼ 號	6급 13획	⑬ 番號 : 차례 번,	이름 호		(번호)
	이름 호	⑭ 稱號 : 칭할 칭,	이름 호		(칭호)
	연상기억 : 호랑이(虎)가 이름을(号) 부르니, 이름 호				
❽ 爐	3Ⅱ급 20획	⑮ 火爐 : 불 화,	화로 로		(화로)
	화로 로	⑯ 煖爐 : 따뜻할 난,	화로 로		(난로)
	연상기억 : 불 피우는(火) 화로 그릇(皿)이 호랑이 발 모습이니, 화로 로				
❾ 劇	4급 15획	⑰ 劇藥 : 심할 극,	약 약		(극약)
	심할 극	⑱ 悲劇 : 슬플 비,	심할 극		(비극)
	연상기억 : 호랑이(虍)가 돼지(豕)의 등에 타고 칼로 심하게 하니, 심할 극				
❿ 據	4급 16획	⑲ 據點 : 근거 거,	점 점		(거점)
	근거 거	⑳ 根據 : 뿌리 근,	근거 거		(근거)
	연상기억 : 원숭이(豦)가 손(扌)으로 나무를 잡고 거점을 확보하니, 근거 거				

맵핑 漢字 연상기억
닭 유 酉 의 場

6강

- 10. 실 산 酸
  - ⑲ 산소
  - ⑳ 산성

- 9. 효소 효 酵
  - ⑰ 효소
  - ⑱ 발효

- 4. 술 주 酒
  - ⑦ 주점
  - ⑧ 탁주

- 1. 술부울 작 酌
  - ① 대작
  - ② 짐작

- 5. 높을 존 尊
  - ⑨ 존경
  - ⑩ 존엄

닭 유 酉

- 2. 취할 취 醉
  - ③ 취흥
  - ④ 도취

- 6. 좇을 준 遵
  - ⑪ 준수
  - ⑫ 준법

- 3. 추할 추 醜
  - ⑤ 추태
  - ⑥ 추잡

- 8. 의원 의 醫
  - ⑮ 의사
  - ⑯ 의약

- 7. 심할 혹 酷
  - ⑬ 혹평
  - ⑭ 혹한

| 74 |

漢字 자원(字源) 부수풀이 자동 연상기억

6일차 학습 닭 유 酉

❶ 酌 (한자쓰기연습)
- 3급 10획 / 술부을 작
  - ① 對酌 : 대할 대, 부을 작 (대작)
  - ② 斟酌 : 헤아릴 짐, 부을 작 (짐작)
- 연상기억 : 술(酉)을 푸는 기구(勺)로 술을 부으니, 술부을 작

❷ 醉
- 3Ⅱ급 15획 / 취할 취
  - ③ 醉興 : 취할 취, 일 흥 (취흥)
  - ④ 陶醉 : 질그릇 도, 취할 취 (도취)
- 연상기억 : 독 안에 든 술(酉)을 다 마셨으니(卒), 취할 취

❸ 醜
- 3급 17획 / 추할 추
  - ⑤ 醜態 : 추할 추, 모습 태 (추태)
  - ⑥ 醜雜 : 추할 추, 섞일 잡 (추잡)
- 연상기억 : 술(酉)이 너무 취하여 귀신(鬼) 같이 보이니, 추할 추

❹ 酒
- 4급 10획 / 술 주
  - ⑦ 酒店 : 술 주, 가게 점 (주점)
  - ⑧ 濁酒 : 흐릴 탁, 술 주 (탁주)
- 연상기억 : 술(酉)과 물(氵)을 주점에서 마시니, 술 주

❺ 尊
- 4Ⅱ급 12획 / 높을 존
  - ⑨ 尊敬 : 높을 존, 공경할 경 (존경)
  - ⑩ 尊嚴 : 높을 존, 엄할 엄 (존엄)
- 연상기억 : 술(酉)이 넘치도록 술잔에 부어 손(寸)으로 받치다니, 높을 존

❻ 遵
- 3급 16획 / 좇을 준
  - ⑪ 遵守 : 좇을 준, 지킬 수 (준수)
  - ⑫ 遵法 : 좇을 준, 법 법 (준법)
- 연상기억 : 높이(尊) 좇아(辶)가니, 좇을 준

❼ 酷
- 2급 14획 / 심할 혹
  - ⑬ 酷評 : 심할 혹, 평 평 (혹평)
  - ⑭ 酷寒 : 심할 혹, 찰 한 (혹한)
- 연상기억 : 신에게 고하며(告) 바치는 술(酉)이 혹독하니, 심할 혹

❽ 醫
- 6급 18획 / 의원 의
  - ⑮ 醫師 : 의원 의, 스승 사 (의사)
  - ⑯ 醫藥 : 의원 의, 약 약 (의약)
- 연상기억 : 화살(矢)과 창(殳)에 맞은 상처를 술로 치료하니, 의원 의

❾ 酵
- 1급 14획 / 효소 효
  - ⑰ 酵素 : 술밑 효, 본디 소 (효소)
  - ⑱ 醱酵 : 술익을 발, 술밑 효 (발효)
- 연상기억 : 술(酉)을 빚은 효자(孝)는 누룩이니, 효소 효

❿ 酸
- 2급 14획 / 실 산
  - ⑲ 酸素 : 실 산, 본디 소 (산소)
  - ⑳ 酸性 : 실 산, 성품 성 (산성)
- 연상기억 : 술(酉)이 진실(允)로 다가가(夂) 신맛이니, 실 산

맵핑 漢字 연상기억

황새 관 雚의 場

7강

10. 빛날 요 耀
⑲ 요덕
⑳ 요한

曜 9. 빛날 요
⑰ 요일
⑱ 일요일

4. 씻을 탁 濯
⑦ 세탁
⑧ 탁족

觀 1. 볼 관
① 관광
② 관객

5. 뽑을 탁 擢
⑨ 발탁
⑩ 탁용

황새 관
雚

灌 2. 물댈 관
③ 관수
④ 관목

6. 뛸 약 躍
⑪ 활약
⑫ 약동

歡 3. 기쁠 환
⑤ 환영
⑥ 환대

8. 권세 권 權
⑮ 인권
⑯ 권력

勸 7. 권할 권
⑬ 권장
⑭ 권유

| 76 |

漢字 자원(字源) 부수풀이 자동 연상기억

7일차 학습 — 황새 관 雚

한자 쓰기 연습

❶ 觀

5급 25획	① 觀光 : 볼 관,	빛 광	(관광)
볼 관	② 觀客 : 볼 관,	손 객	(관객)

연상기억 : 황새(雚)는 목과 다리가 길어 멀리 볼(見) 수 있으니, 볼 관

❷ 灌

1급 21획	③ 灌水 : 물댈 관,	물 수	(관수)
물댈 관	④ 灌木 물댈 관,	나무 목	(관목)

연상기억 : 물(氵)이 있는 논에 황새(雚)가 물을 대니, 물댈 관

❸ 歡

4급 22획	⑤ 歡迎 : 기쁠 환,	맞을 영	(환영)
기쁠 환	⑥ 歡待 : 기쁠 환,	기다릴 대	(환대)

연상기억 : 황새(雚)가 입을 벌려 하품하니, 기쁠 환

❹ 濯

3급 17획	⑦ 洗濯 : 씻을 세,	씻을 탁	(세탁)
씻을 탁	⑧ 濯足 : 씻을 세,	발 족	(탁족)

연상기억 : 물(氵)에 젖은 꿩(翟)의 날개를 깨끗이 씻으니, 씻을 탁

❺ 擢

1급 17획	⑨ 拔擢 : 뽑을 발,	뽑을 탁	(발탁)
뽑을 탁	⑩ 擢用 : 뽑을 탁,	쓸 용	(탁용)

연상기억 : 손(扌)으로 꿩(翟)의 날개를 뽑아 쓰니, 뽑을 탁

❻ 躍

3Ⅱ급 21획	⑪ 活躍 : 살 활,	뛸 약	(활약)
뛸 약	⑫ 躍動 : 뛸 약,	움직일 동	(약동)

연상기억 : 꿩(翟)이 발(足)로 뛰니, 뛸 약

❼ 勸

4급 20획	⑬ 勸獎 : 권할 권,	장려할 장	(권장)
권할 권	⑭ 勸誘 : 권할 권,	꾈 유	(권유)

연상기억 : 황새(雚)처럼 자라라고 힘써(力) 권유하니, 권할 권

❽ 權

4Ⅱ급 22획	⑮ 人權 : 사람 인,	권세 권	(인권)
권세 권	⑯ 權力 : 권세 권,	힘 력	(권력)

연상기억 : 나무(木) 위에서 황새(雚)를 보호하는 권력을 가지니, 권세 권

❾ 曜

5급 18획	⑰ 曜日 : 빛날 요,	날 일	(요일)
빛날 요	⑱ 日曜日 : 날 일, 빛날 요, 날 일		(일요일)

연상기억 : 햇빛(日)이 꿩(翟)의 날개에 비치니, 빛날 요

❿ 耀

1급 20획	⑲ 耀德 : 빛날 요,	큰 덕	(요덕)
빛날 요	⑳ 耀翰 : 빛날 요,	날개 한	(요한)

연상기억 : 꿩(翟)의 날개가 광이 나니, 빛날 요

맵핑 漢字 연상기억
나무 목 木의 場

8강

나무 목 木

- 林 1. 수풀 림
  - ① 임야
  - ② 산림
- 禁 2. 금할 금
  - ③ 금기
  - ④ 금지
- 森 3. 수풀 삼
  - ⑤ 삼림욕
  - ⑥ 삼라만상
- 休 7. 쉴 휴
  - ⑬ 휴식
  - ⑭ 휴계
- 材 8. 재목 재
  - ⑮ 교재
  - ⑯ 목재
- 本 6. 근본 본
  - ⑪ 본래
  - ⑫ 본성
- 未 5. 아닐 미
  - ⑨ 미정
  - ⑩ 미수
- 末 4. 끝 말
  - ⑦ 말석
  - ⑧ 말직
- 沐 10. 머리감을 목
  - ⑲ 목욕
  - ⑳ 목우
- 木 9. 나무 목
  - ⑰ 초목
  - ⑱ 목석

| 78 |

漢字 자원(字源) 부수풀이 자동 연상기억

8일차 학습 　나무 목 木

한자 쓰기 연습				
❶ 林	7급 8획 수풀 림	① 林野 : 수풀 림,	들 야	(임야)
		② 山林 : 메 산,	수풀 림	(산림)
	연상기억 : 나무(木)와 나무(木)가 자라서 산림이 우거지고 수풀이 자라니, 수풀 림			
❷ 禁	4Ⅱ급 13획 금할 금	③ 禁忌 : 금할 금,	꺼릴 기	(금기)
		④ 禁止 : 금할 금,	그칠 지	(금지)
	연상기억 : 신을 모시는(示) 수풀(林) 출입을 금하니, 금할 금			
❸ 森	3급 12획 수풀 삼	⑤ 森林浴 : 수풀 삼, 수풀 림, 목욕할 욕		(삼림욕)
		⑥ 森羅萬象 : 수풀 삼, 벌릴 라, 일만 만, 코끼리 상		(삼라만상)
	연상기억 : 나무(木)가 수풀(林)이니, 수풀 삼			
❹ 末	5급 5획 끝 말	⑦ 末席 : 끝 말,	자리 석	(말석)
		⑧ 末職 : 끝 말,	직분 직	(말직)
	연상기억 : 나무(木)가 하늘 끝까지(一) 자라니, 끝 말			
❺ 未	4Ⅱ급 5획 아닐 미	⑨ 未定 : 아닐 미,	정할 정	(미정)
		⑩ 未遂 : 아닐 미,	드디어 수	(미수)
	연상기억 : 나무(木)가 중간에 가지를 뻗고(一) 있으니, 아닐 미			
❻ 本	6급 5획 근본 본	⑪ 本來 : 근본 본,	올 래	(본래)
		⑫ 本性 : 근본 본,	성품 성	(본성)
	연상기억 : 나무(木)의 뿌리(一)를 캐서 근본을 따지니, 근본 본			
❼ 休	7급 6획 쉴 휴	⑬ 休息 : 쉴 휴,	쉴 식	(휴식)
		⑭ 休憩 : 쉴 휴,	쉴 게	(휴게)
	연상기억 : 사람(亻)이 나무(木)에 기대어 쉬니, 쉴 휴			
❽ 材	5급 7획 재목 재	⑮ 敎材 : 가르칠 교,	재목 재	(교재)
		⑯ 木材 : 나무 목,	재목 재	(목재)
	연상기억 : 나무(木)에 재주(才)를 부리니, 재목 재			
❾ 木	7급 4획 나무 목	⑰ 草木 : 풀 초,	나무 목	(초목)
		⑱ 木石 : 나무 목,	돌 석	(목석)
	연상기억 : 땅에 뿌리 내리고 자라니, 나무 목			
❿ 沐	3급 7획 머리감을 목	⑲ 沐浴 : 머리감을 목,	목욕 욕	(목욕)
		⑳ 沐雨 : 머리감을 목,	비 우	(목우)
	연상기억 : 물(氵)을 나무(木)에 올려 머리를 감으니, 머리감을 목			

글자 공식에 의한 기억 해설

9강

〈한글 가나다 숫자 공식표〉 중,

10단위를 빨리 기억하기 위해서는 3개씩 끊어서 기억하면 쉽고 빠르게 기억할 수 있다. [10, 20, 30]을 [가, 나, 다]로 기억하고, [40, 50, 60]부터는 동물원에서 하마를 봐(바)로 기억한다. 그러면 보다 쉽게 연상되어 글자가 떠오르게 된다. [70, 80, 90]은 동물원에 사자를 연상하여 사자의 발음을 길게 하여 [사~아~자]로 기억하면 쉽게 연상이 된다.

1단위를 기억하기 위해서는 [1, 2, 3, 4]는 [ㄱ, ㄴ, ㄷ, ㄹ]로, 뒤쪽 [9, 0]은 [ㅈ, ㅊ]으로 기억한다. 나머지 가운데 숫자 [5, 6, 7, 8]은 [ㅁ, ㅂ, ㅅ, ㅇ] 이렇게 숫자와 자음을 연상결합하여 기억하면 된다. [5]의 [ㅁ]을 기억하기 위해서는 네모 안에 번호 5자가 들어 있다고 생각하고, [ㅂ]은 [6]과 비슷하게 흘려서 쓰면 된다. 그리고 [7]자의 [ㅅ]도 흘려 써서 기억하면 된다. [ㅇ] 역시 도형을 겹쳐서 올려놓으면 [8]이 되므로 이것 또한 쉽게 기억할 수 있다.

이러한 방법으로 기억하면 10단위, 1단위 숫자로 연결된 글자와 자음을 모두 기억할 수 있게 된다.

9일차 학습 한글 가나다 숫자 공식표

[숫자를 글자로 만들기]

[십 단위 숫자] 가~자까지 기억하기

10	20	30	/	40	50	60	/	70	80	90
가	나	다	/	하	마	바	/	사	아	자

[일 단위 숫자] ㄱ~ㅊ까지 기억하기

1	2	3	4	5	/	6	7	/	8	9	0
ㄱ	ㄴ	ㄷ	ㄹ	ㅁ	/	ㅂ	ㅅ	/	ㅇ	ㅈ	ㅊ
ㅋ		ㅌ	ㅎ			ㅍ					

[공동으로 사용하는 숫자의 자음]

1 : ㄱ, ㄲ, ㅋ 3 : ㄷ, ㄸ, ㅌ 4 : ㄹ, ㅎ 6 : ㅂ, ㅃ, ㅍ 7 : ㅆ, ㅉ 을 같은 숫자로 사용한다.

[숫자 10단위 합성된 글자의 예]

57=못   60=빛   63=받   66=밥   69=바지
72=산   75=섬   78=상수리 94=자라 98=종

[숫자 100단위 합성된 글자의 예]

127=군수 256=냄비 345=다리미 473=하수도 574=무술

※ 위 공식은 페이지 숫자나, 국사연도 등을 기억하기 위해 만든 글자 공식표입니다.
　모든 숫자를 기억하려면 글자를 직접 만들어 사용하세요.

맵핑 漢字 연상기억

어질 량 良의 場

10강

10. 물러날 퇴 **退**
   ⑲ 퇴각
   ⑳ 후퇴

限 9. 한할 한
   ⑰ 한계
   ⑱ 제한

4. 뿌리 근 **根**
   ⑦ 근거
   ⑧ 근원

良 1. 어질 량
   ① 개량
   ② 양심

5. 눈 안 **眼**
   ⑨ 안경
   ⑩ 안과

어질 량
良

郞 2. 사내 랑
   ③ 낭군
   ④ 신랑

6. 은 은 **銀**
   ⑪ 은행
   ⑫ 은하수

廊 3. 행랑 랑
   ⑤ 화랑
   ⑥ 사랑

8. 밝을 랑 **朗**
   ⑮ 명랑
   ⑯ 낭독

浪 7. 물결 랑
   ⑬ 방랑
   ⑭ 낭비

漢字 자원(字源) 부수풀이 자동 연상기억

10일차 학습 어질 량 良

한자 쓰기 연습

❶ 良
- 5급 7획
- 어질 량
- ① 改良 : 고칠 개, 어질 량 (개량)
- ② 良心 : 어질 량, 마음 심 (양심)
- 연상기억 : 희고(白) 깨끗한 옷(衣)을 입은 백의민족이니, 어질 량

❷ 郞
- 3Ⅱ급 10획
- 사내 랑
- ③ 郞君 : 사내 랑, 임금 군 (낭군)
- ④ 新郞 : 새 신, 사내 랑 (신랑)
- 연상기억 : 고을(阝)에 사는 어진(良)사람이니, 사내 랑

❸ 廊
- 3Ⅱ급 13획
- 행랑 랑
- ⑤ 畵廊 : 그림 화, 행랑 랑 (화랑)
- ⑥ 舍廊 : 집 사, 행랑 랑 (사랑)
- 연상기억 : 사내(郞)들이 별채 행랑(广)이니, 행랑 랑

❹ 根
- 7급 10획
- 뿌리 근
- ⑦ 根據 : 뿌리 근, 의거할 거 (근거)
- ⑧ 根源 : 뿌리 근, 근원 원 (근원)
- 연상기억 : 나무(木)의 그칠 끝이(艮)뿌리의 근원이니, 뿌리 근

❺ 眼
- 4Ⅱ급 11획
- 눈 안
- ⑨ 眼鏡 : 눈 안, 거울 경 (안경)
- ⑩ 眼科 : 눈 안, 과목 과 (안과)
- 연상기억 : 눈(目) 시력의 그친 한계(艮)를 안경의 도수로 정하니, 눈 안

❻ 銀
- 6급 14획
- 은 은
- ⑪ 銀行 : 은 은, 다닐 행 (은행)
- ⑫ 銀河水 : 은 은, 물 하, 물 수 (은하수)
- 연상기억 : 금(金)보다 더 값진 것의 끝(艮)은 은이니, 은 은

❼ 浪
- 3Ⅱ급 10획
- 물결 랑
- ⑬ 放浪 : 놓을 방, 물결 랑 (방랑)
- ⑭ 浪費 : 물결 랑, 쓸 비 (낭비)
- 연상기억 : 어진(良) 사람이 물결(氵) 속에서 방랑하니, 물결 랑

❽ 朗
- 5급 11획
- 밝을 랑
- ⑮ 明朗 : 밝을 명, 밝을 랑 (명랑)
- ⑯ 朗讀 : 밝을 명, 읽을 독 (낭독)
- 연상기억 : 착한(朗) 사람의 마음이 달(月)과 같이 밝아 명랑하니, 밝을 랑

❾ 限
- 4Ⅱ급 9획
- 한할 한
- ⑰ 限界 : 한할 한, 지경 계 (한계)
- ⑱ 制限 : 마를 제, 막을 한 (제한)
- 연상기억 : 언덕(阝)의 벼랑 끝(艮)이 제한된 한계이니, 한할 한

❿ 退
- 4Ⅱ급 11획
- 물러날 퇴
- ⑲ 退却 : 물러날 퇴, 물리칠 각 (퇴각)
- ⑳ 後退 : 뒤 후, 물러날 퇴 (후퇴)
- 연상기억 : 한계에 달해(艮) 퇴각하여 물러나니(辶), 물러날 퇴

맵핑 漢字 연상기억
성 씨 氏의 場

11강

- 10. 종이 지 紙
  - ⑲ 벽지
  - ⑳ 지폐

- 氏 9. 성씨 씨
  - ⑰ 성씨
  - ⑱ 종씨

- 4. 백성 민 民
  - ⑦ 민속
  - ⑧ 국민

- 昏 1. 어두울 혼
  - ① 황혼
  - ② 혼미

- 5. 잘 면 眠
  - ⑨ 수면
  - ⑩ 숙면

성씨
氏

- 低 2. 낮을 저
  - ③ 저속
  - ④ 저렴

- 6. 혼인할 혼 婚
  - ⑪ 혼례
  - ⑫ 결혼

- 底 3. 밑 저
  - ⑤ 저의
  - ⑥ 저력

- 8. 막을 저 抵
  - ⑮ 저항
  - ⑯ 저촉

- 邸 7. 큰집 저
  - ⑬ 저택
  - ⑭ 관저

84

漢字 자원(字源) 부수풀이 자동 연상기억

11일차 학습 성 씨 氏

한자 쓰기 연습					
❶ 昏	3급 8획	① 黃昏 : 누를 황,		어두울 혼	(황혼)
	어두울 혼	② 昏迷 : 어두울 혼,		미혹할 미	(혼미)
	연상기억 : 해(日)가 저물어(氏) 황혼이 깃드니, 정신이 혼미하여, 어두울 혼				
❷ 低	4Ⅱ급 7획	③ 低俗 : 낮을 저,		풍속 속	(저속)
	낮을 저	④ 低廉 : 밑 저,		청렴할 렴	(저렴)
	연상기억 : 사람(亻)의 근본이 낮으면(氐) 저속하니, 낮을 저				
❸ 底	4급 8획	⑤ 底意 : 밑 저,		뜻 의	(저의)
	밑 저	⑥ 底力 : 밑 저,		힘 력	(저력)
	연상기억 : 집(广)의 근본(氐)은 저력이니, 밑 저				
❹ 民	8급 5획	⑦ 民俗 : 백성 민,		풍속 속	(민속)
	백성 민	⑧ 國民 : 나라 국,		백성 민	(국민)
	연상기억 : 백성들은 많은 성씨(氏)들이 모인(一) 국민이니, 백성 민				
❺ 眠	3Ⅱ급 10획	⑨ 睡眠 : 졸음 수,		잘 면	(수면)
	잘 면	⑩ 熟眠 : 익을 숙,		잘 면	(숙면)
	연상기억 : 백성(民)들이 눈(目)을 감고 잘 자니, 잘 면				
❻ 婚	4급 11획	⑪ 婚禮 : 혼인할 혼,		예도 례	(혼례)
	혼인할 혼	⑫ 結婚 : 맺을 결,		혼인할 혼	(결혼)
	연상기억 : 날이 어두워지면(昏) 신부(女)가 혼례를 치르니, 혼인할 혼				
❼ 邸	1급 8획	⑬ 邸宅 : 큰집 저,		집 택	(저택)
	큰집 저	⑭ 官邸 : 벼슬 관,		큰집 저	(관저)
	연상기억 : 낮은(氐) 고을(阝)에 아주 큰 집, 저택이 있으니, 큰집 저				
❽ 抵	3Ⅱ급 8획	⑮ 抵抗 : 막을 저,		겨룰 항	(저항)
	막을 저	⑯ 抵觸 : 막을 저,		닿을 촉	(저촉)
	연상기억 : 적을 낮은(氐) 곳으로 밀쳐 손(扌)으로 막으니, 막을 저				
❾ 氏	4급 4획	⑰ 姓氏 : 성품 성,		성씨 씨	(성씨)
	성씨 씨	⑱ 宗氏 : 마루 종,		성씨 씨	(종씨)
	연상기억 : 종씨의 성이 뻗어 나가니, 성씨 씨				
❿ 紙	7급 10획	⑲ 壁紙 : 벽 벽,		종이 지	(벽지)
	종이 지	⑳ 紙幣 : 종이 지,		화폐 폐	(지폐)
	연상기억 : 성씨가 특이한 사람이 실로 종이를 만드니, 종이 지				

맵핑 漢字 연상기억

수건 건 巾의 場

12강

10. 허파 폐 **肺**
⑲ 폐병
⑳ 폐장

9. 손위 누이 자 **姉**
⑰ 자매
⑱ 자형

4. 화폐 폐 **幣**
⑦ 폐백
⑧ 지폐

1. 배 포 **布**
① 포목
② 공포

수건 건 巾

5. 해질 폐 **弊**
⑨ 폐단
⑩ 폐습

2. 바랄 희 **希**
③ 희망
④ 희구

6. 덮을 폐 **蔽**
⑪ 은폐
⑫ 폐색

3. 드물 희 **稀**
⑤ 희귀
⑥ 고희

8. 저자 시 **市**
⑮ 도시
⑯ 시장

7. 수건 건 **巾**
⑬ 수건
⑭ 두건

86

漢字 자원(字源) 부수풀이 자동 연상기억

12일차 학습 수건 건 巾

한자 쓰기 연습

❶ 布
4Ⅱ급 5획	① 布木 : 베 포,	나무 목	(포목)
베 포	② 公布 : 공평할 공,	베 포	(공포)

연상기억 : 팔(左右)로 옷감(巾)을 재니, 베 포

❷ 希
4Ⅱ급 7획	③ 希望 : 바랄 희,	바랄 망	(희망)
바랄 희	④ 希求 : 바랄 희,	구할 구	(희구)

연상기억 : 베(布)에 수(十)를 놓아 비단을 바라니, 바랄 희

❸ 稀
3Ⅱ급 12획	⑤ 稀貴 : 드물 희,	귀할 귀	(희귀)
드물 희	⑥ 古稀 : 예 고,	드물 희	(고희)

연상기억 : 곡식(禾)이 바라는(希)만큼 드물게 수확되니, 드물 희

❹ 幣
3급 15획	⑦ 幣帛 : 화폐 폐,	비단 백	(폐백)
화폐 폐	⑧ 紙幣 : 종이 지,	화폐 폐	(지폐)

연상기억 : 부서진(敝) 비단(巾)을 화폐로 쓰니, 화폐 폐

❺ 弊
3Ⅱ급 15획	⑨ 弊端 : 해질 폐,	끝 단	(폐단)
해질 폐	⑩ 弊習 : 해질 폐,	익힐 습	(폐습)

연상기억 : 옷이 해져서(敝) 두 손으로(廾) 가려야 하니, 해질 폐

❻ 蔽
3급 16획	⑪ 隱蔽 : 숨을 은,	덮을 폐	(은폐)
덮을 폐	⑫ 蔽塞 : 덮을 폐,	막힐 색	(폐색)

연상기억 : 풀(艹)로 옷의 해진(敝) 곳을 덮어야 하니, 덮을 폐

❼ 巾
1급 3획	⑬ 手巾 : 손 수,	수건 건	(수건)
수건 건	⑭ 頭巾 : 머리 두,	수건 건	(두건)

연상기억 : 어깨에 걸친 수건(巾)이니, 수건 건

❽ 市
7급 5획	⑮ 都市 : 도읍 도,	저자 시	(도시)
저자 시	⑯ 市場 : 저자 시,	마장 장	(시장)

연상기억 : 옷감(巾)을 사기 위해 가는(亠, 之) 곳이니, 저자 시

❾ 姉
4급 8획	⑰ 姉妹 : 손위 누이 자,	누이 매	(자매)
손위 누이 자	⑱ 姉兄 : 손위 누이 자,	맏 형	(자형)

연상기억 : 누나(女)가 시장(市)에 가니, 손위 누이 자

❿ 肺
3Ⅱ급 8획	⑲ 肺病 : 허파 폐,	병 병	(폐병)
허파 폐	⑳ 肺臟 : 허파 폐,	창자 장	(폐장)

연상기억 : 좌우 갈라진(市) 인체(月, 肉)의 허파이니, 허파 폐

맵핑 漢字 연상기억
두루 방 旁의 場

13강

10. 헐뜯을 방 謗
⑲ 비방
⑳ 훼방

榜 9. 방붙일 방
⑰ 방문
⑱ 지방

4. 곁 방 旁
⑦ 방구
⑧ 방록

帝 1. 임금 제
① 제왕
② 황제

5. 넓을 방 傍
⑨ 방청
⑩ 방관

두루 방
旁

締 2. 맺을 체
③ 체결
④ 취체

6. 오줌통 방 膀
⑪ 방광염
⑫ 방광

諦 3. 살필 체
⑤ 체념
⑥ 요체

8. 막힐 체 滯
⑮ 체류
⑯ 침체

帶 7. 띠 대
⑬ 혁대
⑭ 대검

漢字 자원(字源) 부수풀이 자동 연상기억

13일차 학습 두루 방 旁

한자 쓰기 연습

❶ 帝	4급 9획	① 帝王 : 임금 제,	임금 왕	(제왕)
	임금 제	② 皇帝 : 임금 황,	임금 제	(황제)
	연상기억 : 하늘에 지내는 제사상 모양으로 제왕, 천신이니, 임금 제			
❷ 締	2급 15획	③ 締結 : 맺을 체,	맺을 결	(체결)
	맺을 체	④ 取締 : 가질 취,	맺을 체	(취체)
	연상기억 : 임금(帝)의 왕관에 실로 맺으니, 맺을 체			
❸ 諦	1급 16획	⑤ 諦念 : 살필 체,	생각 념	(체념)
	살필 체	⑥ 要諦 : 구할 요,	살필 체	(요체)
	연상기억 : 임금(帝)의 말씀(言)을 받들어 살피니, 살필 체			
❹ 旁	2급 10획	⑦ 旁求 : 곁 방,	구할 구	(방구)
	곁 방	⑧ 旁錄 : 곁 방,	기록할 록	(방록)
	연상기억 : 높은 천장의 네모난(方) 방의 곁이니, 곁 방			
❺ 傍	3급 12획	⑨ 傍聽 : 넓을 방,	들을 청	(방청)
	넓을 방	⑩ 傍觀 : 넓을 방,	볼 관	(방관)
	연상기억 : 사람(亻)이 모여 앉은 옆방(旁)이 넓으니, 넓을 방			
❻ 膀	1급 14획	⑪ 膀胱炎 : 오줌통 방, 오줌통 광, 불꽃 염		(방광염)
	오줌통 방	⑫ 膀胱 : 오줌통 방,	오줌통 광	(방광)
	연상기억 : 육체(月)에 곁에 붙은 (旁)것이니, 오줌통 방			
❼ 帶	4Ⅱ급 11획	⑬ 革帶 : 가죽 혁,	띠 대	(혁대)
	띠 대	⑭ 帶劍 : 띠 대,	칼 검	(대검)
	연상기억 : 천을 겹치고 허리에 두른(巾) 띠 모양이니, 띠 대			
❽ 滯	3Ⅱ급 14획	⑮ 滯留 : 막힐 체,	머무를 류	(체류)
	막힐 체	⑯ 沈滯 : 잠길 침,	막힐 체	(침체)
	연상기억 : 두른 띠(帶)에 흐르는 물길이 막히니, 막힐 체			
❾ 榜	1급 14획	⑰ 榜文 : 방붙일 방,	글월 문	(방문)
	방붙일 방	⑱ 紙榜 : 종이 지,	방붙일 방	(지방)
	연상기억 : 나무기둥에(木) 써 붙인 방(旁)이니, 방붙일 방			
❿ 謗	1급 17획	⑲ 誹謗 : 비방할 비,	헐뜯을 방	(비방)
	헐뜯을 방	⑳ 毁謗 : 헐 훼,	헐뜯을 방	(훼방)
	연상기억 : 말(言)을 곁들어(旁) 헐뜯으니, 헐뜯을 방			

맵핑 漢字 연상기억
모방 方의 場

14강

10. 막을 방 防
⑲ 방어
⑳ 방범

妨 9. 방해할 방
⑰ 방해
⑱ 무방

4. 모 방 方
⑦ 방향
⑧ 방법

房 1. 방 방
① 책방
② 다방

모방
方

5. 꽃다울 방 芳
⑨ 방년
⑩ 방향

紡 2. 길쌈 방
③ 방직
④ 혼방

6. 기름 방 肪
⑪ 지방질
⑫ 체지방

訪 3. 찾을 방
⑤ 방문
⑥ 탐방

8. 노닐 방 彷
⑮ 방황
⑯ 방불

坊 7. 동네 방
⑬ 방방곡곡
⑭ 동네방내

漢字 자원(字源) 부수풀이 자동 연상기억

14일차 학습 모 방 方

한자 쓰기 연습

❶ 房

4Ⅱ급 8획	① 册房 : 책 책,	방 방	(책방)
방 방	② 茶房 : 차 다,	방 방	(다방)

연상기억 : 지게호(戶) 모양의 사각(方) 문의 방이니, 방 방

❷ 紡

2급 10획	③ 紡織 : 길쌈 방,	짤 직	(방직)
길쌈 방	④ 混紡 : 섞일 혼,	길쌈 방	(혼방)

연상기억 : 길쌈(糸)을 하는 방식(方)의 방이니, 길쌈 방

❸ 訪

4Ⅱ급 11획	⑤ 訪問 : 찾을 방,	물을 문	(방문)
찾을 방	⑥ 探訪 : 찾을 탐,	찾을 방	(탐방)

연상기억 : 물어보기(言) 위해 방문하는 방이(方)니, 찾을 방

❹ 方

7급 4획	⑦ 方向 : 모 방,	향할 향	(방향)
모 방	⑧ 方法 : 모 방,	법 법	(방법)

연상기억 : 배 모양의 둘레가 네모지니, 모 방

❺ 芳

3급 8획	⑨ 芳年 : 꽃다울 방,	해 년	(방년)
꽃다울 방	⑩ 芳香 : 꽃다울 방,	향기 향	(방향)

연상기억 : 풀(艹)에서 피어난 꽃의 씨방(方)의 꽃다운 모습이니, 꽃다울 방

❻ 肪

1급 8획	⑪ 脂肪質 : 기름 지, 기름 방, 바탕 질	(지방질)
기름 방	⑫ 體脂肪 : 몸 체, 기름 지, 기름 방	(체지방)

연상기억 : 몸(月)에 지방질은 기름인 성분이니, 기름 방

❼ 坊

1급 7획	⑬ 坊坊曲曲 : 동네 방,	굽을 곡	(방방곡곡)
동네 방	⑭ 洞內坊內 : 골 동, 안 내, 동네 방		(동내방내)

연상기억 : 동네(土) 방방곡곡에서 노니, 동네 방

❽ 彷

1급 7획	⑮ 彷徨 : 노닐 방,	방황할 방	(방황)
노닐 방	⑯ 彷佛 : 노닐 방,	부처 불	(방불)

연상기억 : 행인(彳)이 방향(方)을 잃고 거닐며 노니, 노닐 방

❾ 妨

4급 7획	⑰ 妨害 : 방해할 방,	해할 해	(방해)
방해할 방	⑱ 無妨 : 없을 무,	방해할 방	(무방)

연상기억 : 여자(女)가 하는 일에 방향(方)을 방해하니, 방해할 방

❿ 防

4Ⅱ급 7획	⑲ 防禦 : 막을 방,	막을 어	(방어)
막을 방	⑳ 防犯 : 막을 방,	범할 범	(방범)

연상기억 : 방어하는 언덕(阝)의 벽이니, 막을 방

맵핑 漢字 연상기억
기 기 旗의 場
15강

10. 돌 선 **旋**
⑲ 선회
⑳ 주선

旌 9. 표할 정
⑰ 정표
⑱ 정선군

4. 놀 유 **遊**
⑦ 외유
⑧ 유람

旗 1. 기 기
① 기수
② 태극기

기 기
旗

5. 헤엄칠 유 **游**
⑨ 유영
⑩ 회유

族 2. 겨레 족
③ 민족
④ 가족

6. 베풀 시 **施**
⑪ 시설
⑫ 실시

旅 3. 나그네 려
⑤ 여행
⑥ 여권

8. 본뜰 방 **倣**
⑮ 의방
⑯ 모방

放 7. 놓을 방
⑬ 방학
⑭ 방목

漢字 자원(字源) 부수풀이 자동 연상기억

15일차 학습 기 기 旗

한자 쓰기 연습

❶ 旗

7급 14획 　기 기
① 旗手 : 기 기,　　　손 수　　　(기수)
② 太極旗 : 클 태, 극진할 극, 기 기　(태극기)
연상기억 : 깃발 언(方+人) 그 기(其)로, 높이 올라가는 대장기니, 기 기

❷ 族

6급 11획 　겨레 족
③ 民族 : 백성 민,　　　겨레 족　　(민족)
④ 家族 : 집 가,　　　겨레 족　　(가족)
연상기억 : 한 깃발(方+人) 아래 활(矢)을 멘 같은 민족이니, 겨레 족

❸ 旅

5급 10획 　나그네 려
⑤ 旅行 : 나그네 려,　　다닐 행　　(여행)
⑥ 旅券 : 나그네 려,　　문서 권　　(여권)
연상기억 : 깃발(方+人)을 앞세운 많은 갈래(氏)의 나그네이니, 나그네 려

❹ 遊

4급 13획 　놀 유
⑦ 外遊 : 바깥 외,　　　놀 유　　　(외유)
⑧ 遊覽 : 놀 유,　　　볼 람　　　(유람)
연상기억 : 깃발(方+人)을 앞세운 아이들(子)이 놀러 다니니(辶), 놀 유

❺ 游

1급 12획 　헤엄칠 유
⑨ 遊泳 : 헤엄칠 유,　헤엄칠 영　　(유영)
⑩ 回游 : 돌 회,　　헤엄칠 유　　(회유)
연상기억 : 물(氵)에서 놀며 헤엄치니, 헤엄칠 유

❻ 施

4Ⅱ급 9획 　베풀 시
⑪ 施設 : 베풀 시,　　베풀 설　　(시설)
⑫ 實施 : 열매 실,　　베풀 시　　(실시)
연상기억 : 깃발(方+人)을 흔들기(也) 시작하니, 베풀 시

❼ 放

6급 8획 　놓을 방
⑬ 放學 : 놓을 방,　　배울 학　　(방학)
⑭ 放牧 : 놓을 방,　　칠 목　　　(방목)
연상기억 : 사방(方)으로 달아나게 쳐서(攵) 놓아주니, 놓을 방

❽ 倣

3급 10획 　본뜰 방
⑮ 模倣 : 본뜰 모,　　본뜰 방　　(모방)
⑯ 依倣 : 의지할 의,　본뜰 방　　(의방)
연상기억 : 자기 것을 버리고(放) 남(亻)의 것을 본뜨니, 본뜰 방

❾ 旌

2급 11획 　표할 정
⑰ 旌表 : 기 정,　　　표할 표　　(정표)
⑱ 旌善郡 : 표할 정, 착할 선, 고을 군　(정선군)
연상기억 : 기호표시(方+人)로 생긴(生) 모습의 정표이니, 표할 정

❿ 旋

3Ⅱ급 11획 　돌 선
⑲ 旋回 : 돌 선,　　　돌 회　　　(선회)
⑳ 周旋 : 두루 주,　　돌 선　　　(주선)
연상기억 : 깃발(方+人) 따라 발걸음(足)을 돌리니, 돌 선

93

맵핑 漢字 연상기억
목마를 갈 渴의 場

16강

10. 불교글귀 게 偈
⑲ 게구
⑳ 게송

揭 9. 걸 게
⑰ 게양
⑱ 게시

4. 다할 갈 竭
⑦ 갈력
⑧ 갈진

渴 1. 목마를 갈
① 갈증
② 고갈

목마를 갈
渴

5. 굵은베 갈 褐
⑨ 갈색
⑩ 갈부

喝 2. 외칠 갈
③ 공갈
④ 갈취

6. 오랑캐 이름 갈 鞨
⑪ 말갈족
⑫ 말갈식

葛 3. 칡 갈
⑤ 갈근
⑥ 갈등

8. 뵐 알 謁
⑮ 알현
⑯ 배알

歇 7. 쉴 헐
⑬ 헐가
⑭ 간헐

漢字 자원(字源) 부수풀이 자동 연상기억

16일차 학습 목마를 갈 渴

① 渴
- 3급 12획 / 목마를 갈
  - ① 渴症 : 목마를 갈, 증세 증 (갈증)
  - ② 枯渴 : 마를 고, 목마를 갈 (고갈)
- 연상기억 : 물(氵)이 말라 그치니(曷), 목마를 갈

② 喝
- 1급 12획 / 외칠 갈
  - ③ 恐喝 : 두려울 공, 외칠 갈 (공갈)
  - ④ 喝取 : 외칠 갈, 취할 취 (갈취)
- 연상기억 : 목(口)이 쉬도록(曷) 성내어 외치니, 외칠 갈

③ 葛
- 2급 13획 / 칡 갈
  - ⑤ 葛根 : 칡 갈, 뿌리 근 (갈근)
  - ⑥ 葛藤 : 칡 갈, 등나무 등 (갈등)
- 연상기억 : 칡덩굴이(艹) 자람을 그치니(曷), 칡 갈

④ 竭
- 1급 14획 / 다할 갈
  - ⑦ 竭力 : 다할 갈, 힘 력 (갈력)
  - ⑧ 竭盡 : 다할 갈, 다할 진 (갈진)
- 연상기억 : 일어설(立) 때 젖 먹은 힘까지 다할 갈

⑤ 褐
- 1급 14획 / 굵은베 갈
  - ⑨ 褐色 : 굵은베 갈, 빛 색 (갈색)
  - ⑩ 褐夫 : 굵은베 갈, 지아비 부 (갈부)
- 연상기억 : 훼손된(曷) 굵은 삼베옷(衣)의 색인, 갈색 갈

⑥ 鞨
- 2급 18획 / 오랑캐이름 갈
  - ⑪ 靺鞨族 : 말갈 말, 오랑캐이름 갈, 겨레 족 (말갈족)
  - ⑫ 靺鞨式 : 말갈 말, 오랑캐이름 갈, 법 식 (말갈식)
- 6. 연상기억 : 다 닳은(曷) 가죽옷(革)을 입으니 , 오랑캐이름 갈

⑦ 歇
- 1급 13획 / 쉴 헐
  - ⑬ 歇價 : 쉴 헐, 값 가 (헐가)
  - ⑭ 間歇 : 사이 간, 쉴 헐 (간헐)
- 연상기억 : 힘이 다 빠져(曷) 한숨 쉬니(欠), 쉴 헐

⑧ 謁
- 3급 16획 / 뵐 알
  - ⑮ 謁見 : 뵐 알, 나타날 현 (알현)
  - ⑯ 拜謁 : 절 배, 뵐 알 (배알)
- 연상기억 : 임금이 물으심을(言) 어찌(曷) 아뢸까 하니, 뵐 알

⑨ 揭
- 2급 12획 / 걸 게
  - ⑰ 揭揚 : 걸 게, 날릴 양 (게양)
  - ⑱ 揭示 : 걸 게, 보일 시 (게시)
- 연상기억 : 손(扌)닿는 끝까지(曷) 걸어 놓으니, 걸 게

⑩ 偈
- 1급 11획 / 불교글귀 게
  - ⑲ 偈句 : 불시 게, 글귀 구 (게구)
  - ⑳ 偈頌 : 불시 게, 기릴 송 (게송)
- 연상기억 : 사람(亻)이 부처님께 정성을 다하니(曷,) 불교글귀 게

맵핑 漢字 연상기억
양 양 羊의 場

17강

10. 큰바다 양 洋
⑲ 양복
⑳ 양주

羊 9. 양 양
⑰ 양모
⑱ 양피

4. 옳을 의 義
⑦ 의리
⑧ 정의

善 1. 착할 선
① 선량
② 선악

양 양
羊

5. 거동 의 儀
⑨ 의례
⑩ 의식

膳 2. 선물 선
③ 선물
④ 선사

6. 의논 의 議
⑪ 의결
⑫ 의원

繕 3. 기울 선
⑤ 수선
⑥ 선사

8. 자세할 상 詳
⑮ 상세
⑯ 미상

祥 7. 상서로울 상
⑬ 길상
⑭ 발상

漢字 자원(字源) 부수풀이 자동 연상기억

17일차 학습 양 양 羊

한자 쓰기 연습

❶ 善

5급 12획	① 善良 : 착할 선,	어질 량	(선량)
착할 선	② 善惡 : 착할 선,	악할 악	(선악)

연상기억 : 양(羊)은 많은 말(口) 필요 없이 착하니, 착할 선

❷ 膳

1급 16획	③ 膳物 : 선물 선,	물건 물	(선물)
선물 선	④ 膳賜 : 선물 선,	줄 사	(선사)

연상기억 : 고기(月)의 좋은 부분(善)으로 선물하니, 선물 선

❸ 繕

2급 18획	⑤ 修繕 : 닦을 수,	기울 선	(수선)
기울 선	⑥ 繕寫 : 기울 선,	베낄 사	(선사)

연상기억 : 좋은(善) 옷을 실(糹)로 기워서 입으니, 기울 선

❹ 義

4Ⅱ급 13획	⑦ 義理 : 옳을 의,	다스릴 리	(의리)
옳을 의	⑧ 正義 : 바를 정,	옳을 의	(정의)

연상기억 : 내(我)가 양(羊)같이 옳게 사니, 옳을 의

❺ 儀

4급 15획	⑨ 儀禮 : 거동 의,	예도 례	(의례)
거동 의	⑩ 儀式 : 거동 의,	법 식	(의식)

연상기억 : 사람(亻)이 옳은(義) 일에 거동하니, 거동 의

❻ 議

4Ⅱ급 20획	⑪ 議決 : 의논 의,	결단할 결	(의결)
의논 의	⑫ 議員 : 의논 의,	인원 원	(의원)

연상기억 : 말(言)을 하여 옳고(義) 그름을 의논하니, 의논 의

❼ 祥

3급 11획	⑬ 吉祥 : 길할 길,	상서로울 상	(길상)
상서로울 상	⑭ 發祥 : 필 발,	상서로울 상	(발상)

연상기억 : 양고기(羊)로 제사(示)를 지내니, 상서로울 상

❽ 詳

4Ⅱ급 13획	⑮ 詳細 : 자세할 상,	가늘 세	(상세)
자세할 상	⑯ 未詳 : 아닐 미,	자세할 상	(미상)

연상기억 : 양(羊)의 울음소리(言)가 자세하게 들리니, 자세할 상

❾ 羊

4Ⅱ급 6획	⑰ 羊毛 : 양 양,	털 모	(양모)
양 양	⑱ 羊皮 : 양 양,	가죽 피	(양피)

연상기억 : 양(羊)의 머리와 몸의 뼈 모양이니, 양 양

❿ 洋

6급 9획	⑲ 洋服 : 큰바다 양,	옷 복	(양복)
큰바다 양	⑳ 洋酒 : 큰바다 양,	술 주	(양주)

연상기억 : 바다(氵)의 물결이 양떼들(羊)처럼 크게 보이니, 큰바다 양

맵핑 漢字 연상기억
망할 망 亡의 場
18강

- 10. 아득할 망 茫
  - ⑲ 망망대해
  - ⑳ 망연자실
- 9. 가끄라기 망 芒
  - ⑰ 망종
  - ⑱ 한망
- 4. 바쁠 망 忙
  - ⑦ 다망
  - ⑧ 분망
- 망할 망 亡
- 1. 망할 망 亡
  - ① 망신
  - ② 멸망
- 5. 잊을 망 忘
  - ⑨ 망각
  - ⑩ 물망초
- 2. 바랄 망 望
  - ③ 희망
  - ④ 망향
- 6. 망령될 망 妄
  - ⑪ 망언
  - ⑫ 망령
- 3. 눈멀 맹 盲
  - ⑤ 맹인
  - ⑥ 색맹
- 8. 다급할 황 慌
  - ⑮ 당황
  - ⑯ 황망
- 7. 거칠 황 荒
  - ⑬ 황야
  - ⑭ 황무지

漢字 자원(字源) 부수풀이 자동 연상기억

18일차 학습 망할 망 亡

한자 쓰기 연습

❶ 亡

5급 3획	① 亡身 : 망할 망,	몸 신	(망신)
망할 망	② 滅亡 : 멸할 멸,	망할 망	(멸망)

연상기억 : 숨은(亠) 사람의 머리카락(ㅗ)이 보이니, 망할 망

❷ 望

5급 12획	③ 希望 : 바랄 희,	바랄 망	(희망)
바랄 망	④ 望鄕 : 바랄 망,	시골 향	(망향)

연상기억 : 떠난(亡) 남편을 달밤(月)에 우두커니(壬) 서서 돌아오기길 바라니, 바랄 망

❸ 盲

3Ⅱ급 8획	⑤ 盲人 : 눈멀 맹,	사람 인	(맹인)
눈멀 맹	⑥ 色盲 : 빛 색,	눈멀 맹	(색맹)

연상기억 : 눈(目)이 없어져 도망치니(亡), 맹인 맹

❹ 忙

3급 6획	⑦ 多忙 : 많을 다,	바쁠 망	(다망)
바쁠 망	⑧ 奔忙 : 달아날 분,	바쁠 망	(분망)

연상기억 : 마음(忄)이 바빠 망치니(亡), 바쁠 망

❺ 忘

3급 7획	⑨ 忘却 : 잊을 망,	물리칠 각	(망각)
잊을 망	⑩ 勿忘草 : 말 물, 잊을 망, 풀 초		(물망초)

연상기억 : 마음(心)에서 떠나 도망(亡)하니, 잊을 망

❻ 妄

3Ⅱ급 6획	⑪ 妄言 : 망령될 망,	말씀 언	(망언)
망령될 망	⑫ 妄靈 : 망령될 망,	신령 령	(망령)

연상기억 : 할머니(女) 건망증이 심(亡)하시니, 망령될 망

❼ 荒

3Ⅱ급 10획	⑬ 荒野 : 거칠 황,	들 야	(황야)
거칠 황	⑭ 荒蕪地 : 거칠 황, 없을 무, 땅 지		(황무지)

연상기억 : 풀들(艹)이 흐르는 물에 망가져(荒) 거치니, 거칠 황

❽ 慌

1급 13획	⑮ 唐慌 : 당나라 당,	다급할 황	(당황)
다급할 황	⑯ 慌忙 : 다급할 황,	바쁠 망	(황망)

연상기억 : 거친 황야(荒)에서 마음(忄)이 다급하니, 다급할 황

❾ 芒

1급 7획	⑰ 芒種 : 가끄라기 망,	씨 종	(망종)
가끄라기 망	⑱ 寒芒 : 찰 한,	가끄라기 망	(한망)

연상기억 : 풀 수염(艹)이 망종에 도망하니(亡), 가끄라기 망

❿ 茫

3Ⅱ급 7획	⑲ 茫茫大海 : 아득할 망, 큰 대, 바다 해		(망망대해)
아득할 망	⑳ 茫然自失 : 아득할 망, 그럴 연, 스스로 자, 잃을 실		(망연자실)

연상기억 : 풀들(艹)이 물(氵)에 쓸려 아득하니, 아득할 망

맵핑 漢字 연상기억
그물 망 罒의 場

19강

10. 파할 파 罷
⑲ 파면
⑳ 파업

9. 관청 서 署
⑰ 관공서
⑱ 부서

4. 벼리 강 綱
⑦ 기강
⑧ 강령

1. 그물 망 網
① 법망
② 망라

5. 굳셀 강 剛
⑨ 강건
⑩ 강직

그물 망
罒

2. 없을 망 罔
③ 망극
④ 망측

6. 강철 강 鋼
⑪ 강판
⑫ 제강

3. 멍할 망 惘
⑤ 망연
⑥ 민망

8. 벌할 벌 罰
⑮ 법칙
⑯ 처벌

7. 허물 죄 罪
⑬ 범죄
⑭ 죄악

漢字 자원(字源) 부수풀이 자동 연상기억

19일차 학습 그물 망 罒

한자 쓰기 연습

❶ 網
2급 14획	① 法網 : 법 법,	그물 망	(법망)
그물 망	② 網羅 : 그물 망,	벌릴 라	(망라)

연상기억 : 실(糸)로 만든 그물(岡)에 도망간 고기가 걸리니, 그물 망

❷ 罔
3급 8획	③ 罔極 : 없을 망,	극진할 극	(망극)
없을 망	④ 罔測 : 없을 망,	헤아릴 측	(망측)

연상기억 : 그물(网)에 고기가 도망하여(亡) 없으니, 없을 망

❸ 惘
1급 11획	⑤ 惘然 : 멍할 망,	그럴 연	(망연)
멍할 망	⑥ 憫惘 : 민망할 민,	멍할 망	(민망)

연상기억 : 망태(罔)에 걸린 고기가 정신(忄)이 없으니, 멍할 망

❹ 綱
3Ⅱ급 14획	⑦ 紀綱 : 벼리 기,	벼리 강	(기강)
벼리 강	⑧ 綱領 : 벼리 강,	거느릴 령	(강령)

연상기억 : 산등성이(岡)에 실(糸)을 꼬아 붙이니, 벼리 강

❺ 剛
3Ⅱ급 10획	⑨ 剛健 : 굳셀 강,	굳셀 건	(강건)
굳셀 강	⑩ 剛直 : 굳셀 강,	곧을 직	(강직)

연상기억 : 산언덕(岡)을 칼(刂)로 쳐도 끄떡없으니, 굳셀 강

❻ 鋼
3Ⅱ급 16획	⑪ 鋼板 : 강철 강,	널 판	(강판)
강철 강	⑫ 製鋼 : 지을 제,	강철 강	(제강)

연상기억 : 산등성이(岡)에 쇠(金)를 붙이니, 강철 강

❼ 罪
5급 13획	⑬ 犯罪 : 범할 범,	허물 죄	(범죄)
허물 죄	⑭ 罪惡 : 허물 죄,	악할 악	(죄악)

연상기억 : 비행으로(非) 허물(罒)을 쓴 죄인이니, 허물 죄

❽ 罰
4급 14획	⑮ 罰則 : 벌줄 벌,	법 칙	(법칙)
벌할 벌	⑯ 處罰 : 곳 처,	벌할 벌	(처벌)

연상기억 : 허물(罒) 쓴 죄인을 칼날(刂)같이 꾸짖어(言) 벌하니, 벌할 벌

❾ 署
3Ⅱ급 14획	⑰ 官公署 : 벼슬 관, 공평할 공,	관청 서	(관공서)
관청 서	⑱ 部署 : 떼 부,	관청 서	(부서)

연상기억 : 그물망(罒) 사람(者)을 배치하는 관청의 부서이니, 관청 서

❿ 罷
3급 15획	⑲ 罷免 : 파할 파,	면할 면	(파면)
파할 파	⑳ 罷業 : 파할 파,	업 업	(파업)

연상기억 : 재능(能)이 있더라도 법에 걸리면(罒) 파하니, 파할 파

맵핑 漢字 연상기억

무릇 범 凡의 場

20강

10. 단풍나무 풍 楓
⑲ 단풍
⑳ 풍악산

風 9. 바람 풍
⑰ 태풍
⑱ 폭풍

4. 높을 항 亢
⑦ 항비
⑧ 항진

凡 1. 무릇 범
① 범인
② 비범

5. 겨룰 항 抗
⑨ 대항
⑩ 반항

무릇 범 凡

汎 2. 넓을 범
③ 범람
④ 범론

6. 배 항 航
⑪ 항해
⑫ 운항

帆 3. 돛 범
⑤ 범선
⑥ 출범

8. 물을 신 訊
⑮ 신문
⑯ 음식

迅 7. 빠를 신
⑬ 신속
⑭ 신전

漢字 자원(字源) 부수풀이 자동 연상기억

20일차 학습 무릇 범 凡

❶ 凡
3Ⅱ급 10획	① 凡人 : 무릇 범,	사람 인	(범인)
무릇 범	② 非凡 : 아닐 비,	무릇 범	(비범)

연상기억 : 궤짝(几) 속의 뭇 물건(丶)이니, 무릇 범

❷ 汎
2급 7획	③ 汎濫 : 넓을 범,	넘칠 람	(범람)
넓을 범	④ 汎論 : 넓을 범,	의논할 론	(범론)

연상기억 : 바람이 든(凡) 기구가 넓은 바다(氵)로 가니, 넓을 범

❸ 帆
1급 6획	⑤ 帆船 : 돛 범,	배 선	(범선)
돛 범	⑥ 出帆 : 날 출,	돛 범	(출범)

연상기억 : 바람을 안은(凡) 천(巾)으로 된 돛이니, 돛 범

❹ 亢
2급 4획	⑦ 亢鼻 : 높을 항,	코 비	(항비)
높을 항	⑧ 亢進 : 높을 항,	나아갈 진	(항진)

연상기억 : 머리(亠)를 받치는 궤짝(几)을 높이 올리니, 높을 항

❺ 抗
4급 7획	⑨ 對抗 : 대할 대,	겨룰 항	(대항)
겨룰 항	⑩ 反抗 : 돌이킬 반,	겨룰 항	(반항)

연상기억 : 손(扌)을 들어 높이(亢) 겨루니, 겨룰 항

❻ 航
4Ⅱ급 10획	⑪ 航海 : 배 항,	바다 해	(항해)
배 항	⑫ 運航 : 옮길 운,	배 항	(운항)

연상기억 : 배(舟)에 돛을 높이(亢) 올려 항해하니, 배 항

❼ 迅
1급 7획	⑬ 迅速 : 빠를 신,	빠를 속	(신속)
빠를 신	⑭ 迅傳 : 빠를 신,	전할 전	(신전)

연상기억 : 새가 휙 날듯(卂) 속도가 빠르니(辶), 빠를 신

❽ 訊
1급 10획	⑮ 訊問 : 물을 신,	물을 문	(신문)
물을 신	⑯ 音訊 : 소리 음,	물을 신	(음신)

연상기억 : 빨리(卂) 물어(言) 답하니, 물을 신

❾ 風
6급 9획	⑰ 颱風 : 태풍 태,	바람 풍	(태풍)
바람 풍	⑱ 暴風 : 사나울 폭,	바람 풍	(폭풍)

연상기억 : 바람이 이는 안석모양(凡) 속에 뭇 벌레(虫)이니, 바람 풍

❿ 楓
3Ⅱ급 13획	⑲ 丹楓 : 붉을 단,	단풍나무 풍	(단풍)
단풍나무 풍	⑳ 楓嶽山 : 단풍나무 풍, 큰산 악, 메 산		(풍악산)

연상기억 : 나무(木)가 가을 바람(風)결에 움직이니, 단풍나무 풍

맵핑 漢字 연상기억

글월 문 文의 場

21강

- 10. 보살 **살** 薩
  - ⑲ 미륵보살
  - ⑳ 보살

- 9. 낳을 **산** 産
  - ⑰ 산모
  - ⑱ 산업

- 4. 선비 **언** 彦
  - ⑦ 언양면
  - ⑧ 이언적

- 文 1. 글월 **문**
  - ① 문장
  - ② 문서

글월 문 文

- 5. 얼굴 **안** 顔
  - ⑨ 홍안
  - ⑩ 안색

- 紋 2. 무늬 **문**
  - ③ 파문
  - ④ 지문

- 6. 상말 **언** 諺
  - ⑪ 언문
  - ⑫ 언해

- 紊 3. 어지러울 **문**
  - ⑤ 문란
  - ⑥ 번문

- 8. 번민할 **민** 悶
  - ⑮ 고민
  - ⑯ 번민

- 憫 7. 민망할 **민**
  - ⑬ 민망
  - ⑭ 연민

104

漢字 자원(字源) 부수풀이 자동 연상기억

21일차 학습 글월 문 文

한자 쓰기 연습

❶ 文
7급 4획 — 글월 문
① 文章 : 글월 문, 글월 장 (문장)
② 文書 : 글월 문, 책 서 (문서)
연상기억 : 사람들(亠)이 이리저리(乂) 표시하니, 글월 문

❷ 紋
4Ⅱ급 10획 — 무늬 문
③ 波紋 : 물결 파, 무늬 문 (파문)
④ 指紋 : 가리킬 지, 무늬 문 (지문)
연상기억 : 실(糹)이 차례로 교차되니(文), 무늬 문

❸ 紊
2급 10획 — 어지러울 문
⑤ 紊亂 : 어지러울 문, 어지러울 란 (문란)
⑥ 繁紊 : 번성할 번, 어지러울 문 (번문)
연상기억 : 실(糹)이 어그러지니(文), 어지러울 문

❹ 彦
2급 9획 — 선비 언
⑦ 彦陽面 : 선비 언, 볕 양, 낯 면 (언양면)
⑧ 李彦迪 : 오얏 리, 선비 언, 나아갈 적 (이언적)
연상기억 : 잘생긴 바탕(产)에 채색된(彡) 옷을 입은 선비이니, 선비 언

❺ 顔
3Ⅱ급 18획 — 얼굴 안
⑨ 紅顔 : 붉을 홍, 얼굴 안 (홍안)
⑩ 顔色 : 얼굴 안, 빛 색 (안색)
연상기억 : 선비(彦)의 훤한 이마(頁)이니, 얼굴 안

❻ 諺
1급 16획 — 상말 언
⑪ 諺文 : 상말 언, 글월 문 (언문)
⑫ 諺解 : 상말 언, 풀 해 (언해)
연상기억 : 선비(彦)의 속된 말이(言) 상말이니, 상말 언

❼ 憫
3급 15획 — 민망할 민
⑬ 憫? : 민망할 민, 멍할 망 (민망)
⑭ 憐憫 : 불쌍히 여길 련, 민망할 민 (연민)
연상기억 : 민씨(閔) 집안에 빈손으로 가니 민망스러워(忄), 민망할 민

❽ 悶
1급 12획 — 번민할 민
⑮ 苦悶 : 쓸 고, 번민할 민 (고민)
⑯ 煩悶 : 괴로워할 번, 번민할 민 (번민)
연상기억 : 문(門) 앞에서 마음(心)이 괴로워 고민하니, 번민할 민

❾ 産
5급 11획 — 낳을 산
⑰ 産母 : 낳을 산, 어미 모 (산모)
⑱ 産業 : 낳을 산, 업 업 (산업)
연상기억 : 선비(彦) 같이 잘 생긴 아이를 낳으니(生), 낳을 산

❿ 薩
1급 18획 — 보살 살
⑲ 彌勒菩薩 : 두루 미, 굴레 륵, 보리 보 (미륵보살)
⑳ 菩薩 : 보리 보, 보살 살 (보살)
연상기억 : 자연에서(艹, 阝) 깨달아(産) 중생을 구하니, 보살 살

맵핑 漢字 연상기억
형통할 형 亨의 場

22강

- 10. 형세 세 **勢**
  - ⑲ 기세
  - ⑳ 거세

- 9. 더울 열 **熱**
  - ⑰ 열중
  - ⑱ 열광

- 4. 순박할 순 **淳**
  - ⑦ 순박
  - ⑧ 순풍

- 1. 형통할 형 **亨**
  - ① 형통
  - ② 만사형통

- 5. 외성 곽 **郭**
  - ⑨ 성곽
  - ⑩ 성씨곽

형통할 형 亨

- 2. 누릴 향 **享**
  - ③ 향유
  - ④ 향락

- 6. 둘레 곽 **廓**
  - ⑪ 외곽
  - ⑫ 윤곽

- 3. 도타울 돈 **敦**
  - ⑤ 돈독
  - ⑥ 돈화문

- 8. 익을 숙 **熟**
  - ⑮ 숙성
  - ⑯ 숙련

- 7. 누구 숙 **孰**
  - ⑬ 숙수
  - ⑭ 숙약

106

漢字 자원(字源) 부수풀이 자동 연상기억

22일차 학습 형통할 형 亨

한자 쓰기 연습

❶ 亨
- 3급 7획 / 형통할 형
- ① 亨通 : 형통할 형, 통할 통 (형통)
- ② 萬事亨通 : 일만 만, 일 사, 형통할 형, 통할 통 (만사형통)
- 연상기억 : 제물을 높이 쌓고(高), 제사를 마쳐(了) 집안이 잘되니, 형통할 형

❷ 享
- 4급 8획 / 누릴 향
- ③ 享有 : 누릴 향, 있을 유 (향유)
- ④ 享樂 : 누릴 향, 즐거울 락 (향락)
- 연상기억 : 만사형통(亨)하는 집안의 자손(子)이 행복을 누리니, 누릴 향

❸ 敦
- 3급 12획 / 도타울 돈
- ⑤ 敦篤 : 도타울 돈, 도타울 독 (돈독)
- ⑥ 敦化門 : 도타울 돈, 될 화, 문 문 (돈화문)
- 연상기억 : 제사를 지낼 때(享) 정성껏 지휘하는(攵) 모습이니, 도타울 돈

❹ 淳
- 2급 11획 / 순박할 순
- ⑦ 淳朴 : 순박할 순, 순박할 박 (순박)
- ⑧ 淳風 : 순박할 순, 바람 풍 (순풍)
- 연상기억 : 물(氵)처럼 누리는(享) 삶이 순박하니, 순박할 순

❺ 郭
- 3급 11획 / 외성 곽
- ⑨ 城郭 : 재 성, 외성 곽 (성곽)
- ⑩ 姓氏郭 : 성 성, 각씨 씨, 외성 곽 (성씨곽)
- 연상기억 : 제사상같이(享) 높이 쌓은 성안에 고을(阝)이 있으니, 외성 곽

❻ 廓
- 1급 14획 / 둘레 곽
- ⑪ 外廓 : 바깥 외, 둘레 곽 (외곽)
- ⑫ 輪廓 : 바퀴 륜, 둘레 곽 (윤곽)
- 연상기억 : 집(广) 둘레에 성곽(郭)을 쌓으니, 둘레 곽

❼ 孰
- 3Ⅱ급 11획 / 누구 숙
- ⑬ 孰誰 : 누구 숙, 누구 수 (숙수)
- ⑭ 孰若 : 누구 숙, 같을 약 (숙약)
- 연상기억 : 제물(享)의 고기를 누가 잡고(丸) 굽느냐 하니, 누구 숙

❽ 熟
- 3Ⅱ급 15획 / 익을 숙
- ⑮ 熟成 : 익을 숙, 이룰 성 (숙성)
- ⑯ 熟練 : 익을 숙, 익힐 련 (숙련)
- 연상기억 : 손에 잡은(孰) 제물을 불(灬)에 익히니, 익을 숙

❾ 熱
- 5급 15획 / 더울 열
- ⑰ 熱中 : 더울 열, 가운데 중 (열중)
- ⑱ 熱狂 : 더울 열, 미칠 광 (열광)
- 연상기억 : 아궁이(坴)에 나무를 지펴(丸) 불(灬)이 활활 타니, 더울 열

❿ 勢
- 4Ⅱ급 13획 / 형세 세
- ⑲ 氣勢 : 기운 기, 형세 세 (기세)
- ⑳ 去勢 : 갈 거, 형세 세 (거세)
- 연상기억 : 구덩이(坴)에 나무를 잡아(丸) 힘(力)을 가하니, 형세 세

맵핑 漢字 연상기억

북방 임 壬의 場

23강

- 10. 음란할 음 **淫**
  - ⑲ 음란
  - ⑳ 음담

- 9. 아이밸 임 **妊**
  - ⑰ 임신
  - ⑱ 피임

- 4. 맡길 임 **任**
  - ⑦ 책임
  - ⑧ 임명

- 1. 뜰 정 **庭**
  - ① 가정
  - ② 정원

- 5. 품삯 임 **賃**
  - ⑨ 임금
  - ⑩ 임대

북방 임 壬

- 2. 조정 정 **廷**
  - ③ 법정
  - ④ 퇴정

- 6. 드릴 정 **呈**
  - ⑪ 증정
  - ⑫ 정시

- 3. 뺄 정 **挺**
  - ⑤ 정신
  - ⑥ 정발

- 8. 길 정 **程**
  - ⑮ 정도
  - ⑯ 과정

- 7. 거룻배 정 **艇**
  - ⑬ 함정
  - ⑭ 정장

| 108 |

漢字 자원(字源) 부수풀이 자동 연상기억

23일차 학습 북방 임 壬

한자 쓰기 연습

❶ 庭
6급 10획	① 家庭 : 집 가,	뜰 정	(가정)
뜰 정	② 庭園 : 뜰 정,	동산 원	(정원)

연상기억 : 조정(廷)대신들이 궁궐(广) 뜰에 있으니, 뜰 정

❷ 廷
3Ⅱ급 7획	③ 法廷 : 법 법,	조정 정	(법정)
조정 정	④ 退廷 : 물러날 퇴,	조정 정	(퇴정)

연상기억 : 조정에 나가(廴) 맡은 일을(壬) 의논하니, 조정 정

❸ 挺
1급 10획	⑤ 挺身 : 뺄 정,	몸 신	(정신)
뺄 정	⑥ 挺拔 : 뺄 정,	뺄 발	(정발)

연상기억 : 조정(廷)의 인물을 빼내니(扌), 빼낼 정

❹ 任
5급 6획	⑦ 責任 : 꾸짖을 책,	맡길 임	(책임)
맡길 임	⑧ 任命 : 맡길 임,	목숨 명	(임명)

연상기억 : 인부(亻)에게 일을 맡기니(壬), 맡길 임

❺ 賃
3급 13획	⑨ 賃金 : 품삯 임,	쇠 금	(임금)
품삯 임	⑩ 賃貸 : 품삯 임,	빌릴 대	(임대)

연상기억 : 맡긴 일(任)에 대가(貝)를 받으니, 품삯 임

❻ 呈
2급 7획	⑪ 贈呈 : 줄 증,	드릴 정	(증정)
드릴 정	⑫ 呈示 : 드릴 정,	보일 시	(정시)

연상기억 : 말(口)을 짊어지듯(壬) 드리니, 드릴 정

❼ 艇
2급 13획	⑬ 艦艇 : 큰배 함,	거룻배 정	(함정)
거룻배 정	⑭ 艇長 : 거룻배 정,	긴 장	(정장)

연상기억 : 배(舟)로 실어 나르는 조정(廷)대신이니, 거룻배 정

❽ 程
4Ⅱ급 12획	⑮ 程度 : 길 정,	법도 도	(정도)
길 정	⑯ 課程 : 공부할 과,	길 정	(과정)

연상기억 : 볏단(禾)을 바르게 드리니(呈), 길 정

❾ 妊
2급 7획	⑰ 姙娠 : 아이밸 임,	아이밸 신	(임신)
아이밸 임	⑱ 避妊 : 피할 피,	아이밸 임	(피임)

연상기억 : 여자(女)의 짊어진(壬) 일이니, 아이밸 임

❿ 淫
3급 11획	⑲ 淫亂 : 음란할 음,	어지러울 란	(음란)
음란할 음	⑳ 淫談 : 음란할 음,	말씀 담	(음담)

연상기억 : 손톱(爪)으로 물질(氵)을 하며 아첨하니(壬) 음란할 음

맵핑 漢字 연상기억
새 조 鳥의 場

24강

10. 오리 압 鴨
  ⑲ 압황
  ⑳ 가압

9. 기러기 홍 鴻
  ⑰ 홍은
  ⑱ 홍지

4. 봉새 봉 鳳
  ⑦ 봉황
  ⑧ 봉선화

1. 새 조 鳥
  ① 조적
  ② 조롱

새 조
鳥

5. 학 학 鶴
  ⑨ 학수
  ⑩ 백학

2. 섬 도 島
  ③ 도서
  ④ 반도

6. 백로 로 鷺
  ⑪ 백로
  ⑫ 노량진

3. 울 명 鳴
  ⑤ 공명
  ⑥ 비명

8. 닭 계 鷄
  ⑮ 계란
  ⑯ 양계

7. 비둘기 구 鳩
  ⑬ 구수
  ⑭ 구합

漢字 자원(字源) 부수풀이 자동 연상기억

24일차 학습 — 새 조 鳥

한자 쓰기 연습

❶ 鳥

5급 11획	① 鳥跡 : 새 조,	발자취 적	(조적)
새 조	② 鳥籠 : 새 조,	바구니 롱	(조롱)

연상기억 : 새의 머리 깃과 발을 표시하는 모습이니, 새 조

❷ 島

5급 10획	③ 島嶼 : 섬 도,	작은섬 서	(도서)
섬 도	④ 半島 : 반 반,	섬 도	(반도)

연상기억 : 새들(鳥)이 바다 가운데 산(山)에 가니, 섬 도

❸ 鳴

4급 14획	⑤ 共鳴 : 한가지 공,	울 명	(공명)
울 명	⑥ 悲鳴 : 슬플 비,	울 명	(비명)

연상기억 : 새들(鳥)의 울음소리(口)가 들리니, 울 명

❹ 鳳

3Ⅱ급 14획	⑦ 鳳凰 : 봉새 봉,	봉황 황	(봉황)
봉새 봉	⑧ 鳳仙花 : 봉새 봉, 신선 선, 꽃 화		(봉선화)

연상기억 : 뭇(几) 새들(鳥) 중 임금님을 뜻하는 새이니, 봉새 봉

❺ 鶴

3Ⅱ급 17획	⑨ 鶴首 : 두루미 학,	머리 수	(학수)
학 학	⑩ 白鶴 : 흰 백,	두루미 학	(백학)

연상기억 : 새들(鳥) 중 높이(崔) 나는 새이니, 두루미 학

❻ 鷺

2급 23획	⑪ 白鷺 : 흰 백,	백로 로	(백로)
백로 로	⑫ 鷺梁津 : 백로 로, 들보 량, 나루 진		(노량진)

연상기억 : 길(路) 따라 나는 새(鳥)이니, 백로 로

❼ 鳩

2급 16획	⑬ 鳩首 : 비둘기 구,	머리 수	(구수)
비둘기 구	⑭ 鳩合 : 비둘기 구,	합할 합	(구합)

연상기억 : 구구구(九) 우는 새(鳥)이니, 비둘기 구

❽ 鷄

4급 21획	⑮ 鷄卵 : 닭 계,	알 란	(계란)
닭 계	⑯ 養鷄 : 기를 양,	닭 계	(양계)

연상기억 : 머리 모양(爫)이 작고(幺) 몸이 큰(大) 새(鳥)이니, 닭 계

❾ 鴻

3급 17획	⑰ 鴻恩 : 기러기 홍,	은혜 은	(홍은)
기러기 홍	⑱ 鴻志 : 기러기 홍,	뜻 지	(홍지)

연상기억 : 강(江)에서 나는 새(鳥)이니, 기러기 홍

❿ 鴨

2급 16획	⑲ 鴨黃 : 오리 압,	누를 황	(압황)
오리 압	⑳ 家鴨 : 집 가,	오리 압	(가압)

연상기억 : 입부리가 갑(甲) 모양의 새(鳥)이니, 오리 압

맵핑 漢字 연상기억
토끼 묘 卯의 場

25강

10. 버들 류 柳
⑲ 유관순
⑳ 화류계

卯 9. 토끼 묘
⑰ 묘시
⑱ 기묘사화

4. 머무를 류 留
⑦ 유념
⑧ 유임

迎 1. 맞을 영
① 환영
② 영접

5. 처마물 류 溜
⑨ 증류수
⑩ 유조

토끼 묘
卯

仰 2. 우러를 앙
③ 앙망
④ 앙축

6. 무역할 무 貿
⑪ 무역
⑫ 밀무역

抑 3. 누를 억
⑤ 억압
⑥ 억류

8. 시골 향 鄕
⑮ 고향
⑯ 향수

卿 7. 벼슬 경
⑬ 추기경
⑭ 공경

漢字 자원(字源) 부수풀이 자동 연상기억

25일차 학습 토끼 묘 卯

❶ 迎
- 4급 8획 / 맞을 영
- ① 歡迎 : 기쁠 환, 맞을 영 (환영)
- ② 迎接 : 맞을 영, 접할 접 (영접)
- 연상기억 : 지혜 높은(卯) 사람을 나가서(辶) 맞이하니, 맞을 영

❷ 仰
- 3Ⅱ급 6획 / 우러를 앙
- ③ 仰望 : 우러를 앙, 바랄 망 (앙망)
- ④ 仰祝 : 우러를 앙, 빌 축 (앙축)
- 연상기억 : 보통사람(亻)이 높은(卯) 사람을 우러러보니, 우러를 앙

❸ 抑
- 3Ⅱ급 7획 / 누를 억
- ⑤ 抑壓 : 누를 억, 누를 압 (억압)
- ⑥ 抑留 : 누를 억, 머무를 류 (억류)
- 연상기억 : 손(扌)으로 높은(卯) 사람을 내려 누르니, 누를 억

❹ 留
- 4Ⅱ급 10획 / 머무를 류
- ⑦ 留念 : 머무를 류, 생각 념 (유념)
- ⑧ 留任 : 머무를 류, 맡길 임 (유임)
- 연상기억 : 문을 닫아 밭(田)에 나가 오랫동안 일하니, 머무를 류

❺ 溜
- 1급 13획 / 처마물 류
- ⑨ 蒸溜水 : 찔 증, 처마물 류, 물 수 (증류수)
- ⑩ 溜槽 : 처마물 류, 구유 조 (유조)
- 연상기억 : 풀밭(留)에 이슬(氵)이 맺혀 증류수가 되니, 처마물 류

❻ 貿
- 3Ⅱ급 12획 / 무역할 무
- ⑪ 貿易 : 무역할 무, 바꿀 역 (무역)
- ⑫ 密貿易 : 빽빽할 밀, 무역할 무, 바꿀 역 (밀무역)
- 연상기억 : 많은 재물(貝)이 되는 것을 외국에 팔고 사니, 무역할 무

❼ 卿
- 3급 12획 / 벼슬 경
- ⑬ 樞機卿 : 지도리 추, 틀 기, 벼슬 경 (추기경)
- ⑭ 公卿 : 공평할 공, 벼슬 경 (공경)
- 연상기억 : 관리가 마주앉아(卯) 정사(皀)를 의논하니, 벼슬 경

❽ 鄕
- 4Ⅱ급 13획 / 시골 향
- ⑮ 故鄕 : 연고 고, 시골 향 (고향)
- ⑯ 鄕愁 : 시골 향, 근심 수 (향수)
- 연상기억 : 작은(幺) 낟알(皀)이 있는 고을(阝)이 시골이니, 시골 향

❾ 卯
- 3급 5획 / 토끼 묘
- ⑰ 卯時 : 토끼 묘, 때 시 (묘시)
- ⑱ 己卯士禍 : 몸 기, 토끼 묘, 선비 사, 재앙 화 (기묘사화)
- 연상기억 : 토끼(卯)가 서로 마주 보는 모습이니, 토끼 묘

❿ 柳
- 4급 9획 / 버들 류
- ⑲ 柳寬順 : 버들 류, 너그러울 관, 순할 순 (유관순)
- ⑳ 花柳界 : 꽃 화, 버들 류, 지경 계 (화류계)
- 연상기억 : 나뭇잎(木)이 무성하게(卯) 늘어지니, 버들 류

맵핑 漢字 연상기억
골 곡 谷의 場
26강

- 10. 넘칠 일 溢
  - ⑲ 해일
  - ⑳ 일미

- 9. 더할 익 益
  - ⑰ 공익
  - ⑱ 유익

- 4. 얼굴 용 容
  - ⑦ 용량
  - ⑧ 용서

- 1. 골 곡 谷
  - ① 계곡
  - ② 심곡

골 곡 谷

- 5. 녹을 용 溶
  - ⑨ 용액
  - ⑩ 용해

- 2. 목욕할 욕 浴
  - ③ 목욕
  - ④ 욕실

- 6. 쇠녹일 용 鎔
  - ⑪ 용암
  - ⑫ 용광로

- 3. 풍속 속 俗
  - ⑤ 풍속
  - ⑥ 민속

- 8. 욕심 욕 慾
  - ⑮ 욕구
  - ⑯ 욕심

- 7. 넉넉할 유 裕
  - ⑬ 여유
  - ⑭ 부유

漢字 자원(字源) 부수풀이 자동 연상기억

26일차 학습 골 곡 谷

❶ 谷
- 3Ⅱ급 7획
- 골 곡
- ① 溪谷 : 시내 계, 골 곡 (계곡)
- ② 深谷 : 깊을 심, 골 곡 (심곡)

연상기억 : (八)자 모양 산등성이 갈라진 입구(口)에 골짜기이니, 골 곡

❷ 浴
- 5급 10획
- 목욕할 욕
- ③ 沐浴 : 목욕할 목, 목욕할 욕 (목욕)
- ④ 浴室 : 목욕할 욕, 집 실 (욕실)

연상기억 : 골짜기(谷)에서 목욕(氵)하니, 목욕할 욕

❸ 俗
- 4Ⅱ급 9획
- 풍속 속
- ⑤ 風俗 : 바람 풍, 풍속 속 (풍속)
- ⑥ 民俗 : 백성 민, 풍속 속 (민속)

연상기억 : 골짜기(谷) 마을 사람들(亻)의 풍속이니, 풍속 속

❹ 容
- 4Ⅱ급 10획
- 얼굴 용
- ⑦ 容量 : 얼굴 용, 헤아릴 량 (용량)
- ⑧ 容恕 : 얼굴 용, 용서할 서 (용서)

연상기억 : 얼굴의 형상을 닮은 모양이니, 얼굴 용

❺ 溶
- 2급 13획
- 녹을 용
- ⑨ 溶液 : 녹을 용, 진 액 (용액)
- ⑩ 溶解 : 녹을 용, 풀 해 (용해)

연상기억 : 용기(容)에 담긴 액체(氵)를 녹이니, 녹일 용

❻ 鎔
- 2급 18획
- 쇠녹일 용
- ⑪ 鎔巖 : 쇠녹일 용, 바위 암 (용암)
- ⑫ 鎔鑛爐 : 쇠녹일 용, 쇳덩이 광, 화로 로 (용광로)

연상기억 : 용광로의 철(金)이 녹으니, 쇠녹일 용

❼ 裕
- 3Ⅱ급 12획
- 넉넉할 유
- ⑬ 餘裕 : 남을 여, 넉넉할 유 (여유)
- ⑭ 富裕 : 부자 부, 넉넉할 유 (부유)

연상기억 : 옷(衣)의 크기가 계곡만치(谷) 넉넉하니, 넉넉할 유

❽ 慾
- 3Ⅱ급 15획
- 욕심 욕
- ⑮ 慾求 : 욕심 욕, 구할 구 (욕구)
- ⑯ 慾心 : 욕심 욕, 마음 심 (욕심)

연상기억 : 하고자 하는(欲) 갈구하는 마음(心)이니, 욕심 욕

❾ 益
- 4Ⅱ급 10획
- 더할 익
- ⑰ 公益 : 공평할 공, 더할 익 (공익)
- ⑱ 有益 : 있을 유, 더할 익 (유익)

연상기억 : 그릇(皿)에 물을 계속 부어 유익하니, 더할 익

❿ 溢
- 1급 13획
- 넘칠 일
- ⑲ 海溢 : 바다 해, 넘칠 일 (해일)
- ⑳ 溢味 : 넘칠 일, 맛 미 (일미)

연상기억 : 바닷물(氵)이 계속 더해져(益) 넘치니, 넘칠 일

맵핑 漢字 연상기억
검을 현 玄의 場

27강

10. 쌓을 축 蓄
⑲ 축재
⑳ 저축

9. 짐승 축 畜
⑰ 축산
⑱ 목축

4. 검을 현 玄
⑦ 현미
⑧ 현관

1. 이 자 兹
① 수자
② 백자

5. 솥귀 현 鉉
⑨ 현석
⑩ 삼현

검을 현
玄

2. 불을 자 滋
③ 자양
④ 자심

6. 줄 현 絃
⑪ 현악
⑫ 현금

3. 사랑 자 慈
⑤ 자비
⑥ 인자

8. 어지러울 현 眩
⑮ 현기
⑯ 현혹

7. 자석 자 磁
⑬ 전자
⑭ 자석

漢字 자원(字源) 부수풀이 자동 연상기억

27일차 학습 : 검을 현 玄

한자 쓰기 연습

❶ 兹
3급 10획	① 水玆 : 물 수,	이 자	(수자)
이 자	② 白玆 : 흰 백,	이 자	(백자)

연상기억 : 풀(艹)에 작은 것(幺)이 많이 붙으니, 이 자

❷ 滋
2급 12획	③ 滋養 : 불을 자,	기를 양	(자양)
불을 자	④ 滋甚 : 불을 자,	심할 심	(자심)

연상기억 : 수분을 초목의 뿌리(玆)가 먹고 자라니, 불을 자

❸ 慈
3Ⅱ급 13획	⑤ 慈悲 : 사랑 자,	슬플 비	(자비)
사랑 자	⑥ 仁慈 : 어질 인,	사랑 자	(인자)

연상기억 : 자양분(玆)을 주고픈 마음(心)이니, 사랑 자

❹ 玄
3Ⅱ급 5획	⑦ 玄米 : 검을 현,	쌀 미	(현미)
검을 현	⑧ 玄關 : 검을 현,	관계할 관	(현관)

연상기억 : 작은(幺) 모 실의 끝머리(亠)가 검으니, 검을 현

❺ 鉉
2급 13획	⑨ 鉉席 : 솥귀 현,	자리 석	(현석)
솥귀 현	⑩ 三鉉 : 석 삼,	솥귀 현	(삼현)

연상기억 : 검은(玄) 쇠(金)솥이니, 솥귀 현

❻ 絃
3급 11획	⑪ 絃樂 : 줄 현,	노래 악	(현악)
줄 현	⑫ 絃琴 : 줄 현,	거문고 금	(현금)

연상기억 : 악기 줄(糸)이 가물거리니(玄), 줄 현

❼ 磁
2급 14획	⑬ 電磁 : 번개 전,	자석 자	(전자)
자석 자	⑭ 磁石 : 자석 자,	돌 석	(자석)

연상기억 : 많은 쇳가루(玆)가 붙는 돌(石)이니, 자석 자

❽ 眩
1급 10획	⑮ 眩氣 : 아찔할 현,	기운 기	(현기)
어지러울 현	⑯ 眩惑 : 아찔할 현,	미혹할 혹	(현혹)

연상기억 : 눈(目)이 가물거리니(玄), 어지러울 현

❾ 畜
3Ⅱ급 10획	⑰ 畜産 : 짐승 축,	낳을 산	(축산)
짐승 축	⑱ 牧畜 : 기를 목,	짐승 축	(목축)

연상기억 : 밭(田)에서 나는 풀과 같은(玄) 자양분을 먹으니, 짐승 축

❿ 蓄
4Ⅱ급 14획	⑲ 蓄財 : 쌓을 축,	재물 재	(축재)
쌓을 축	⑳ 貯蓄 : 쌓을 저,	쌓을 축	(저축)

연상기억 : 짐승(畜)을 먹일 풀(艹)을 쌓으니, 쌓을 축

맵핑 漢字 연상기억
넓을 박 博의 場

28강

10. 이삭 수 穗
⑲ 수상
⑳ 낙수

惠 9. 은혜 혜
⑰ 은혜
⑱ 혜택

4. 오로지 전 專
⑦ 전념
⑧ 전속

博 1. 넓을 박
① 박사
② 해박

5. 전할 전 傳
⑨ 선전
⑩ 전달

넓을 박
博

搏 2. 칠 박
③ 박살
④ 맥박

6. 구를 전 轉
⑪ 회전
⑫ 운전

薄 3. 엷을 박
⑤ 박리
⑥ 천박

8. 스승 부 傅
⑮ 사부
⑯ 부육

簿 7. 문서 부
⑬ 장부
⑭ 부기

118

漢字 자원(字源) 부수풀이 자동 연상기억

28일차 학습 넓을 박 博

한자 쓰기 연습

❶ 博
4Ⅱ급 12획	① 博士 : 넓을 박,	선비 사	(박사)
넓을 박	② 該博 : 마땅 해,	넓을 박	(해박)

연상기억 : 여러 방면(十)에서 넓게(尃) 연구하니, 넓을 박

❷ 搏
1급 13획	③ 搏殺 : 칠 박,	죽일 살	(박살)
칠 박	④ 脈搏 : 줄기 맥,	칠 박	(맥박)

연상기억 : 두들겨 넓게 손(扌)으로 펼치니(尃), 칠 박

❸ 薄
3Ⅱ급 17획	⑤ 薄利 : 엷을 박,	이할 리	(박리)
엷을 박	⑥ 淺薄 : 얕을 천,	엷을 박	(천박)

연상기억 : 넓게(溥) 퍼져있어 풀(艹)이 보이니, 엷을 박

❹ 專
4급 11획	⑦ 專念 : 오로지 전,	생각 념	(전념)
오로지 전	⑧ 專屬 : 오로지 전,	붙일 속	(전속)

연상기억 : 물레바퀴를 손(寸)으로 오로지 한쪽으로 돌리니, 오로지 전

❺ 傳
5급 13획	⑨ 宣傳 : 베풀 선,	전할 전	(선전)
전할 전	⑩ 傳達 : 전할 전,	통달할 달	(전달)

연상기억 : 상대방(亻)에게 빨리 굴려 전하니(專), 전할 전

❻ 轉
4급 18획	⑪ 回轉 : 돌 회,	구를 전	(회전)
구를 전	⑫ 運轉 : 옮길 운,	구를 전	(운전)

연상기억 : 수레바퀴(車)를 돌려 구르니, 구를 전

❼ 簿
3Ⅱ급 19획	⑬ 帳簿 : 장막 장,	문서 부	(장부)
문서 부	⑭ 簿記 : 문서 부,	기록할 기	(부기)

연상기억 : 대(竹)로 만든 넓은(溥) 조각에 기록하니, 문서 부

❽ 傅
2급 12획	⑮ 師傅 : 스승 사,	스승 부	(사부)
스승 부	⑯ 傅育 : 스승 부,	기를 육	(부육)

연상기억 : 자신의 덕을 사람들(亻)에게 넓게 펴니(尃), 스승 부

❾ 惠
4Ⅱ급 12획	⑰ 恩惠 : 은혜 은,	은혜 혜	(은혜)
은혜 혜	⑱ 惠澤 : 은혜 혜,	못 택	(혜택)

연상기억 : 한번 먹은 마음(心)을 오로지 변하지 않으니, 은혜 혜

❿ 穗
1급 17획	⑲ 穗狀 : 이삭 수,	형상 상	(수상)
이삭 수	⑳ 落穗 : 떨어질 락,	이삭 수	(낙수)

연상기억 : 벼(禾)가 은혜(惠)를 입어 떨어지니, 이삭 수

맵핑 漢字 연상기억
놈 자 者의 場

29강

- 10. 모두 제 諸
  - ⑲ 제군
  - ⑳ 제반
- 9. 산돼지 저 猪
  - ⑰ 저돌
  - ⑱ 산저
- 4. 도읍 도 都
  - ⑦ 도시
  - ⑧ 도매
- 1. 더울 서 暑
  - ① 피서
  - ② 폭서
- 5. 죽일 도 屠
  - ⑨ 도륙
  - ⑩ 도살
- 2. 관청 서 署
  - ③ 경찰서
  - ④ 관공서
- 6. 도박 도 賭
  - ⑪ 도박
  - ⑫ 도조
- 3. 실마리 서 緒
  - ⑤ 단서
  - ⑥ 두서
- 8. 놈 자 者
  - ⑮ 독자
  - ⑯ 기자
- 7. 나타날 저 著
  - ⑬ 저자
  - ⑭ 저명

놈 자 者

漢字 자원(字源) 부수풀이 자동 연상기억

한자 쓰기 연습

29일차 학습 놈 자 者

❶ 暑	3급 13획	① 避暑 : 피할 피,	더울 서	(피서)
	더울 서	② 暴暑 : 사나울 폭,	더울 서	(폭서)
	연상기억 : 햇볕(日) 아래 사람(者)이 서 있으니, 더울 서			
❷ 署	3Ⅱ급 14획	③ 警察署 : 깨달을 경, 살필 찰, 관청 서		(경찰서)
	관청 서	④ 官公署 : 벼슬 관, 공평할 공, 관청 서		(관공서)
	연상기억 : 그물(罒)에 걸린 도둑놈(者)을 감시하니, 관청 서			
❸ 緖	3Ⅱ급 15획	⑤ 端緖 : 끝 단,	실마리 서	(단서)
	실마리 서	⑥ 頭緖 : 머리 두,	실마리 서	(두서)
	연상기억 : 얽힌 실(糸) 그 자체(者)를 푸니, 실마리 서			
❹ 都	5급 12획	⑦ 都市 : 도읍 도,	저자 시	(도시)
	도읍 도	⑧ 都賣 : 도읍 도,	팔 매	(도매)
	연상기억 : 뭇 사람(者)이 사는 고을(阝)이니, 도읍 도			
❺ 屠	1급 12획	⑨ 屠戮 : 죽일 도,	죽일 륙	(도륙)
	죽일 도	⑩ 屠殺 : 죽일 도,	죽일 살	(도살)
	연상기억 : 사람(者)을 죽이니(尸), 죽일 도			
❻ 賭	1급 16획	⑪ 賭博 : 도박 도,	넓을 박	(도박)
	도박 도	⑫ 賭租 : 도박 도,	세금 조	(도조)
	연상기억 : 돈(貝)을 걸고 내기를 하는 놈(者)이니, 도박 도			
❼ 著	3Ⅱ급 13획	⑬ 著者 : 나타날 저,	놈 자	(저자)
	나타날 저	⑭ 著名 : 나타날 저,	이름 명	(저명)
	연상기억 : 사람(者)이 대나무(艹, 竹)에 글을 적어 나타나니, 나타날 저			
❽ 者	6급 9획	⑮ 讀者 : 읽을 독,	놈 자	(독자)
	놈 자	⑯ 記者 : 기록할 기,	놈 자	(기자)
	연상기억 : 노인(老)이 아랫사람을 놈이라 말하니(日), 놈 자			
❾ 猪	1급 12획	⑰ 猪突 : 산돼지 저,	갑자기 돌	(저돌)
	산돼지 저	⑱ 山猪 : 메 산,	산돼지 저	(산저)
	연상기억 : 산에 사는 것(者)으로, 큰 개(犭)이니, 산돼지 저			
❿ 諸	3Ⅱ급 16획	⑲ 諸君 : 모두 제,	임금 군	(제군)
	모두 제	⑳ 諸般 : 모두 제,	일반 반	(제반)
	연상기억 : 말(言)이 잘 통하는 사람들(者) 모두 모이니, 모두 제			

맵핑 漢字 연상기억
모일 회 會의 場

30강

10. 중 승 僧
⑲ 승려
⑳ 승복

9. 층 층 層
⑰ 층계
⑱ 고층

4. 더할 증 增
⑦ 증가
⑧ 증산

1. 모일 회 會
① 회원
② 회의

모일 회
會

2. 그림 회 繪
③ 회화
④ 도회

5. 줄 증 贈
⑨ 증정
⑩ 증여

3. 전나무 회 檜
⑤ 회목
⑥ 회암사

6. 일찍 증 曾
⑪ 증손
⑫ 증조

7. 어회 회 膾
⑬ 생선회
⑭ 육회

8. 미울 증 憎
⑮ 증오
⑯ 애증

122

漢字 자원(字源) 부수풀이 자동 연상기억

30일차 학습 모일 회 會

한자 쓰기 연습

❶ 會
6급 13획	① 會員 : 모일 회,	인원 원	(회원)
모일 회	② 會議 : 모일 회,	의논할 의	(회의)

연상기억 : 거듭(曾) 사람(人)을 불러 모아 회의하니, 모일 회

❷ 繪
1급 19획	③ 繪畵 : 그림 회,	그림 화	(회화)
그림 회	④ 圖繪 : 그림 도,	그림 회	(도회)

연상기억 : 실(糸)을 모아(會) 색을 넣고 그림을 그리니, 그림 회

❸ 檜
2급 17획	⑤ 檜木 : 전나무 회,	나무 목	(회목)
전나무 회	⑥ 檜岩寺 : 전나무 회, 바위 암, 절 사		(회암사)

연상기억 : 나무(木)가 모여(會) 사니, 전나무 회

❹ 增
4Ⅱ급 15획	⑦ 增加 : 더할 증,	더할 가	(증가)
더할 증	⑧ 增産 : 더할 증,	낳을 산	(증산)

연상기억 : 흙(土)을 거듭(曾) 증가하여 더하니, 더할 증

❺ 贈
3급 19획	⑨ 贈呈 : 줄 증,	드릴 정	(증정)
줄 증	⑩ 贈與 : 줄 증,	줄 여	(증여)

연상기억 : 재물(貝)을 일찍이(曾) 내놓으니, 줄 증

❻ 曾
3Ⅱ급 12획	⑪ 曾孫 : 일찍 증,	손자 손	(증손)
일찍 증	⑫ 曾祖 : 일찍 증,	할아비 조	(증조)

연상기억 : 그릇(日) 위에 구멍 뚫린 겹겹이 겹쳐있는 떡시루(罒)사이에 김이나니(八), 일찍 증

❼ 膾
1급 17획	⑬ 生鮮膾 : 날 생, 신선 선, 어회 회		(생선회)
어회 회	⑭ 肉膾 : 고기 육,	어회 회	(육회)

연상기억 : 생선(月, 肉)을 모아(會) 회 요리를 하니, 어회 회

❽ 憎
3Ⅱ급 15획	⑮ 憎惡 : 미워할 증,	미워할 오	(증오)
미울 증	⑯ 愛憎 : 사랑 애,	미울 증	(애증)

연상기억 : 섭섭한 마음(忄)이 거듭(曾)되니, 미울 증

❾ 層
4급 15획	⑰ 層階 : 층 층,	섬돌 계	(층계)
층 층	⑱ 高層 : 높을 고,	층 층	(고층)

연상기억 : 집(屋)을 거듭(曾) 지으니, 층 층

❿ 僧
3Ⅱ급 14획	⑲ 僧侶 : 중 승,	짝 려	(승려)
중 승	⑳ 僧服 : 줄 승,	옷 복	(승복)

연상기억 : 일찍이(曾) 속세의 사람(亻)이었으나 스님이 되니, 중 승

맵핑 漢字 연상기억
검을 흑 黑의 場
31강

- 10. 가마 요 窯
  - ⑲ 요업
  - ⑳ 증요
- 9. 연기 연 煙
  - ⑰ 연기
  - ⑱ 연통
- 4. 공 훈 勳
  - ⑦ 공훈
  - ⑧ 훈장
- 1. 먹 묵 墨
  - ① 묵화
  - ② 필묵
- 5. 향풀 훈 薰
  - ⑨ 훈기
  - ⑩ 향훈
- 2. 잠잠할 묵 默
  - ③ 침묵
  - ④ 묵인
- 6. 연기낄 훈 燻
  - ⑪ 훈제
  - ⑫ 훈육
- 3. 점 점 點
  - ⑤ 점검
  - ⑥ 채점
- 8. 무리 당 黨
  - ⑮ 당파
  - ⑯ 정당
- 7. 검을 흑 黑
  - ⑬ 흑막
  - ⑭ 암흑

검을 흑 **黑**

漢字 자원(字源) 부수풀이 자동 연상기억

31일차 학습 검을 흑 黑

한자 쓰기 연습

❶ 墨

| 3Ⅱ급 15획 | ① 墨畫 : 먹 묵, | 그림 화 | (묵화) |
| 먹 묵 | ② 筆墨 : 붓 필, | 먹 묵 | (필묵) |

연상기억 : 검게(黑) 그을린 흙(土)으로 만든 먹이니, 먹 묵

❷ 默

| 3Ⅱ급 16획 | ③ 沈默 : 잠길 침, | 잠잠할 묵 | (침묵) |
| 잠잠할 묵 | ④ 默認 : 잠잠할 묵, | 알 인 | (묵인) |

연상기억 : 개(犬)도 짖지 않는 어두운(黑) 밤이니, 잠잠할 묵

❸ 點

| 4급 17획 | ⑤ 點檢 : 점 점, | 검사할 검 | (점검) |
| 점 점 | ⑥ 採點 : 캘 채, | 점 점 | (채점) |

연상기억 : 먹물(黑)이 튀어 얼룩진 점(占)이니, 점 점

❹ 勳

| 2급 16획 | ⑦ 功勳 : 공 공, | 공 훈 | (공훈) |
| 공 훈 | ⑧ 勳章 : 공 훈, | 글월 장 | (훈장) |

연상기억 : 불길(熏) 같은 기세(力)로 공을 세우니, 공 훈

❺ 薰

| 2급 18획 | ⑨ 薰氣 : 향풀 훈, | 기운 기 | (훈기) |
| 향풀 훈 | ⑩ 香薰 : 향기 향, | 향풀 훈 | (향훈) |

연상기억 : 풀(艹)이 탈 때(熏) 나는 향이니, 향풀 훈

❻ 燻

| 2급 18획 | ⑪ 燻製 : 연기낄 훈, | 지을 제 | (훈제) |
| 연기낄 훈 | ⑫ 燻肉 : 연기낄 훈, | 고기 육 | (훈육) |

연상기억 : 불(火)이나 불길(熏)이 있는 곳에 연기가 끼니, 연기낄 훈

❼ 黑

| 5급 12획 | ⑬ 黑幕 : 검을 흑, | 장막 막 | (흑막) |
| 검을 흑 | ⑭ 暗黑 : 어두울 암, | 검을 흑 | (암흑) |

연상기억 : 화염(灬)에 창문(㕻)이 검게 그을리니, 검을 흑

❽ 黨

| 4Ⅱ급 20획 | ⑮ 黨派 : 무리 당, | 갈래 파 | (당파) |
| 무리 당 | ⑯ 政黨 : 정사 정, | 무리 당 | (정당) |

연상기억 : 어두운(黑) 세상을 오히려(尙) 좋게 하는 무리니, 무리 당

❾ 煙

| 4Ⅱ급 13획 | ⑰ 煙氣 : 연기 연, | 기운 기 | (연기) |
| 연기 연 | ⑱ 煙筒 : 연기 연, | 통 통 | (연통) |

연상기억 : 흙으로 만든 아궁이(垔) 속의 불(火)을 지펴서 연기가 나니, 연기 연

❿ 窯

| 1급 15획 | ⑲ 窯業 : 가마 요, | 업 업 | (요업) |
| 가마 요 | ⑳ 蒸窯 : 찔 증, | 가마 요 | (증요) |

연상기억 : 흑양(羔)을 넣고 굴속(穴)에서 불을 피우니, 가마 요

맵핑 漢字 연상기억

저녁 석 夕의 場

32강

10. 꿈 몽 夢
⑲ 몽상
⑳ 길몽

外 9. 바깥 외
⑰ 야외
⑱ 외출

4. 많을 다 多
⑦ 다소
⑧ 허다

夕 1. 저녁 석
① 석양
② 조석

저녁 석 夕

5. 옮길 이 移
⑨ 이사
⑩ 이체

名 2. 이름 명
③ 명부
④ 명칭

6. 사치할 치 侈
⑪ 사치
⑫ 치방

銘 3. 새길 명
⑤ 명심
⑥ 감명

8. 진액 液
⑮ 액체
⑯ 용액

夜 7. 밤 야
⑬ 야경
⑭ 야근

漢字 자원(字源) 부수풀이 자동 연상기억

32일차 학습 : 저녁 석 夕

한자 쓰기 연습

❶ 夕
- 7급 3획 / 저녁 석
- ① 夕陽 : 저녁 석, 볕 양 (석양)
- ② 朝夕 : 아침 조, 저녁 석 (조석)
- 연상기억 : 달(月)이 저녁(夕)에 기운 모습이니, 저녁 석

❷ 名
- 7급 6획 / 이름 명
- ③ 名簿 : 이름 명, 문서 부 (명부)
- ④ 名稱 : 이름 명, 칭할 칭 (명칭)
- 연상기억 : 저녁(夕)에 어두워 이름을 불러(口) 구별하니, 이름 명

❸ 銘
- 3Ⅱ급 14획 / 새길 명
- ⑤ 銘心 : 새길 명, 마음 심 (명심)
- ⑥ 感銘 : 느낄 감, 새길 명 (감명)
- 연상기억 : 쇠(金)로 된 철판에 이름(名)을 새기니, 새길 명

❹ 多
- 6급 6획 / 많을 다
- ⑦ 多少 : 많을 다, 적을 소 (다소)
- ⑧ 許多 : 허락할 허, 많을 다 (허다)
- 연상기억 : 저녁(夕)과 저녁(夕)이 수없이 많으니, 많을 다

❺ 移
- 4Ⅱ급 11획 / 옮길 이
- ⑨ 移徙 : 옮길 이, 이사할 사 (이사)
- ⑩ 移替 : 옮길 이, 바꿀 체 (이체)
- 연상기억 : 벼(禾)를 많이(多) 옮기니, 옮길 이

❻ 侈
- 1급 8획 / 사치할 치
- ⑪ 奢侈 : 사치할 사, 사치할 치 (사치)
- ⑫ 侈放 : 사치할 치, 놓을 방 (치방)
- 연상기억 : 사람(亻) 몸에 많이(多) 치장하니, 사치할 치

❼ 夜
- 6급 8획 / 밤 야
- ⑬ 夜景 : 밤 야, 볕 경 (야경)
- ⑭ 夜勤 : 밤 야, 부지런할 근 (야근)
- 연상기억 : 저녁(夕)이 또(亦) 겹쳐 밤이 되니, 밤 야

❽ 液
- 4Ⅱ급 11획 / 진 액
- ⑮ 液體 : 진 액, 몸 체 (액체)
- ⑯ 溶液 : 녹을 용, 진 액 (용액)
- 연상기억 : 어두운 밤(夜)에 식물의 물(氵)이 흐르니, 진 액

❾ 外
- 8급 5획 / 바깥 외
- ⑰ 野外 : 들 야, 바깥 외 (야외)
- ⑱ 外出 : 바깥 외, 날 출 (외출)
- 연상기억 : 점(卜)을 치러 저녁(夕)에 나가는 것은 예외이니, 바깥 외

❿ 夢
- 3Ⅱ급 14획 / 꿈 몽
- ⑲ 夢想 : 꿈 몽, 생각 상 (몽상)
- ⑳ 吉夢 : 길할 길, 꿈 몽 (길몽)
- 연상기억 : 어두운(瞢) 저녁(夕)에 꿈을 꾸니, 꿈 몽

맵핑 漢字 연상기억
그 기 其의 場

33강

10. 감색 감 **紺**
⑲ 감색
⑳ 감청

9. 귤 감 **柑**
⑰ 감자
⑱ 밀감

4. 헤아릴 감 **勘**
⑦ 감안
⑧ 감단

1. 그 기 **其**
① 기타
② 급기야

그 기
其

5. 견딜 감 **堪**
⑨ 감내
⑩ 감당

2. 터 기 **基**
③ 기본
④ 기초

6. 심할 심 **甚**
⑪ 심심
⑫ 극심

3. 기약할 기 **期**
⑤ 기한
⑥ 시기

8. 헤아릴 짐 **斟**
⑮ 짐작
⑯ 침량

7. 속일 기 **欺**
⑬ 사기
⑭ 기만

漢字 자원(字源) 부수풀이 자동 연상기억

33일차 학습 — 그 기 其

한자 쓰기 연습

❶ 其
- 3Ⅱ급 8획 / 그 기
- ① 其他 : 그 기, 다를 타 (기타)
- ② 及其也 : 미칠 급, 그 기, 어조사 야 (급기야)
- 연상기억 : 단감(甘) 모양의 기구를 양손(八)으로 드니(一), 그 기

❷ 基
- 5급 11획 / 터 기
- ③ 基本 : 터 기, 근본 본 (기본)
- ④ 基礎 : 터 기, 주춧돌 초 (기초)
- 연상기억 : 삼태기(其)에 흙(土)을 담아 터를 닦으니, 터 기

❸ 期
- 5급 12획 / 기약할 기
- ⑤ 期限 : 기약할 기, 막을 한 (기한)
- ⑥ 時期 : 때 시, 기약할 기 (시기)
- 연상기억 : 약속한 그(其) 달이(月) 되니, 기약할 기

❹ 勘
- 1급 11획 / 헤아릴 감
- ⑦ 勘案 : 헤아릴 감, 책상 안 (감안)
- ⑧ 勘斷 : 헤아릴 감, 끊을 단 (감단)
- 연상기억 : 심하게(甚) 힘써(力) 헤아리니, 헤아릴 감

❺ 堪
- 1급 12획 / 견딜 감
- ⑨ 堪耐 : 견딜 감, 견딜 내 (감내)
- ⑩ 堪當 : 견딜 감, 끊을 단 (감당)
- 연상기억 : 흙(土)을 심하게(甚) 담아 힘들어도 견디니, 견딜 감

❻ 甚
- 3Ⅱ급 9획 / 심할 심
- ⑪ 甚深 : 심할 심, 깊을 심 (심심)
- ⑫ 極甚 : 극진할 극, 심할 심 (극심)
- 연상기억 : 짝(匹)을 만나 입맞춤을(甘) 하니, 심할 심

❼ 欺
- 3급 12획 / 속일 기
- ⑬ 詐欺 : 속일 사, 속일 기 (사기)
- ⑭ 欺瞞 : 속일 기, 속일 만 (기만)
- 연상기억 : 그(其) 기간을 하품(欠)하듯이 속이니, 속일 기

❽ 斟
- 1급 13획 / 헤아릴 짐
- ⑮ 斟酌 : 헤아릴 짐, 따를 작 (짐작)
- ⑯ 斟量 : 술따를 침, 헤아릴 량 (침량)
- 연상기억 : 심하게(甚) 몇 두를(斗) 헤아려 짐작하니, 헤아릴 짐

❾ 柑
- 1급 9획 / 귤 감
- ⑰ 柑子 : 귤 감, 아들 자 (감자)
- ⑱ 蜜柑 : 꿀 밀, 귤 감 (밀감)
- 연상기억 : 나무(木)에 단(甘) 열매인 밀감이 열리니, 귤 감

❿ 紺
- 1급 11획 / 감색 감
- ⑲ 紺色 : 감색 감, 빛 색 (감색)
- ⑳ 紺靑 : 감색 감, 푸를 청 (감청)
- 연상기억 : 실(糸)에 감(甘)색 물을 들이니, 감색 감

맵핑 漢字 연상기억
활 궁 弓의 場
34강

10. 빠질 닉 溺
⑲ 익사
⑳ 탐닉

9. 약할 약 弱
⑰ 강약
⑱ 약자

4. 아우 제 弟
⑦ 형제
⑧ 제수

1. 활 궁 弓
① 궁도
② 양궁

활 궁
弓

5. 차례 제 第
⑨ 급제
⑩ 낙제

2. 끌 인 引
③ 인솔
④ 인양

6. 이모 이 姨
⑪ 이모
⑫ 이종

3. 조상할 조 弔
⑤ 조상
⑥ 조기

8. 강할 강 强
⑮ 강도
⑯ 강도

7. 클 홍 弘
⑬ 홍익
⑭ 홍보

漢字 자원(字源) 부수풀이 자동 연상기억

34일차 학습 활 궁 弓

한자 쓰기 연습

❶ 弓

3Ⅱ급 3획	① 弓道 : 활 궁,	길 도	(궁도)
활 궁	② 洋弓 : 큰바다 양,	활 궁	(양궁)

연상기억 : 활의 모양을 본뜬 글자이니, 활 궁

❷ 引

4Ⅱ급 4획	③ 引率 : 끌 인,	거느릴 솔	(인솔)
끌 인	④ 引揚 : 끌 인,	날릴 양	(인양)

연상기억 : 활시위(弓)에 화살을 메겨(丨) 당기니, 끌 인

❸ 弔

3급 4획	⑤ 弔喪 : 조상할 조,	잃을 상	(조상)
조상할 조	⑥ 弔旗 : 조상할 조,	기 기	(조기)

연상기억 : 사람(人, 丨)이 활(弓)을 가지고 시신을 지키며 조상하니, 조상할 조

❹ 弟

8급 7획	⑦ 兄弟 : 맏 형,	아우 제	(형제)
아우 제	⑧ 弟嫂 : 아우 제,	형수 수	(제수)

연상기억 : 막대기 가닥(丫)에 끈을 감아서 형제간의 순서이니, 아우 제

❺ 第

6급 11획	⑨ 及第 : 미칠 급,	차례 제	(급제)
차례 제	⑩ 落第 : 떨어질 락,	차례 제	(낙제)

연상기억 : 대쪽(竹)을 차례로 엮으니(弟), 차례 제

❻ 姨

1급 9획	⑪ 姨母 : 이모 이,	어미 모	(이모)
이모 이	⑫ 姨從 : 이모 이,	쫓을 종	(이종)

연상기억 : 오랑캐(夷)를 싫어하는 여자(女)이니, 이모 이

❼ 弘

3급 5획	⑬ 弘益 : 클 홍,	더할 익	(홍익)
클 홍	⑭ 弘報 : 클 홍,	알릴 보	(홍보)

연상기억 : 활시위(弓)가 팔꿈치의(厶) 큰 모양이니, 클 홍

❽ 强

6급 12획	⑮ 强度 : 강할 강,	법도 도	(강도)
강할 강	⑯ 强盜 : 강할 강,	도둑 도	(강도)

연상기억 : 쌀 바구니(虫)의 입(口)이 활(弓)처럼 강하니, 강할 강

❾ 弱

6급 10획	⑰ 强弱 : 강할 강,	약할 약	(강약)
약할 약	⑱ 弱者 : 약할 약,	놈 자	(약자)

연상기억 : 새끼 새의 두 날개가 나란히 활(弓)처럼 펼쳐진 모양이니, 약할 약

❿ 溺

2급 13획	⑲ 溺死 : 빠질 익,	죽을 사	(익사)
빠질 닉	⑳ 耽溺 : 즐길 탐,	빠질 닉	(탐닉)

연상기억 : 물(氵) 속에 약한(弱) 사람들이 빠지니, 빠질 닉

맵핑 漢字 연상기억
오히려 상 尚의 場
35강

- 10. 손바닥 장 掌
  - ⑲ 장악
  - ⑳ 장갑
- 9. 맛볼 상 嘗
  - ⑰ 상미
  - ⑱ 상담
- 4. 향할 향 向
  - ⑦ 향상
  - ⑧ 경향
- 1. 상줄 상 賞
  - ① 상장
  - ② 상금
- 5. 오히려 상 尚
  - ⑨ 숭상
  - ⑩ 상문
- 2. 갚을 상 償
  - ③ 상환
  - ④ 보상
- 6. 집 당 堂
  - ⑪ 별당
  - ⑫ 당숙
- 3. 항상 상 常
  - ⑤ 항상
  - ⑥ 상용
- 8. 마땅 당 當
  - ⑮ 당연
  - ⑯ 당직
- 7. 치마 상 裳
  - ⑬ 의상
  - ⑭ 의상실

오히려 상 尚

132

漢字 자원(字源) 부수풀이 자동 연상기억

35일차 학습 오히려 상 尙

한자 쓰기 연습

❶ 賞
5급 15획	① 賞狀 : 상줄 상, 문서 장	(상장)
상줄 상	② 賞金 : 상줄 상, 쇠 금	(상금)

연상기억 : 가상히(尙) 여겨 재물(貝)과 함께 상을 주니, 상줄 상

❷ 償
3급 17획	③ 償還 : 갚을 상, 돌아올 환	(상환)
갚을 상	④ 補償 : 기울 보, 갚을 상	(보상)

연상기억 : 사람(亻)이 상(賞)을 받아 빚을 갚으니, 갚을 상

❸ 常
4Ⅱ급 11획	⑤ 恒常 : 항상 항, 떳떳할 상	(항상)
항상 상	⑥ 常用 : 떳떳할 상, 쓸 용	(상용)

연상기억 : 고상한(尙) 옷(巾)을 항상 입으니, 떳떳할 상

❹ 向
6급 6획	⑦ 向上 : 향할 향, 위 상	(향상)
향할 향	⑧ 傾向 : 기울 경, 향할 향	(경향)

연상기억 : 집(宀) 창문(口)의 북쪽으로 향하니, 향할 향

❺ 尙
3Ⅱ급 8획	⑨ 崇尙 : 높을 숭, 오히려 상	(숭상)
오히려 상	⑩ 尙文 : 오히려 상, 글월 문	(상문)

연상기억 : 공기가 나뉘어져(八) 위로 향하니(向), 오히려 상

❻ 堂
6급 11획	⑪ 別堂 : 다를 별, 집 당	(별당)
집 당	⑫ 堂叔 : 집 당, 아재비 숙	(당숙)

연상기억 : 땅(土)에 높이(尙) 집을 지으니, 집 당

❼ 裳
3Ⅱ급 14획	⑬ 衣裳 : 옷 의, 치마 상	(의상)
치마 상	⑭ 衣裳室 : 옷 의, 치마 상, 집 실	(의상실)

연상기억 : 고상한(尙) 옷(衣)은 치마 의상이니, 치마 상

❽ 當
5급 13획	⑮ 當然 : 마땅 당, 그럴 연	(당연)
마땅 당	⑯ 當直 : 마땅 당, 곧을 직	(당직)

연상기억 : 상당한(尙) 수준의 마땅한 밭(田)이 당연하니, 마땅 당

❾ 嘗
3급 14획	⑰ 嘗味 : 맛볼 상, 맛 미	(상미)
맛볼 상	⑱ 嘗膽 : 맛볼 상, 쓸개 담	(상담)

연상기억 : 손가락(旨)으로 찍어 올리니(尙), 맛볼 상

❿ 掌
3Ⅱ급 12획	⑲ 掌握 : 손바닥 장, 쥘 악	(장악)
손바닥 장	⑳ 掌匣 : 손바닥 장, 갑 갑	(장갑)

연상기억 : 상당히(尙) 높이 손(手)을 들어 손뼉을 치니, 손바닥 장

맵핑 漢字 연상기억
서울 경 京의 場
36강

- 10. 찰 축 蹴
  - ⑲ 축구
  - ⑳ 일축
- 9. 이룰 취 就
  - ⑰ 취직
  - ⑱ 성취
- 4. 노략질할 략 掠
  - ⑦ 침략
  - ⑧ 약탈
- 1. 서울 경 京
  - ① 경기도
  - ② 경성
- 5. 서늘할 량 凉
  - ⑨ 청량리
  - ⑩ 양풍
- 2. 볕 경 景
  - ③ 경치
  - ④ 풍경
- 6. 믿을 량 諒
  - ⑪ 양지
  - ⑫ 양해
- 3. 그림자 영 影
  - ⑤ 영상
  - ⑥ 촬영
- 8. 고래 경 鯨
  - ⑮ 포경선
  - ⑯ 포경
- 7. 깨달을 경 憬
  - ⑬ 동경심
  - ⑭ 경오

서울 경 京

134

漢字 자원(字源) 부수풀이 자동 연상기억

36일차 학습 서울 경 京

한자 쓰기 연습

❶ 京
- 6급 8획
- 서울 경
- ① 京畿道 : 서울 경, 경기 기, 길 도 (경기도)
- ② 京城 : 서울 경, 재 성 (경성)
- **연상기억** : 언덕 위에 높이 지은 궁궐이 있는 모습의 글자이니, 서울 경

❷ 景
- 5급 12획
- 볕 경
- ③ 景致 : 볕 경, 이를 치 (경치)
- ④ 風景 : 바람 풍, 볕 경 (풍경)
- **연상기억** : 궁궐(京)에 볕(日)이 드니, 볕 경

❸ 影
- 3Ⅱ급 15획
- 그림자 영
- ⑤ 影像 : 그림자 영, 모양 상 (영상)
- ⑥ 撮影 : 찍을 촬, 그림자 영 (촬영)
- **연상기억** : 볕(景)이든 궁궐에 그림자(彡) 비추니, 그림자 영

❹ 掠
- 3급 11획
- 노략질할 략
- ⑦ 侵掠 : 침노할 침, 노략질할 략 (침략)
- ⑧ 掠奪 : 노략질할 략, 빼앗을 탈 (약탈)
- **연상기억** : 궁궐(京)을 노략질하니(扌), 노략질할 략

❺ 凉
- 3Ⅱ급 10획
- 서늘할 량
- ⑨ 淸凉里 : 맑을 청, 서늘할 량, 마을 리 (청량리)
- ⑩ 凉風 : 서늘할 량, 바람 풍 (양풍)
- **연상기억** : 궁궐(京)에 찬(冫) 기운이 도니, 서늘할 량

❻ 諒
- 3급 15획
- 믿을 량
- ⑪ 諒知 : 믿을 량, 알 지 (양지)
- ⑫ 諒解 : 믿을 량, 풀 해 (양해)
- **연상기억** : 대궐(京)의 말씀(言)을 헤아리고 믿으니, 믿을 량

❼ 憬
- 1급 15획
- 깨달을 경
- ⑬ 憧憬心 : 그리워할 동, 깨달을 경, 마음 심 (동경심)
- ⑭ 憬悟 : 깨달을 경, 깨달을 오 (경오)
- **연상기억** : 궁궐(京)을 보며 깨달으니(忄), 깨달을 경

❽ 鯨
- 1급 19획
- 고래 경
- ⑮ 捕鯨船 : 잡을 포, 고래 경, 배 선 (포경선)
- ⑯ 捕鯨 : 잡을 포, 고래 경 (포경)
- **연상기억** : 물고기(魚) 중 가장 큰(京) 것은 고래이니, 고래 경

❾ 就
- 4급 12획
- 이룰 취
- ⑰ 就職 : 이룰 취, 기분 직 (취직)
- ⑱ 成就 : 이룰 성, 이룰 취 (성취)
- **연상기억** : 궁궐(京)을 더욱(尤) 크게 쌓아 이루니, 이룰 취

❿ 蹴
- 2급 19획
- 찰 축
- ⑲ 蹴球 : 찰 축, 공 구 (축구)
- ⑳ 一蹴 : 한 일, 찰 축 (일축)
- **연상기억** : 발(足)로 이룬(就) 높은 꿈이 축구선수이니, 찰 축

135

맵핑 漢字 연상기억
높을 고 高의 場

37강

10. 터럭 호 **毫**
⑲ 추호
⑳ 휘호

9. 밝을 량 **亮**
⑰ 양찰
⑱ 청량

4. 더부살이 교 **僑**
⑦ 교포
⑧ 교민

1. 다리 교 **橋**
① 교각
② 교량

높을 고
高

5. 교만할 교 **驕**
⑨ 교만
⑩ 교사

2. 가마 교 **轎**
③ 교군
④ 교자

6. 바로잡을 교 **矯**
⑪ 교정
⑫ 교도소

3. 아리따울 교 **嬌**
⑤ 애교
⑥ 교태

8. 원고 고 **稿**
⑮ 원고지
⑯ 투고

7. 높을 고 **高**
⑬ 고등
⑭ 고급

漢字 자원(字源) 부수풀이 자동 연상기억

37일차 학습 높을 고 高

한자 쓰기 연습

❶ 橋
- 5급 16획 / 다리 교
- ① 橋脚 : 다리 교, 다리 각 (교각)
- ② 橋梁 : 다리 교, 들보 량 (교량)
- 연상기억 : 나무(木)로 높이(喬) 교각을 세우니, 다리 교

❷ 轎
- 1급 19획 / 가마 교
- ③ 轎軍 : 가마 교, 군사 군 (교군)
- ④ 轎子 : 가마 교, 아들 자 (교자)
- 연상기억 : 바퀴(車) 달린 높은(喬) 차는 가마이니, 가마 교

❸ 嬌
- 1급 15획 / 아리따울 교
- ⑤ 愛嬌 : 사랑 애, 아리따울 교 (애교)
- ⑥ 嬌態 : 아리따울 교, 모습 태 (교태)
- 연상기억 : 여자(女)가 높이(喬) 애교부리니, 아리따울 교

❹ 僑
- 2급 14획 / 더부살이 교
- ⑦ 僑胞 : 더부살이 교, 태 포 (교포)
- ⑧ 僑民 : 더부살이 교, 백성 민 (교민)
- 연상기억 : 낯선 하늘(喬) 밑에 사람(亻)이 더부살이하니, 더부살이 교

❺ 驕
- 1급 22획 / 교만할 교
- ⑨ 驕慢 : 교만할 교, 거만할 만 (교만)
- ⑩ 驕奢 : 교만할 교, 사치할 사 (교사)
- 연상기억 : 말(馬)이 높이(喬) 날뛰어 교만하니, 교만할 교

❻ 矯
- 3급 17획 / 바로잡을 교
- ⑪ 矯情 : 바로잡을 교, 바를 정 (교정)
- ⑫ 矯導所 : 바로잡을 교, 인도할 도, 바 소 (교도소)
- 연상기억 : 하늘 높이(喬) 화살(矢)을 바로 잡으려니, 바로잡을 교

❼ 高
- 6급 10획 / 높을 고
- ⑬ 高等 : 높을 고, 무리 등 (고등)
- ⑭ 高級 : 높을 고, 등급 급 (고급)
- 연상기억 : 성위에 높이 세워진 망루의 모양이니, 높을 고

❽ 稿
- 3Ⅱ급 15획 / 원고 고
- ⑮ 原稿紙 : 언덕 원, 원고 고, 종이 지 (원고지)
- ⑯ 投稿 : 던질 투, 원고 고 (투고)
- 연상기억 : 벼이삭(禾)이 치솟은(高) 생각을 원고지에 쓰니, 원고 고

❾ 亮
- 2급 2획 / 밝을 량
- ⑰ 亮察 : 밝을 량, 살필 찰 (양찰)
- ⑱ 淸亮 : 맑을 청, 밝을 량 (청량)
- 연상기억 : 높은(高) 곳에 올라선 사람(儿)이 밝게 보이니, 밝을 향

❿ 毫
- 3급 11획 / 터럭 호
- ⑲ 秋毫 : 가을 추, 터럭 호 (추호)
- ⑳ 揮毫 : 휘두를 휘, 터럭 호 (휘호)
- 연상기억 : 털(毛) 중에 가장 좋고(高), 가는 털로 만든 붓이니, 터럭 호

맵핑 漢字 연상기억
옳을 가 可의 場

38강

10. 언덕 아 阿
⑲ 아교
⑳ 아첨

呵 9. 꾸짖을 가
⑰ 가책
⑱ 가가대소

4. 어찌 하 何
⑦ 하등
⑧ 하필

可 1. 옳을 가
① 가결
② 가능

5. 멜 하 荷
⑨ 하물
⑩ 하역

옳을 가
可

歌 2. 노래 가
③ 가수
④ 가창

6. 물 하 河
⑪ 하천
⑫ 하마

哥 3. 소리 가
⑤ 김가
⑥ 박가

8. 매울 가 苛
⑮ 가혹
⑯ 가학

柯 7. 가지 가
⑬ 가엽
⑭ 남가일몽

138

漢字 자원(字源) 부수풀이 자동 연상기억

38일차 학습 옳을 가 可

한자 쓰기 연습

① 可 — 5급 5획 / 옳을 가
- ① 可決 : 옳을 가, 결단할 결 (가결)
- ② 可能 : 옳을 가, 능할 능 (가능)
- 연상기억 : 무성한(丁) 소리(口)가 튀어 나오니, 옳을 가

② 歌 — 7급 14획 / 노래 가
- ③ 歌手 : 노래 가, 손 수 (가수)
- ④ 歌唱 : 노래 가, 부를 창 (가창)
- 연상기억 : 가수의 소리(哥)가 하품하듯(欠) 나와 노래를 부르니, 노래 가

③ 哥 — 1급 10획 / 소리 가
- ⑤ 金哥 : 성 김, 소리 가 (김가)
- ⑥ 朴哥 : 성 박, 소리 가 (박가)
- 연상기억 : 옳을(可) 소리가 더하니, 소리 가

④ 何 — 3Ⅱ급 11획 / 어찌 하
- ⑦ 何等 : 어찌 하, 무리 등 (하등)
- ⑧ 何必 : 어찌 하, 반드시 필 (하필)
- 연상기억 : 사람(亻)으로서 어찌 옳을까(可) 하니, 어찌 하

⑤ 荷 — 3급 11획 / 멜 하
- ⑨ 荷物 : 멜 하, 물건 물 (하물)
- ⑩ 荷役 : 멜 하, 부릴 역 (하역)
- 연상기억 : 어깨에 어찌(何) 풀을(艹) 멜까하니, 멜 하

⑥ 河 — 5급 8획 / 물 하
- ⑪ 河川 : 물 하, 내 천 (하천)
- ⑫ 河馬 : 물 하, 말 마 (하마)
- 연상기억 : 물(氵)이 모여 바르고 옳게(可) 흐르니, 물 하

⑦ 柯 — 2급 9획 / 가지 가
- ⑬ 柯葉 : 가지 가, 잎 엽 (가엽)
- ⑭ 南柯一夢 : 남녘 남, 가지 가, 한 일, 꿈 몽 (남가일몽)
- 연상기억 : 나뭇가지(木)가 뻗어 어느 정도(可) 나오니, 가지 가

⑧ 苛 — 1급 9획 / 매울 가
- ⑮ 苛酷 : 매울 가, 심할 혹 (가혹)
- ⑯ 苛虐 : 매울 가, 모질 학 (가학)
- 연상기억 : 잎(艹)에서 나오는 입(口)맛이 가혹하게 매우니, 매울 가

⑨ 呵 — 1급 8획 / 꾸짖을 가
- ⑰ 呵責 : 꾸짖을 가, 꾸짖을 책 (가책)
- ⑱ 呵呵大笑 : 꾸짖을 가, 큰 대, 웃음 소 (가가대소)
- 연상기억 : 옳은(可) 말(口)로 계속 꾸짖으니, 꾸짖을 가

⑩ 阿 — 3Ⅱ급 8획 / 언덕 아
- ⑲ 阿膠 : 언덕 아, 아교 교 (아교)
- ⑳ 阿諂 : 언덕 아, 아첨할 첨 (아첨)
- 연상기억 : 산(阝)이 한쪽(可) 허리가 굽어진 곳이니, 언덕 아

맵핑 漢字 연상기억

기이할 기 奇의 場

39강

- 10. 엿볼 사 伺
  - ⑲ 사찰
  - ⑳ 정사

- 9. 기를 사 飼
  - ⑰ 사료
  - ⑱ 사육

- 4. 맡을 사 司
  - ⑦ 사서
  - ⑧ 사회자

- 1. 기특할 기 奇
  - ① 기이
  - ② 기적

- 5. 사당 사 祠
  - ⑨ 사당
  - ⑩ 현충사

기이할 기 奇

- 2. 부칠 기 寄
  - ③ 기증
  - ④ 기숙사

- 6. 말씀 사 詞
  - ⑪ 가사
  - ⑫ 품사

- 3. 말탈 기 騎
  - ⑤ 기마전
  - ⑥ 기사

- 8. 의자 의 椅
  - ⑮ 의자
  - ⑯ 교의

- 7. 떼기밭 기 畸
  - ⑬ 기형아
  - ⑭ 기형

140

漢字 자원(字源) 부수풀이 자동 연상기억

39일차 학습 기이할 기 奇

한자 쓰기 연습

❶ 奇
- 4급 8획 / 기특할 기
- ① 奇異 : 기특할 기, 다를 이 (기이)
- ② 奇蹟 : 기이할 기, 자취 적 (기적)
- 연상기억 : 크게(大) 옳다고(可) 주장하여 기특하니, 기특할 기

❷ 寄
- 4급 11획 / 부칠 기
- ③ 寄贈 : 부칠 기, 줄 증 (기증)
- ④ 寄宿舍 : 부칠 기, 잘 숙, 집 사 (기숙사)
- 연상기억 : 집에서(宀) 큰(大)소리치며 기이하게(奇) 붙어사니, 부칠 기

❸ 騎
- 3Ⅱ급 18획 / 말탈 기
- ⑤ 騎馬戰 : 말탈 기, 말 마, 싸움 전 (기마전)
- ⑥ 騎士 : 말탈 기, 선비 사 (기사)
- 연상기억 : 말(馬)을 타고 뛰어나게(奇) 달리니, 말탈 기

❹ 司
- 3Ⅱ급 5획 / 맡을 사
- ⑦ 司書 : 맡을 사, 글 서 (사서)
- ⑧ 司會者 : 맡을 사, 모일 회, 놈 자 (사회자)
- 연상기억 : 임금 후(后)의 뒤집어진 글자로, 맡아서 처리하는 벼슬아치이니, 맡을 사

❺ 祠
- 1급 10획 / 사당 사
- ⑨ 祠堂 : 사당 사, 집 당 (사당)
- ⑩ 顯忠祠 : 나타날 현, 충성 충, 사당 사 (현충사)
- 연상기억 : 조상의 제사(示)를 맡아서(司) 지내는 사당이니, 사당 사

❻ 詞
- 3Ⅱ급 12획 / 말씀 사
- ⑪ 歌詞 : 노래 가, 말씀 사 (가사)
- ⑫ 品詞 : 물건 품, 말씀 사 (품사)
- 연상기억 : 임금의 말씀(言)을 맡아서 가사를 지으니, 말씀 사

❼ 畸
- 1급 13획 / 뙈기밭 기
- ⑬ 畸形兒 : 뙈기밭 기, 모양 형, 아이 아 (기형아)
- ⑭ 畸形 : 뙈기밭 기, 모양 형 (기형)
- 연상기억 : 밭(田)의 모양이 기이하니(奇), 뙈기밭 기

❽ 椅
- 1급 12획 / 의자 의
- ⑮ 椅子 : 의자 의, 아들 자 (의자)
- ⑯ 交椅 : 사귈 교, 의자 의 (교의)
- 연상기억 : 기이하게(奇) 생긴 나무(木)의자이니, 의자 의

❾ 飼
- 2급 14획 / 기를 사
- ⑰ 飼料 : 기를 사, 헤아릴 료 (사료)
- ⑱ 飼育 : 기를 사, 기를 육 (사육)
- 연상기억 : 짐승을 먹이며(食) 맡아서(司) 기르니, 기를 사

❿ 伺
- 1급 7획 / 엿볼 사
- ⑲ 伺察 : 엿볼 사, 살필 찰 (사찰)
- ⑳ 偵伺 : 정탐할 정, 엿볼 사 (정사)
- 연상기억 : 사람(亻)이 맡아서(司) 엿보니, 엿볼 사

맵핑 漢字 연상기억
어미 모 母의 場

40강

10. 번성할 번 繁
⑲ 번성
⑳ 번식

敏 9. 민첩할 민
⑰ 민첩
⑱ 예민

4. 어미 모 母
⑦ 모정
⑧ 현모

每 1. 매양 매
① 매양
② 매사

어미 모
母

5. 업신여길 모 侮
⑨ 모멸
⑩ 모욕

梅 2. 매화 매
③ 매화
④ 매독

6. 뉘우칠 회 悔
⑪ 회개
⑫ 후회

海 3. 바다 해
⑤ 해안
⑥ 해변

8. 독 독 毒
⑮ 해독
⑯ 독감

毋 7. 말 무
⑬ 무해
⑭ 무론

漢字 자원(字源) 부수풀이 자동 연상기억

40일차 학습 어미 모 母

한자 쓰기 연습

❶ 每
7급 7획	① 每樣 : 매양 매,	모양 양	(매양)
매양 매	② 每事 : 매양 매,	일 사	(매사)

연상기억 : 싹(丿)이 모체에서(母) 잇달아 나오니, 매양 매

❷ 梅
3Ⅱ급 11획	③ 梅花 : 매화 매,	꽃 화	(매화)
매화 매	④ 梅毒 : 매화 매,	독할 독	(매독)

연상기억 : 늘(每) 예쁜 꽃이 피는 나무(木)는 매화이니, 매화 매

❸ 海
7급 10획	⑤ 海岸 : 바다 해,	언덕 안	(해안)
바다 해	⑥ 海邊 : 바다 해,	가 변	(해변)

연상기억 : 물(氵)이 매일(每) 모여서 바다가 되니, 바다 해

❹ 母
8급 5획	⑦ 母情 : 어미 모,	뜻 정	(모정)
어미 모	⑧ 賢母 : 어질 현,	어미 모	(현모)

연상기억 : 어린아이를 안고 있는 어머니의 모습이니, 어미 모

❺ 侮
2급 9획	⑨ 侮蔑 : 업신여길 모,	업신여길 멸	(모멸)
업신여길 모	⑩ 侮辱 : 업신여길 모,	욕될 욕	(모욕)

연상기억 : 사람들(亻)이 늘(每) 언제나 모멸감을 주니, 업신여길 모

❻ 悔
3Ⅱ급 10획	⑪ 悔改 : 뉘우칠 회,	고칠 개	(회개)
뉘우칠 회	⑫ 後悔 : 뒤 후,	뉘우칠 회	(후회)

연상기억 : 늘, 언제나(每) 마음(忄)이 아프도록 후회하니, 뉘우칠 회

❼ 毋
1급 4획	⑬ 毋害 : 말 무,	해할 해	(무해)
말 무	⑭ 毋論 : 말 무,	논할 론	(무론)

연상기억 : 어미(母)의 자세가 한점(一) 흩어짐이 없으니, 말 무

❽ 毒
4Ⅱ급 8획	⑮ 害毒 : 해할 해,	독 독	(해독)
독 독	⑯ 毒感 : 독 독,	느낄 감	(독감)

연상기억 : 독이 든 풀(艹)이 녹색이 아니면(毋) 해독을 해야 하니, 독 독

❾ 敏
3Ⅱ급 11획	⑰ 敏捷 : 민첩할 민,	빠를 첩	(민첩)
민첩할 민	⑱ 銳敏 : 날카로울 예,	민첩할 민	(예민)

연상기억 : 매일(每) 쳐서(攵) 민첩하고 예민하니, 민첩할 민

❿ 繁
3Ⅱ급 17획	⑲ 繁盛 : 번성할 번,	성할 성	(번성)
번성할 번	⑳ 繁殖 : 번성할 번,	불일 식	(번식)

연상기억 : 재빠르게(敏) 실(糸)들이 흩어져 번성하니, 번성할 번

맵핑 漢字 연상기억

이를 지 至의 場

41강

- 10. 이를 치 **致**
  - ⑲ 치사
  - ⑳ 송치

- **至** 9. 이를 지
  - ⑰ 지상
  - ⑱ 지극

- 4. 조카 질 **姪**
  - ⑦ 질녀
  - ⑧ 질부

- **屋** 1. 집 옥
  - ① 가옥
  - ② 옥상

- 5. 집 실 **室**
  - ⑨ 실내
  - ⑩ 거실

이를 지 **至**

- **握** 2. 쥘 악
  - ③ 장악
  - ④ 악수

- 6. 막힐 질 **窒**
  - ⑪ 질식
  - ⑫ 질색

- **臺** 3. 대 대
  - ⑤ 무대
  - ⑥ 침대

- 8. 넘어질 도 **倒**
  - ⑮ 도산
  - ⑯ 졸도

- **到** 7. 이를 도
  - ⑬ 도착
  - ⑭ 도달

144

漢字 자원(字源) 부수풀이 자동 연상기억

41일차 학습 이를 지 至

한자 쓰기 연습

❶ 屋

5급 9획	① 家屋 : 집 가,	집 옥	(가옥)
집 옥	② 屋上 : 집 옥,	윗 상	(옥상)

연상기억 : 지붕(尸)에 이르러(至) 옥상이니, 집 옥

❷ 握

2급 12획	③ 掌握 : 손바닥 장,	쥘 악	(장악)
쥘 악	④ 握手 : 쥘 악,	손 수	(악수)

연상기억 : 손바닥(扌)으로 집을 쥐락펴락 장악하니, 쥘 악

❸ 臺

3Ⅱ급 14획	⑤ 舞臺 : 춤출 무,	대 대	(무대)
대 대	⑥ 寢臺 : 잘 침,	대 대	(침대)

연상기억 : 길하게(吉) 높고 평평한(一) 침대를 만드니, 대 대

❹ 姪

3급 3획	⑦ 姪女 : 조카 질,	계집 녀	(질녀)
조카 질	⑧ 姪婦 : 조카 질,	며느리 부	(질부)

연상기억 : 지극(至)하게 착한 여자가 질부이니, 조카 질

❺ 室

8급 9획	⑨ 室內 : 집 실,	안 내	(실내)
집 실	⑩ 居室 : 살 거,	집 실	(거실)

연상기억 : 지붕(宀)이 있는 곳에 이르러(至) 실내에 있으니, 집 실

❻ 窒

2급 11획	⑪ 窒息 : 막힐 질,	쉴 식	(질식)
막힐 질	⑫ 窒塞 : 막힐 질,	막힐 색	(질색)

연상기억 : 구멍(穴)이 닿아(至) 막히고 질색하니, 막힐 질

❼ 到

5급 8획	⑬ 到着 : 이를 도,	붙을 착	(도착)
이를 도	⑭ 到達 : 이를 도,	통달할 달	(도달)

연상기억 : 극에 이르러(至) 칼(刂) 쳐서 도착하니, 이를 도

❽ 倒

3급 10획	⑮ 倒産 : 넘어질 도,	낳을 산	(도산)
넘어질 도	⑯ 猝倒 : 갑자기 졸,	넘어질 도	(졸도)

연상기억 : 사람(亻)이 이르러(到) 졸도하니, 넘어질 도

❾ 至

4Ⅱ급 6획	⑰ 至上 : 이를 지,	윗 상	(지상)
이를 지	⑱ 至極 : 이를 지,	극진할 극	(지극)

연상기억 : 지극(至)히 정성을 다하니, 이를 지

❿ 致

5급 10획	⑲ 致死 : 이를 치,	죽을 사	(치사)
이를 치	⑳ 送致 : 보낼 송,	이를 치	(송치)

연상기억 : 이르러(至) 쳐서(攵) 치사하니, 이를 치

맵핑 漢字 연상기억

쓸 용 用의 場

42강

쓸 용
用

9. 쓸 용 **用**
- ⑰ 용도
- ⑱ 용건

10. 갖출 비 **備**
- ⑲ 비축
- ⑳ 준비

1. 날랠 용 **勇**
- ① 용맹
- ② 용기

2. 샘솟을 용 **涌**
- ③ 용천
- ④ 용출

3. 뛸 용 **踊**
- ⑤ 무용
- ⑥ 용약

4. 통할 통 **通**
- ⑦ 형통
- ⑧ 통보

5. 아플 통 **痛**
- ⑨ 통증
- ⑩ 통탄

6. 욀 송 **誦**
- ⑪ 암송
- ⑫ 낭송

7. 떳떳할 용 **庸**
- ⑬ 중용
- ⑭ 등용

8. 품팔 용 **傭**
- ⑮ 용병
- ⑯ 고용

漢字 자원(字源) 부수풀이 자동 연상기억

42일차 학습 쓸 용 用

한자 쓰기 연습

❶ 勇
| 6급 9획 | ① 勇猛 : 날랠 용, | 사나울 맹 | (용맹) |
| 날랠 용 | ② 勇氣 : 날랠 용, | 기운 기 | (용기) |

연상기억 : 힘(力)이 샘솟듯(甬) 하여 용맹스러우니, 날랠 용

❷ 涌
| 1급 10획 | ③ 涌泉 : 샘솟을 용, | 샘 천 | (용천) |
| 샘솟을 용 | ④ 涌出 : 샘솟을 용, | 날 출 | (용출) |

연상기억 : 물(氵)이 솟아올라(甬) 용출하니, 샘솟을 용

❸ 踊
| 1급 14획 | ⑤ 舞踊 : 춤출 무, | 뛸 용 | (무용) |
| 뛸 용 | ⑥ 踊躍 : 뛸 용, | 뛸 약 | (용약) |

연상기억 : 발(足)이 솟아 오르듯(甬) 뛰어 무용하니, 뛸 용

❹ 通
| 6급 11획 | ⑦ 亨通 : 형통할 형, | 통할 통 | (형통) |
| 통할 통 | ⑧ 通報 : 통할 통, | 알릴 보 | (통보) |

연상기억 : 용솟음치듯(甬) 나아가서(辶) 통보하니, 통할 통

❺ 痛
| 4Ⅱ급 12획 | ⑨ 痛症 : 아플 통, | 증세 증 | (통증) |
| 아플 통 | ⑩ 痛歎 : 아플 통, | 탄식할 탄 | (통탄) |

연상기억 : 병(疒)이 나서(甬) 아프고 통증이 나니, 아플 통

❻ 誦
| 3급 14획 | ⑪ 暗誦 : 어두울 암, | 욀 송 | (암송) |
| 욀 송 | ⑫ 朗誦 : 밝을 랑, | 욀 송 | (낭송) |

연상기억 : 가르치는(言) 것을 솟아오르듯(甬) 암송하니, 욀 송

❼ 庸
| 3급 11획 | ⑬ 中庸 : 가운데 중, | 떳떳할 용 | (중용) |
| 떳떳할 용 | ⑭ 登庸 : 오를 등, | 떳떳할 용 | (등용) |

연상기억 : 고칠 경(庚)+쓸 용(用), 곳간에서(广) 쌀을 찧어다가 바꾸니, 떳떳할 용

❽ 傭
| 2급 13획 | ⑮ 傭兵 : 품팔 용, | 병사 병 | (용병) |
| 품팔 용 | ⑯ 雇傭 : 품팔 고, | 품팔 용 | (고용) |

연상기억 : 사람(亻)이 떳떳하게(庸) 쌀을 받고 일하니, 품팔 용

❾ 用
| 6급 5획 | ⑰ 用途 : 쓸 용, | 길 도 | (용도) |
| 쓸 용 | ⑱ 用件 : 쓸 용, | 물건 건 | (용건) |

연상기억 : 먼(冂)데 많은 사람(キ)이 쓸 것을 만드니, 쓸 용

❿ 備
| 4Ⅱ급 12획 | ⑲ 備蓄 : 갖출 비, | 쌓을 축 | (비축) |
| 갖출 비 | ⑳ 準備 : 준할 준, | 갖출 비 | (준비) |

연상기억 : 사람(亻)이 화살 통에 화살을 갖추어(備) 준비하니, 갖출 비

맵핑 漢字 연상기억
머리 두 頭의 場

43강

10. 정수리 정 頂
 ⑲ 정상
 ⑳ 절정

頭 9. 머리 두
 ⑰ 두뇌
 ⑱ 두통

4. 항목 항 項
 ⑦ 사항
 ⑧ 항목

額 1. 이마 액
 ① 액수
 ② 금액

머리 두
頭

5. 잠깐 경 頃
 ⑨ 경각
 ⑩ 만경창파

順 2. 순할 순
 ③ 순리
 ④ 순서

6. 기울 경 傾
 ⑪ 경사
 ⑫ 경향

頌 3. 기릴 송
 ⑤ 칭송
 ⑥ 찬송

8. 고개 령 嶺
 ⑮ 준령
 ⑯ 영동

領 7. 거느릴 령
 ⑬ 영토
 ⑭ 대통령

漢字 자원(字源) 부수풀이 자동 연상기억

43일차 학습 · 머리 두 頭

❶ 額 — 4급 18획 / 이마 액
① 額數 : 이마 액, 셈 수 (액수)
② 金額 : 쇠 금, 이마 액 (금액)
연상기억 : 손님(客) 머리(頁)에 돈을 붙여 금액을 말하니, 이마 액

❷ 順 — 5급 12획 / 순할 순
③ 順理 : 순할 순, 다스릴 리 (순리)
④ 順序 : 순할 순, 차례 서 (순서)
연상기억 : 머리(頁)에서 발끝까지 물(巛)처럼 순리대로 사니, 순할 순

❸ 頌 — 4급 13획 / 기릴 송
⑤ 稱頌 : 칭할 칭, 기릴 송 (칭송)
⑥ 讚頌 : 기릴 찬, 기릴 송 (찬송)
연상기억 : 공평하게(公) 머리(頁)를 숙이는 사람을 칭송하니, 기릴 송

❹ 項 — 3Ⅱ급 12획 / 항목 항
⑦ 事項 : 일 사, 항목 항 (사항)
⑧ 項目 : 항목 항, 눈 목 (항목)
연상기억 : 장인(工)이 머리(頁)의 순서로 항목을 정하니, 항목 항

❺ 頃 — 3Ⅱ급 11획 / 잠깐 경
⑨ 頃刻 : 잠깐 경, 새길 각 (경각)
⑩ 萬頃蒼波 : 일만 만, 잠깐 경, 푸를 창, 물결 파 (만경창파)
연상기억 : 비수(匕)가 잠깐 동안 머리(頁)에 있으니, 잠깐 경

❻ 傾 — 4급 13획 / 기울 경
⑪ 傾斜 : 기울 경, 비낄 사 (경사)
⑫ 傾向 : 기울 경, 향할 향 (경향)
연상기억 : 사람(亻)의 목이 잠깐(頃) 기울어져 경사지니, 기울 경

❼ 領 — 5급 14획 / 거느릴 령
⑬ 領土 : 거느릴 령, 흙 토 (영토)
⑭ 大統領 : 큰 대, 거느릴 통, 거느릴 령 (대통령)
연상기억 : 우두머리(令)의 머리(頁)가 거느리는 대통령이니, 거느릴 령

❽ 嶺 — 3Ⅱ급 17획 / 고개 령
⑮ 峻嶺 : 높을 준, 고개 령 (준령)
⑯ 嶺東 : 고개 령, 동녘 동 (영동)
연상기억 : 산악대원을 거느리고(領) 험악한 고개를 넘으니, 고개 령

❾ 頭 — 6급 16획 / 머리 두
⑰ 頭腦 : 머리 두, 뇌수 뇌 (두뇌)
⑱ 頭痛 : 머리 두, 아플 통 (두통)
연상기억 : 콩(豆)은 머리(頁), 두뇌에 좋으니, 머리 두

❿ 頂 — 3Ⅱ급 11획 / 정수리 정
⑲ 頂上 : 정수리 정, 윗 상 (정상)
⑳ 絶頂 : 끊을 절, 정수리 정 (절정)
연상기억 : 지팡이(丁)를 집고 정상(頁)에 오르니, 정수리 정

맵핑 漢字 연상기억
흙 토 土의 場

44강

10. 토할 토 **吐**
- ⑲ 구토
- ⑳ 실토

土 9. 흙 토
- ⑰ 토지
- ⑱ 국토

4. 점괘 괘 **卦**
- ⑦ 점괘
- ⑧ 팔괘

佳 1. 아름다울 가
- ① 백년가약
- ② 중추가절

흙 토
土

5. 걸 괘 **掛**
- ⑨ 괘종시계
- ⑩ 괘도

街 2. 거리 가
- ③ 시가
- ④ 가로등

6. 봉할 봉 **封**
- ⑪ 봉건
- ⑫ 봉인

桂 3. 계수나무 계
- ⑤ 계피
- ⑥ 월계관

8. 별 규 **奎**
- ⑮ 규장각
- ⑯ 규문

閨 7. 안방 규
- ⑬ 규방
- ⑭ 규수

漢字 자원(字源) 부수풀이 자동 연상기억

44일차 학습 흙 토 土

한자 쓰기 연습

❶ 佳
3Ⅱ급 8획	① 百年佳約 : 일백 백, 해 년, 아름다울 가, 맺을 약 (백년가약)
아름다울 가	② 仲秋佳節 : 버금 중, 가을 추, 아름다울 가, 마디 절 (중추가절)

연상기억 : 사람(亻)이 홀(圭,영토)을 받아 백년가약을 맺으니, 아름다울 가

❷ 街
4Ⅱ급 12획	③ 市街 : 저자 시, 　　　거리 가 (시가)
거리 가	④ 街路燈 : 거리 가, 길 로, 등불 등 (가로등)

연상기억 : 사람이 다니는(行) 네거리(圭) 길에 가로등이 있으니, 거리 가

❸ 桂
3급 10획	⑤ 桂皮 : 계수나무 계, 　　　가죽 피 (계피)
계수나무 계	⑥ 月桂冠 : 달 월, 계수나무 계, 갓 관 (월계관)

연상기억 : 나무(木)가 흙(土) 위의 흙(土)에서 자라나니, 계수나무 계

❹ 卦
1급 8획	⑦ 占卦 : 점칠 점, 　　　점괘 괘 (점괘)
점괘 괘	⑧ 八卦 : 여덟 팔, 　　　점괘 괘 (팔괘)

연상기억 : 영토(圭, 쌍토규)점(卜)을 쳐서 점괘를 보니, 점괘 괘

❺ 掛
3급 11획	⑨ 掛鐘時計 : 걸 괘, 쇠북 종, 때 시, 셀 계 (괘종시계)
걸 괘	⑩ 掛圖 : 걸 괘, 　　　그림 도 (괘도)

연상기억 : 점괘(卦) 본 것을 손(扌)으로 괘도를 거니, 걸 괘

❻ 封
3Ⅱ급 9획	⑪ 封建 : 봉할 봉, 　　　세울 건 (봉건)
봉할 봉	⑫ 封印 : 봉할 봉, 　　　도장 인 (봉인)

연상기억 : 봉건시대의 땅(圭)을 봉하니, 봉할 봉

❼ 閨
3급 14획	⑬ 閨房 : 안방 규, 　　　방 방 (규방)
안방 규	⑭ 閨秀 : 별 규, 　　　빼어날 수 (규수)

연상기억 : 집안(門)에 규수가 있는 곳이니, 안방 규

❽ 奎
2급 9획	⑮ 奎章閣 : 별 규, 글월 장, 집 각 (규장각)
별 규	⑯ 奎文 : 별 규, 　　　글월 문 (규문)

연상기억 : 큰(大) 별자리(圭)는 규장각이니, 별 규

❾ 土
8급 3획	⑰ 土地 : 흙 토, 　　　땅 지 (토지)
흙 토	⑱ 國土 : 나라 국, 　　　흙 토 (국토)

연상기억 : 흙(一) 위에 돋아나 싹(十)으로 토지이니, 흙 토

❿ 吐
3급 6획	⑲ 嘔吐 : 토할 구, 　　　토할 토 (구토)
토할 토	⑳ 實吐 : 열매 실, 　　　토할 토 (실토)

연상기억 : 입(口)에서 나온 음식이 땅(土) 위에 쏟아져 구토하니, 토할 토

맵핑 漢字 연상기억

때 시 時의 場

45강

10. 치질 치 痔
⑲ 치질
⑳ 치루

9. 언덕 치 峙
⑰ 대치상황
⑱ 대치동

4. 특별할 특 特
⑦ 특수
⑧ 특별

1. 모실 시 侍
① 시녀
② 시종

때 시
時

5. 가질 지 持
⑨ 유지
⑩ 지참

2. 때 시 時
③ 시국
④ 시계

6. 기다릴 대 待
⑪ 대접
⑫ 대기

3. 시 시 詩
⑤ 시상
⑥ 시인

8. 무리 등 等
⑮ 등급
⑯ 평등

7. 절 사 寺
⑬ 사원
⑭ 사찰

漢字 자원(字源) 부수풀이 자동 연상기억

한자 쓰기 연습

45일차 학습 때 시 時

❶ 侍	3Ⅱ급 8획	① 侍女 : 모실 시,	계집 녀	(시녀)
	모실 시	② 侍從 : 모실 시,	좇을 종	(시종)
	연상기억 : 사람(亻)이 절(寺)에서 부처님을 모시는 시종이니, 모실 시			
❷ 時	7급 10획	③ 時局 : 때 시,	판 국	(시국)
	때 시	④ 時計 : 때 시,	셀 계	(시계)
	연상기억 : 하루(日)가 절(寺)에서는 잘 가는 시간이니, 때 시			
❸ 詩	4Ⅱ급 13획	⑤ 詩想 : 시 시,	생각 상	(시상)
	시 시	⑥ 詩人 : 시 시,	사람 인	(시인)
	연상기억 : 말씀(言)을 절(寺)에서 글로 쓰면 시인이니, 시 시			
❹ 特	6급 10획	⑦ 特殊 : 특별할 특,	다를 수	(특수)
	특별할 특	⑧ 特別 : 특별할 특,	다를 별	(특별)
	연상기억 : 소(牛)를 관청(寺)에서는 특별하게 다루니, 특별할 특			
❺ 持	4급 9획	⑨ 維持 : 벼리 유,	가질 지	(유지)
	가질 지	⑩ 持參 : 가질 지,	참여할 참	(지참)
	연상기억 : 손(扌)으로 가지고 절(寺)에 지참하니, 가질 지			
❻ 待	6급 9획	⑪ 待接 : 기다릴 대,	접할 접	(대접)
	기다릴 대	⑫ 待機 : 기다릴 대,	틀 기	(대기)
	연상기억 : 두 사람(彳) 이상은 절(寺)에서 대기하니, 기다릴 대			
❼ 寺	4Ⅱ급 6획	⑬ 寺院 : 절 사,	집 원	(사원)
	절 사	⑭ 寺刹 : 절 사,	절 찰	(사찰)
	연상기억 : 이치, 법(寸)이 있는 땅(土)은 사찰이나 관청이니, 절 사			
❽ 等	6급 12획	⑮ 等級 : 무리 등,	등급 급	(등급)
	무리 등	⑯ 平等 : 평평할 평,	무리 등	(평등)
	연상기억 : 대나무(竹)가 있는 절(寺)은 평등하니, 무리 등			
❾ 峙	2급 9획	⑰ 對峙狀況 : 대할 대, 언덕 치, 모양 상, 상황 황		(대치상황)
	언덕 치	⑱ 對峙洞 : 대할 대, 언덕 치, 골 동		(대치동)
	연상기억 : 산(山) 옆에 절(寺)에서 대치하니, 언덕 치			
❿ 痔	1급 11획	⑲ 痔疾 : 치질 치,	병 질	(치질)
	치질 치	⑳ 痔漏 : 치질 치,	샐 루	(치루)
	연상기억 : 스님들의 병(疒)은 좌선으로, 종일 절(寺)에 있으니, 치질 치			

맵핑 漢字 연상기억
말 물 勿 의 場
46강

10. 황홀할 홀 **惚**
- ⑲ 황홀
- ⑳ 홀망

9. 갑자기 홀 **忽**
- ⑰ 소홀
- ⑱ 홀연

4. 쉬울 이, 바꿀 역 **易**
- ⑦ 무역
- ⑧ 안이

1. 볕 양 **陽**
- ① 태양
- ② 양지

5. 줄 사 **賜**
- ⑨ 사약
- ⑩ 하사

말 물 **勿**

2. 날릴 양 **揚**
- ③ 게양
- ④ 지양

6. 주석 석 **錫**
- ⑪ 주석
- ⑫ 석장

3. 버들 양 **楊**
- ⑤ 수양
- ⑥ 양류

8. 말 물 **勿**
- ⑮ 물론
- ⑯ 물망초

7. 물건 물 **物**
- ⑬ 물건
- ⑭ 만물

| 154 |

漢字 자원(字源) 부수풀이 자동 연상기억

46일차 학습 말 물 勿

❶ 陽 볕 양	6급 12획 볕 양	① 太陽 : 클 태,	볕 양	(태양)
		② 陽地 : 볕 양,	땅 지	(양지)
	연상기억 : 언덕(阝) 위 아침(旦)에 떠오르는 태양이니, 볕 양			
❷ 揚 날릴 양	3Ⅱ급 12획 날릴 양	③ 揭揚 : 걸 게,	날릴 양	(게양)
		④ 止揚 : 그칠 지,	날릴 양	(지양)
	연상기억 : 들었던(扌) 깃발이 햇볕에 날리며 게양하니, 날릴 양			
❸ 楊 버들 양	3급 13획 버들 양	⑤ 水楊 : 물 수,	버들 양	(수양)
		⑥ 楊柳 : 버들 양,	버들 류	(양류)
	연상기억 : 나뭇가지(木)가 봄볕에 바뀌는(昜) 수양버들이니, 버들 양			
❹ 易 쉬울 이, 바꿀 역	6급 8획	⑦ 貿易 : 무역할 무,	바꿀 역	(무역)
		⑧ 安易 : 편안할 안,	쉬울 이	(안이)
	연상기억 : 도마뱀의 모양, 색(勿)이 햇볕(日)을 받아 무역으로 바꾸니, 바꿀 역			
❺ 賜 줄 사	3급 15획 줄 사	⑨ 賜藥 : 줄 사,	약 약	(사약)
		⑩ 下賜 : 아래 하,	줄 사	(하사)
	연상기억 : 조개(貝)를 교환하여(易) 돈으로 하사하니, 줄 사			
❻ 錫 주석 석	2급 16획 주석 석	⑪ 朱錫 : 붉을 주,	주석 석	(주석)
		⑫ 錫杖 : 주석 석,	지팡이 장	(석장)
	연상기억 : 쇠붙이(金)를 주석으로 바꾸니(易), 주석 석			
❼ 物 물건 물	7급 8획 물건 물	⑬ 物件 : 물건 물,	물건 건	(물건)
		⑭ 萬物 : 일만 만,	물건 물	(만물)
	연상기억 : 소(牛)의 갈비뼈(勿)는 물건이니, 물건 물			
❽ 勿 말 물	3Ⅱ급 4획 말 물	⑮ 勿論 : 말 물,	의논할 론	(물론)
		⑯ 勿忘草 : 말 물, 잊을 망, 풀 초		(물망초)
	연상기억 : 물결(勿) 같은 모양은 물론이니, 말 물			
❾ 忽 갑자기 홀	3Ⅱ급 8획 갑자기 홀	⑰ 疏忽 : 소통할 소,	갑자기 홀	(소홀)
		⑱ 忽然 : 갑자기 홀,	그러할 연	(홀연)
	연상기억 : 마음(心)이 깃발 날리듯 소홀히 하니, 갑자기 홀			
❿ 惚 황홀할 홀	1급 11획 황홀할 홀	⑲ 恍惚 : 황홀할 황,	황홀할 홀	(황홀)
		⑳ 惚茫 : 황홀할 홀,	아득할 망	(홀망)
	연상기억 : 갑자기(忽) 마음(忄)이 황홀하니, 황홀할 홀			

맵핑 漢字 연상기억

묶을 속 束의 場

47강

묶을 속 束

1. 익힐 련 練
   - ① 수련
   - ② 연습

2. 단련할 련 鍊
   - ③ 단련
   - ④ 연마

3. 달굴 련 煉
   - ⑤ 연탄
   - ⑥ 연와

7. 묶을 속 束
   - ⑬ 약속
   - ⑭ 결속

9. 어그러질 랄 剌
   - ⑰ 발랄
   - ⑱ 생기발랄

10. 두려워할 송 悚
    - ⑲ 죄송
    - ⑳ 송구

4. 난초 란 蘭
   - ⑦ 난초
   - ⑧ 난향

5. 난간 란 欄
   - ⑨ 난간
   - ⑩ 공란

6. 빛날 란 爛
   - ⑪ 찬란
   - ⑫ 난만

8. 빠를 속 速
   - ⑮ 속력
   - ⑯ 속도

| 156 |

漢字 자원(字源) 부수풀이 자동 연상기억

47일차 학습 묶을 속 束

한자 쓰기 연습

❶ 練
5급 15획	① 修練 : 닦을 수,	익힐 련	(수련)
익힐 련	② 練習 : 익힐 련,	익힐 습	(연습)

연상기억 : 실(糹)을 분간(束)하여 수련하니, 익힐 련

❷ 鍊
3Ⅱ급 17획	③ 鍛鍊 : 쇠불린 단,	단련할 련	(단련)
단련할 련	④ 鍊磨 : 단련할 련,	갈 마	(연마)

연상기억 : 쇠(金)의 성질을 분별하여(束) 연마하니, 단련할 련

❸ 煉
2급 13획	⑤ 煉炭 : 달굴 련,	숯 탄	(연탄)
달굴 련	⑥ 煉瓦 : 달굴 련,	기와 와	(연와)

연상기억 : 불(火)을 지펴 연탄으로 분간(束)하니, 달굴 련

❹ 蘭
3Ⅱ급 21획	⑦ 蘭草 : 난초 란,	풀 초	(난초)
난초 란	⑧ 蘭香 : 난초 란,	향기 향	(난향)

연상기억 : 풀(艹)이 자라 문틈으로 난초를 분간(束)하니, 난초 란

❺ 欄
3Ⅱ급 21획	⑨ 欄干 : 난간 란,	방패 간	(난간)
난간 란	⑩ 空欄 : 빌 공,	난간 란	(공란)

연상기억 : 나무(木)를 문(門)사이에 끼워 넣어 난간을 분간(束)하니, 난간 란

❻ 爛
2급 21획	⑪ 燦爛 : 빛날 찬,	빛날 란	(찬란)
빛날 란	⑫ 爛漫 : 빛날 란,	퍼질 만	(난만)

연상기억 : 불(火)이 문(門)사이를 분간(束)하여 찬란하게 밝히니, 빛난 란

❼ 束
5급 7획	⑬ 約束 : 맺을 약,	묶을 속	(약속)
묶을 속	⑭ 結束 : 맺을 결,	묶을 속	(결속)

연상기억 : 나무(木)를 줄로 묶어(口) 단단히 결속하니, 묶을 속

❽ 速
6급 11획	⑮ 速力 : 빠를 속,	힘 력	(속력)
빠를 속	⑯ 速度 : 빠를 속,	법도 도	(속도)

연상기억 : 묶어서(束) 전속력으로 달리니(辶), 빠를 속

❾ 剌
1급 9획	⑰ 潑剌 : 물뿌릴 발,	발랄할 랄	(발랄)
어그러질 랄	⑱ 生氣潑剌 : 날 생, 기운 기, 물뿌릴 발, 발랄할 랄 (생기발랄)		

연상기억 : 묶어서(束) 칼(刂)로 발랄하게 치니, 어그러질 랄

❿ 悚
1급 10획	⑲ 罪悚 : 허물 죄,	두려울 송	(죄송)
두려워할 송	⑳ 悚懼 : 두려울 송,	두려워할 구	(송구)

연상기억 : 마음(忄)을 결박(束)하여 송구하니, 두려워할 송

맵핑 漢字 연상기억

뭍 륙 陸의 場

48강

- 10. 더러울 설 褻
  - ⑲ 외설
  - ⑳ 외설물

- 9. 재주 예 藝
  - ⑰ 예술
  - ⑱ 예능

- 4. 불사를 소 燒
  - ⑦ 소각
  - ⑧ 연소

- 1. 화목할 목 睦
  - ① 화목
  - ② 친목

- 5. 새벽 효 曉
  - ⑨ 효성
  - ⑩ 효월

뭍 륙 陸

- 2. 뭍 륙 陸
  - ③ 육지
  - ④ 대륙

- 6. 넉넉할 요 饒
  - ⑪ 풍요
  - ⑫ 요부

- 3. 큰길 규 逵
  - ⑤ 규로
  - ⑥ 팔규

- 8. 형세 세 勢
  - ⑮ 기세
  - ⑯ 거세

- 7. 더울 열 熱
  - ⑬ 열기
  - ⑭ 가열

158

漢字 자원(字源) 부수풀이 자동 연상기억

48일차 학습 뭍 륙 陸

❶ 睦
- 3Ⅱ급 13획 / 화목할 목
- ① 和睦 : 화할 화, 화목할 목 (화목)
- ② 親睦 : 친할 친, 화목할 목 (친목)
- 연상기억 : 눈(目)웃음이 흙덩이(坴)처럼 화목하니, 화목할 목

❷ 陸
- 5급 11획 / 뭍 륙
- ③ 陸地 : 뭍 륙, 땅 지 (육지)
- ④ 大陸 : 큰 대, 뭍 륙 (대륙)
- 연상기억 : 언덕(阝)에 흙덩이(坴) 육지가 있으니, 뭍 륙

❸ 逵
- 1급 12획 / 큰길 규
- ⑤ 逵路 : 큰길 규, 길 로 (규로)
- ⑥ 八逵 : 여덟 팔, 큰길 규 (팔규)
- 연상기억 : 쉬엄쉬엄(辶)가는 언덕(坴)에 규로가 있으니, 큰길 규

❹ 燒
- 3급 16획 / 불사를 소
- ⑦ 燒却 : 불사를 소, 물리칠 각 (소각)
- ⑧ 燃燒 : 불사를 연, 불사를 소 (연소)
- 연상기억 : 불(火)을 높이(堯) 지피어 소각하니, 불사를 소

❺ 曉
- 3급 16획 / 새벽 효
- ⑨ 曉星 : 새벽 효, 별 성 (효성)
- ⑩ 曉月 : 새벽 효, 달 월 (효월)
- 연상기억 : 해(日)가 높이(堯) 효성이 떠오르니, 새벽 효

❻ 饒
- 1급 21획 / 넉넉할 요
- ⑪ 豊饒 : 풍년 풍, 넉넉할 요 (풍요)
- ⑫ 饒富 : 넉넉할 요, 부자 부 (요부)
- 연상기억 : 음식(食)을 높이(堯) 풍요롭게 쌓으니, 넉넉할 요

❼ 熱
- 5급 15획 / 더울 열
- ⑬ 熱氣 : 더울 열, 기운 기 (열기)
- ⑭ 加熱 : 더할 가, 더울 열 (가열)
- 연상기억 : 아궁이(坴)에 약(丸)을 넣고 불(灬)을 피워 가열하니, 더울 열

❽ 勢
- 4Ⅱ급 13획 / 형세 세
- ⑮ 氣勢 : 기운 기, 형세 세 (기세)
- ⑯ 去勢 : 갈 거, 형세 세 (거세)
- 연상기억 : 구덩이(坴)에서 약(丸)을 먹고 기세로 힘(力)을 가하니, 형세 세

❾ 藝
- 4Ⅱ급 19획 / 재주 예
- ⑰ 藝術 : 재주 예, 재주 술 (예술)
- ⑱ 藝能 : 재주 예, 능할 능 (예능)
- 연상기억 : 초목(艹)을 심어(埶) 잘 자라게 하는 재주가 예술로 이르니(云), 재주 예

❿ 褻
- 1급 17획 / 더러울 설
- ⑲ 猥褻 : 함부로 외, 더러울 설 (외설)
- ⑳ 猥褻物 : 함부로 외, 더러울 설, 물건 물 (외설물)
- 연상기억 : 돼지머리(亠)에 기예(埶) 옷(衣)을 입어 외설스러우니, 더러울 설

맵핑 漢字 연상기억
글 서 書의 場

49강

10. 깜부기불 신 爐
⑲ 신멸
⑳ 회신

9. 다할 진 盡
⑰ 진력
⑱ 극진

4. 그림 화 畵
⑦ 화가
⑧ 영화

1. 글 서 書
① 독서
② 서점

글 서
書

5. 그을 획 劃
⑨ 계획
⑩ 획책

2. 낮 주 晝
③ 주야
④ 야간

6. 굳셀 건 健
⑪ 건강
⑫ 건망

3. 세울 건 建
⑤ 건축
⑥ 건설

8. 붓 필 筆
⑮ 필기
⑯ 필적

7. 법칙 률 律
⑬ 법률
⑭ 규율

漢字 자원(字源) 부수풀이 자동 연상기억

49일차 학습 글 서 書

한자 쓰기 연습

❶ 書
- 6급 10획 / 글 서
- ① 讀書 : 읽을 독, 글 서 (독서)
- ② 書店 : 글 서, 가게 점 (서점)
- 연상기억 : 붓(聿)으로 말(曰)을 쓴 글을 독서하니, 글 서

❷ 晝
- 6급 11획 / 낮 주
- ③ 晝夜 : 낮 주, 밤 야 (주야)
- ④ 夜間 : 밤 야, 사이 간 (야간)
- 연상기억 : 아침(旦)에 해가 떠서 낮 동안 붓(聿)으로 주간을 표시하니, 낮 주

❸ 建
- 5급 9획 / 세울 건
- ⑤ 建築 : 세울 건, 쌓을 축 (건축)
- ⑥ 建設 : 세울 건, 베풀 설 (건설)
- 연상기억 : 붓(聿)으로 길게 당기듯(廴) 바로 세워 건축하니, 세울 건

❹ 畵
- 6급 13획 / 그림 화
- ⑦ 畵家 : 그림 화, 집 가 (화가)
- ⑧ 映畵 : 비칠 영, 그림 화 (영화)
- 연상기억 : 붓으로 밭(田)의 경계를 화가가 그리듯 그으니, 그림 화

❺ 劃
- 3Ⅱ급 14획 / 그을 획
- ⑨ 計劃 : 셀 계, 그을 획 (계획)
- ⑩ 劃策 : 그을 획, 꾀 책 (획책)
- 연상기억 : 화(畵)가가 논밭(田)의 경계를 그어(刂) 칼로 나누어 계획하니, 그을 획

❻ 健
- 5급 11획 / 굳셀 건
- ⑪ 健康 : 굳셀 건, 편안할 강 (건강)
- ⑫ 健忘 : 굳셀 건, 잊을 망 (건망)
- 연상기억 : 사람(亻)이 바르고 건강하게 서(建) 있으니, 굳셀 건

❼ 律
- 4Ⅱ급 9획 / 법칙 률
- ⑬ 法律 : 법 법, 법칙 률 (법률)
- ⑭ 規律 : 법 규, 법칙 률 (규율)
- 연상기억 : 사람들(亻)이 법칙을 붓(聿)으로 쓰니, 법칙 율

❽ 筆
- 5급 12획 / 붓 필
- ⑮ 筆記 : 붓 필, 기록할 기 (필기)
- ⑯ 筆跡 : 붓 필, 발자취 적 (필적)
- 연상기억 : 대나무(竹)로 만든 붓(聿)으로 필기하니, 붓 필

❾ 盡
- 4급 14획 / 다할 진
- ⑰ 盡力 : 다할 진, 힘 력 (진력)
- ⑱ 極盡 : 극진할 극, 다할 진 (극진)
- 연상기억 : 붓(聿)으로 불씨(灬)를 그릇(皿)에 그려 넣으니, 다할 진

❿ 燼
- 1급 18획 / 깜부기불 신
- ⑲ 燼滅 : 깜부기불 신, 멸할 멸 (신멸)
- ⑳ 灰燼 : 재 회, 깜부기불 신 (회신)
- 연상기억 : 타다 남은 불씨(火)가 다하여(盡) 신멸하니, 깜부기불 신

맵핑 漢字 연상기억
미칠 급 及의 場

50강

- 10. 미칠 급 及
  - ⑲ 보급
  - ⑳ 언급

- 9. 마실 흡 吸
  - ⑰ 호흡
  - ⑱ 흡연

- 4. 등급 급 級
  - ⑦ 계급
  - ⑧ 급장

- 1. 빼어날 수 秀
  - ① 우수
  - ② 수재

미칠 급
及

- 5. 길을 급 汲
  - ⑨ 급수
  - ⑩ 급급

- 2. 사무칠 투 透
  - ③ 투명
  - ④ 투철

- 6. 다룰 급 扱
  - ⑪ 취급주의
  - ⑫ 취급소

- 3. 꾈 유 誘
  - ⑤ 유혹
  - ⑥ 유괴

- 8. 찰 영 盈
  - ⑮ 영월
  - ⑯ 풍영

- 7. 아이밸 잉 孕
  - ⑬ 잉태
  - ⑭ 잉부

漢字 자원(字源) 부수풀이 자동 연상기억

50일차 학습 — 미칠 급 及

한자 쓰기 연습

❶ 秀
- 4급 7획
- 빼어날 수
- ① 優秀 : 넉넉할 우, 빼어날 수 (우수)
- ② 秀才 : 빼어날 수, 재주 재 (수재)
- **연상기억** : 벼(禾)가 알이 통통하여 이에(乃) 수재가 나오니, 빼어날 수

❷ 透
- 3급 11획
- 사무칠 투
- ③ 透明 : 사무칠 투, 밝을 명 (투명)
- ④ 透徹 : 사무칠 투, 통할 철 (투철)
- **연상기억** : 빼어나게(秀) 뛰어넘어(辶) 투철하니, 사무칠 투

❸ 誘
- 3Ⅱ급 14획
- 꾈 유
- ⑤ 誘惑 : 꾈 유, 미혹할 혹 (유혹)
- ⑥ 誘拐 : 꾈 유, 후릴 괴 (유괴)
- **연상기억** : 말(言)을 빼어나게(秀)하여 유혹하니, 꾈 유

❹ 級
- 6급 10획
- 등급 급
- ⑦ 階級 : 섬돌 계, 등급 급 (계급)
- ⑧ 級長 : 등급 급, 긴 장 (급장)
- **연상기억** : 실(糸)이 차례로 이어지듯(及) 계급이 있으니, 등급 급

❺ 汲
- 1급 7획
- 길을 급
- ⑨ 汲水 : 길을 급, 물 수 (급수)
- ⑩ 汲汲 : 길을 급, 길을 급 (급급)
- **연상기억** : 우물 물(氵)을 끌어(及)올리려 급수하니, 길을 급

❻ 扱
- 1급 7획
- 다룰 급
- ⑪ 取扱注意 : 취할 취, 다룰 급, 물댈 주, 뜻 의 (취급주의)
- ⑫ 取扱所 : 취할 취, 다룰 급, 바 소 (취급소)
- **연상기억** : 손(扌)으로 다루어(及) 취급하니, 다룰 급

❼ 孕
- 1급 5획
- 아이밸 잉
- ⑬ 孕胎 : 아이밸 잉, 아이밸 태 (잉태)
- ⑭ 孕婦 : 아이밸 잉, 며느리 부 (잉부)
- **연상기억** : 뱃속(乃)에 아이(子)가 잉태하니, 아이밸 잉

❽ 盈
- 2급 9획
- 찰 영
- ⑮ 盈月 : 찰 영, 달 월 (영월)
- ⑯ 豊盈 : 풍년 풍, 찰 영 (풍영)
- **연상기억** : 가득히(乃) 오른손(又)으로 그릇(皿)을 풍영하게 채우니, 찰 영

❾ 吸
- 3Ⅱ급 4획
- 마실 흡
- ⑰ 呼吸 : 부를 호, 마실 흡 (호흡)
- ⑱ 吸煙 : 마실 흡, 연기 연 (흡연)
- **연상기억** : 입(口)을 통하여 숨이 폐까지 미치게(及) 호흡하니, 마실 흡

❿ 及
- 3Ⅱ급 4획
- 미칠 급
- ⑲ 普及 : 넓을 보, 미칠 급 (보급)
- ⑳ 言及 : 말씀 언, 미칠 급 (언급)
- **연상기억** : 앞사람(人)을 잡을 수 있는(又) 거리에서 보급하니, 미칠 급

맵핑 漢字 연상기억

던질 투 投의 場

51강

10. 층계 단 段
⑲ 계단
⑳ 수단

毁 9. 헐 훼
⑰ 훼손
⑱ 훼방

4. 칠 격 擊
⑦ 추격
⑧ 격추

穀 1. 곡식 곡
① 곡식
② 양곡

5. 죽일 살 殺
⑨ 살해
⑩ 살인

殼 2. 껍질 각
③ 지각
④ 패각

던질 투 投

疫 3. 전염병 역
⑤ 방역
⑥ 홍역

6. 베풀 설 設
⑪ 시설
⑫ 설치

役 7. 부릴 역
⑬ 병역
⑭ 용역

8. 던질 투 投
⑮ 투자
⑯ 투기

漢字 자원(字源) 부수풀이 자동 연상기억

51일차 학습 던질 투 投

❶ 穀

4급 15획	① 穀食 : 곡식 곡,	밥 식	(곡식)
곡식 곡	② 糧穀 : 양식 양,	곡식 곡	(양곡)

연상기억 : 껍질이 있는 벼(禾)를 쳐서 곡식이 되니, 곡식 곡

❷ 殼

1급 12획	③ 地殼 : 땅 지,	껍질 각	(지각)
껍질 각	④ 貝殼 : 조개 패,	껍질 각	(패각)

연상기억 : 선비(士)가 막대기로 친(殳) 껍질이 지각에 쌓이니, 껍질 각

❸ 疫

3급 9획	⑤ 防疫 : 막을 방,	전염병 역	(방역)
전염병 역	⑥ 紅疫 : 붉을 홍,	전염병 역	(홍역)

연상기억 : 병(疒)이 쳐들어와(殳) 홍역을 옮기니, 전염병 역

❹ 擊

4급 17획	⑦ 追擊 : 따를 추,	칠 격	(추격)
칠 격	⑧ 擊墜 : 칠 격,	떨어질 추	(격추)

연상기억 : 전차(車)를 굴려 손(手)으로 쳐(殳) 격추하니, 칠 격

❺ 殺

4Ⅱ급 11획	⑨ 殺害 : 죽일 살,	해할 해	(살해)
죽일 살	⑩ 殺人 : 죽일 살,	사람 인	(살인)

연상기억 : 사람을 나무(木)에 묶고 몽둥이(殳)로 쳐 살해하니, 죽일 살

❻ 設

4Ⅱ급 11획	⑪ 施設 : 베풀 시,	베풀 설	(시설)
베풀 설	⑫ 設置 : 베풀 설,	둘 치	(설치)

연상기억 : 말(言)로 쳐서(殳) 설명하니, 베풀 설

❼ 役

3Ⅱ급 7획	⑬ 兵役 : 병사 병,	부릴 역	(병역)
부릴 역	⑭ 用役 : 쓸 용,	부릴 역	(용역)

연상기억 : 조금 걷는(彳) 사람에게 몽둥이(殳)로 치며 용역으로 부리니, 부릴 역

❽ 投

4급 7획	⑮ 投資 : 던질 투,	재물 자	(투자)
던질 투	⑯ 投寄 : 던질 투,	틀 기	(투기)

연상기억 : 손(扌)으로 창(殳)을 던지듯 돈을 투자하니, 던질 투

❾ 毁

3급 13획	⑰ 毁損 : 헐 훼,	덜 손	(훼손)
헐 훼	⑱ 毁謗 : 헐 훼,	헐뜯을 방	(훼방)

연상기억 : 절구통(臼)에 장인(工)이 몽둥이(殳)로 쌀을 쓿듯이 훼방하니, 헐 훼

❿ 段

4급 9획	⑲ 階段 : 섬돌 계,	층계 단	(계단)
층계 단	⑳ 手段 : 손 수,	층계 단	(수단)

연상기억 : 몽둥이(殳)로 물건을 쳐서 끝(耑)이 조각이 되어 계단을 이루니, 층계 단

맵핑 漢字 연상기억

소리 음 音의 場

52강

- 10. 어두울 암 **暗**
  - ⑲ 암송
  - ⑳ 암기

- 9. 소리 음 **音**
  - ⑰ 음악
  - ⑱ 음색

- 4. 마침내 경 **竟**
  - ⑦ 필경
  - ⑧ 구경

- 1. 억 억 **億**
  - ① 억조창생
  - ② 억만장자

- 5. 지경 경 **境**
  - ⑨ 국경
  - ⑩ 경계

- 2. 생각 억 **憶**
  - ③ 기억
  - ④ 추억

소리 음 **音**

- 6. 거울 경 **鏡**
  - ⑪ 경대
  - ⑫ 안경

- 3. 가슴 억 **臆**
  - ⑤ 억측
  - ⑥ 억설

- 8. 막힐 장 **障**
  - ⑮ 장애
  - ⑯ 장벽

- 7. 글월 장 **章**
  - ⑬ 문장
  - ⑭ 장구

漢字 자원(字源) 부수풀이 자동 연상기억

52일차 학습 소리 음 音

한자 쓰기 연습

❶ 億
- 5급 15획 / 억 억
- ① 億兆蒼生 : 억 억, 억조 조, 푸를 창, 날 생 (억조창생)
- ② 億萬長者 : 억 억, 일만 만, 긴 장, 놈 자 (억만장자)
- 연상기억 : 사람(亻)이 뜻(意)이 있어야 억만장자의 부자가 되니, 억 억

❷ 憶
- 3Ⅱ급 16획 / 생각 억
- ③ 記憶 : 기록할 기, 생각 억 (기억)
- ④ 追憶 : 따를 추, 생각 억 (추억)
- 연상기억 : 마음속(忄)에 뜻(意)이 있으면 추억이 생각나니, 생각 억

❸ 臆
- 1급 17획 / 가슴 억
- ⑤ 臆測 : 가슴 억, 헤아릴 측 (억측)
- ⑥ 臆說 : 가슴 억, 말씀 설 (억설)
- 연상기억 : 생각(意)을 가슴(月)에 담아 억측하니, 가슴 억

❹ 竟
- 3급 11획 / 마침내 경
- ⑦ 畢竟 : 마칠 필, 마침내 경 (필경)
- ⑧ 究竟 : 연구할 구, 마침내 경 (구경)
- 연상기억 : 음악 소리(音)를 다 내고 끝에 서 있으니(儿), 마침내 경

❺ 境
- 4Ⅱ급 14획 / 지경 경
- ⑨ 國境 : 나라 국, 지경 경 (국경)
- ⑩ 境界 : 지경 경, 지경 계 (경계)
- 연상기억 : 땅(土)의 끝 부분이(竟) 경계이니, 지경 경

❻ 鏡
- 4급 19획 / 거울 경
- ⑪ 鏡臺 : 거울 경, 집 대 (경대)
- ⑫ 眼鏡 : 눈 안, 거울 경 (안경)
- 연상기억 : 쇠(金)로 도금을 해서 마침내(竟) 안경을 만드니, 거울 경

❼ 章
- 6급 11획 / 글월 장
- ⑬ 文章 : 글월 문, 글월 장 (문장)
- ⑭ 章句 : 글월 장, 글귀 구 (장구)
- 연상기억 : 소리(音)를 합쳐서(十) 문장으로 만드니, 글월 장

❽ 障
- 4Ⅱ급 14획 / 막힐 장
- ⑮ 障礙 : 막힐 장, 거리낄 애 (장애)
- ⑯ 障壁 : 막힐 장, 벽 벽 (장벽)
- 연상기억 : 글(章) 읽는 소리가 언덕(阝)에 막혀 장애가 생기니, 막힐 장

❾ 音
- 6급 9획 / 소리 음
- ⑰ 音樂 : 소리 음, 노래 악 (음악)
- ⑱ 音色 : 소리 음, 빛 색 (음색)
- 연상기억 : 말씀언(言·口)의 소리(一), 서서(立) 입에서 나오는 소리이니, 소리 음

❿ 暗
- 4Ⅱ급 13획 / 어두울 암
- ⑲ 暗誦 : 어두울 암, 욀 송 (암송)
- ⑳ 暗記 : 어두울 암, 기록할 기 (암기)
- 연상기억 : 해(日)가 져서 소리(音)만 들리는 어두운 곳에서 암기하니, 어두울 암

맵핑 漢字 연상기억

없을 막 莫의 場 — 53강

- 10. 없을 막 莫
  - ⑲ 막급
  - ⑳ 막심

- 9. 무덤 묘 墓
  - ⑰ 성묘
  - ⑱ 묘소

- 4. 넓을 막 漠
  - ⑦ 사막
  - ⑧ 막연

- 1. 모을 모 募
  - ① 모집
  - ② 공모

- 없을 막 莫

- 5. 장막 막 幕
  - ⑨ 장막
  - ⑩ 천막

- 2. 저물 모 暮
  - ③ 모경
  - ④ 세모

- 6. 꺼풀 막 膜
  - ⑪ 고막
  - ⑫ 결막

- 3. 사모할 모 慕
  - ⑤ 사모
  - ⑥ 모정

- 8. 본뜰 모 模
  - ⑮ 모양
  - ⑯ 모형

- 7. 찾을 모 摸
  - ⑬ 모색
  - ⑭ 암중모색

漢字 자원(字源) 부수풀이 자동 연상기억

53일차 학습 없을 막 莫

한자 쓰기 연습

❶ 募

| 3급 13획 | ① 募集 : 모을 모, | 모을 집 | (모집) |
| 모을 모 | ② 公募 : 공평할 공, | 모을 모 | (공모) |

연상기억 : 저물어(莫) 힘(力)을 다하여 사람을 모집하니, 모을 모

❷ 暮

| 3급 15획 | ③ 暮景 : 저물 모, | 볕 경 | (모경) |
| 저물 모 | ④ 歲暮 : 세월 세, | 저물 모 | (세모) |

연상기억 : 한 해(日)가 떨어져 저물어(莫) 세모이니, 저물 모

❸ 慕

| 3Ⅱ급 15획 | ⑤ 思慕 : 생각 사, | 사모할 모 | (사모) |
| 사모할 모 | ⑥ 慕情 : 사모할 모, | 뜻 정 | (모정) |

연상기억 : 날이 저물어(莫) 그립고 아쉬운 마음(㣺)으로 사모하니, 사모할 모

❹ 漠

| 3Ⅱ급 14획 | ⑦ 沙漠 : 모래 사, | 넓을 막 | (사막) |
| 넓을 막 | ⑧ 漠然 : 넓을 막, | 그럴 연 | (막연) |

연상기억 : 물(氵)이 없어(莫) 넓은 사막이니, 넓을 막

❺ 幕

| 3Ⅱ급 14획 | ⑨ 帳幕 : 장막 장, | 장막 막 | (장막) |
| 장막 막 | ⑩ 天幕 : 하늘 천, | 장막 막 | (천막) |

연상기억 : 해가 저물어(莫) 천막에서 수건(巾)을 덮고 자니, 장막 막

❻ 膜

| 2급 15획 | ⑪ 鼓膜 : 북 고, | 꺼풀 막 | (고막) |
| 꺼풀 막 | ⑫ 結膜 : 맺을 결, | 꺼풀 막 | (결막) |

연상기억 : 몸(月)의 눈이나 귀의 꺼풀(莫)로 고막이니, 꺼풀 막

❼ 摸

| 1급 14획 | ⑬ 摸索 : 찾을 모, | 찾을 색 | (모색) |
| 찾을 모 | ⑭ 暗中摸索 : 어두울 암, 가운데 중, 찾을 모, 찾을 색 | | (암중모색) |

연상기억 : 손(扌)으로 어두운 곳에서(莫) 더듬어 찾으니, 찾을 모

❽ 模

| 4급 15획 | ⑮ 模樣 : 본뜰 모, | 모양 양 | (모양) |
| 본뜰 모 | ⑯ 模型 : 본뜰 모, | 모양 형 | (모형) |

연상기억 : 나무(木)로 모양을 본뜬 안은 어두컴컴하니(莫), 본뜰 모

❾ 墓

| 4급 14획 | ⑰ 省墓 : 살필 성, | 무덤 묘 | (성묘) |
| 무덤 묘 | ⑱ 墓所 : 무덤 묘, | 바 소 | (묘소) |

연상기억 : 사람의 인생이 저물면(莫) 땅(土)에 묻어 성묘하니, 무덤 묘

❿ 莫

| 3Ⅱ급 11획 | ⑲ 莫及 : 없을 막, | 미칠 급 | (막급) |
| 없을 막 | ⑳ 莫甚 : 없을 막, | 심할 심 | (막심) |

연상기억 : 해(日)는 잡초(艹)가 많은(大) 곳으로 지니, 없을 막

맵핑 漢字 연상기억

귀이 耳의 場

54강

10. 모을 취 聚
- ⑲ 취락
- ⑳ 적취

娶 9. 장가들 취
- ⑰ 혼취
- ⑱ 취처

4. 귀 이 耳
- ⑦ 이목구비
- ⑧ 이명

取 1. 가질 취
- ① 취급
- ② 취득

귀 이 耳

5. 귀고리 이 珥
- ⑨ 이이
- ⑩ 이계

最 2. 가장 최
- ③ 최고
- ④ 최상

6. 먹이 이 餌
- ⑪ 이유식
- ⑫ 식이

撮 3. 취할 촬
- ⑤ 촬영
- ⑥ 촬요

8. 모을 총 叢
- ⑮ 총서
- ⑯ 논총

趣 7. 뜻 취
- ⑬ 취지
- ⑭ 취향

170

漢字 자원(字源) 부수풀이 자동 연상기억

54일차 학습 귀 이 耳

한자 쓰기 연습

❶ 取
- 4Ⅱ급 8획 / 가질 취
  - ① 取扱 : 가질 취, 다룰 급 (취급)
  - ② 取得 : 가질 취, 얻을 득 (취득)
- 연상기억 : 적의 귀(耳)를 오른손(又)에 가져와 취득하니, 가질 취

❷ 最
- 5급 12획 / 가장 최
  - ③ 最高 : 가장 최, 높을 고 (최고)
  - ④ 最上 : 가장 최, 윗 상 (최상)
- 연상기억 : 위험을 무릅쓰고(冒) 가져와(取) 최고이니, 가장 최

❸ 撮
- 1급 15획 / 취할 촬
  - ⑤ 撮影 : 취할 촬, 그림자 영 (촬영)
  - ⑥ 撮要 : 취할 촬, 요긴할 요 (촬요)
- 연상기억 : 손(扌)으로 최고(最)의 것을 찍어 촬영하니, 취할 촬

❹ 耳
- 5급 6획 / 귀 이
  - ⑦ 耳目口鼻 : 귀 이, 눈 목, 입 구, 코 비 (이목구비)
  - ⑧ 耳鳴 : 귀 이, 울 명 (이명)
- 연상기억 : 사람의 귀 모양을 보고 만들어진 글자이니, 귀 이

❺ 珥
- 2급 10획 / 귀고리 이
  - ⑨ 李珥 : 오얏 리, 귀고리 이 (이이)
  - ⑩ 珥笄 : 귀고리 이, 비녀 계 (이계)
- 연상기억 : 옥으로(玉) 만든 귀(耳) 장식품이니, 귀고리 이

❻ 餌
- 1급 15획 / 먹이 이
  - ⑪ 離乳食 : 먹이 이, 어릴 유, 밥 식 (이유식)
  - ⑫ 食餌 : 먹을 식, 먹이 이 (식이)
- 연상기억 : 음식(食) 중 귓불(耳)처럼 부드러운 이유식을 먹이니, 먹이 이

❼ 趣
- 4급 15획 / 뜻 취
  - ⑬ 趣旨 : 뜻 취, 뜻 지 (취지)
  - ⑭ 趣向 : 뜻 취, 향할 향 (취향)
- 연상기억 : 같은 뜻을 가지고(取) 달리니(走), 뜻 취

❽ 叢
- 1급 18획 / 모을 총
  - ⑮ 叢書 : 모을 총, 글 서 (총서)
  - ⑯ 論叢 : 논할 론, 모을 총 (논총)
- 연상기억 : 무더기 풀을 모아 많은 것을 가지니(取), 모을 총

❾ 娶
- 1급 11획 / 장가들 취
  - ⑰ 婚娶 : 혼인할 혼, 장가들 취 (혼취)
  - ⑱ 娶妻 : 장가들 취, 아내 처 (취처)
- 연상기억 : 여자(女)를 데려다 의지(取)하니, 장가들 취

❿ 聚
- 2급 14획 / 모을 취
  - ⑲ 聚落 : 모을 취, 떨어질 락 (취락)
  - ⑳ 積聚 : 쌓을 적, 모을 취 (적취)
- 연상기억 : 사람들을 물(水)밀 듯이 모아서 취하니(取), 모을 취

맵핑 漢字 연상기억

받을 봉 奉의 場

55강

- 10. 벌 봉 蜂
  - ⑲ 봉기
  - ⑳ 봉밀
- 9. 산봉우리 봉 峯
  - ⑰ 설봉
  - ⑱ 운봉
- 4. 만날 봉 逢
  - ⑦ 상봉
  - ⑧ 봉변
- 1. 받들 봉 奉
  - ① 봉사
  - ② 봉양
- 5. 쑥 봉 蓬
  - ⑨ 봉래산
  - ⑩ 봉우
- 2. 녹 봉 俸
  - ③ 봉급
  - ④ 박봉

받을 봉 奉

- 6. 꿰맬 봉 縫
  - ⑪ 봉제
  - ⑫ 봉합
- 3. 몽둥이 봉 棒
  - ⑤ 곤봉
  - ⑥ 지휘봉
- 8. 칼끝 봉 鋒
  - ⑮ 선봉
  - ⑯ 필봉
- 7. 봉화 봉 烽
  - ⑬ 봉화
  - ⑭ 봉군

172

漢字 자원(字源) 부수풀이 자동 연상기억

55일차 학습 받들 봉 奉

한자 쓰기 연습

❶ 奉
- 5급 8획 / 받들 봉
  - ① 奉仕 : 받들 봉, 벼슬 사 (봉사)
  - ② 奉養 : 받들 봉, 기를 양 (봉양)
- **연상기억** : 무성한(丰) 풀을 모아 두 손(手)으로 받드니, 받들 봉

❷ 俸
- 2급 10획 / 녹 봉
  - ③ 俸給 : 녹 봉, 줄 급 (봉급)
  - ④ 薄俸 : 엷을 박, 녹 봉 (박봉)
- **연상기억** : 사람(亻)이 일을 받들어(奉) 봉급을 받으니, 녹 봉

❸ 棒
- 1급 12획 / 몽둥이 봉
  - ⑤ 棍棒 : 몽둥이 곤, 몽둥이 봉 (곤봉)
  - ⑥ 指揮棒 : 가리킬 지, 휘두를 휘, 몽둥이 봉 (지휘봉)
- **연상기억** : 나무(木)를 두 손으로 받들어(奉) 지휘봉이니, 몽둥이 봉

❹ 逢
- 3Ⅱ급 11획 / 만날 봉
  - ⑦ 相逢 : 서로 상, 만날 봉 (상봉)
  - ⑧ 逢變 : 만날 봉, 변할 변 (봉변)
- **연상기억** : 사람이 나가서(辶) 만나(夆) 상봉하니, 만날 봉

❺ 蓬
- 2급 15획 / 쑥 봉
  - ⑨ 蓬萊山 : 쑥 봉, 명아주 래, 메 산 (봉래산)
  - ⑩ 蓬宇 : 쑥 봉, 집 우 (봉우)
- **연상기억** : 봉래산 쑥 풀이(艹) 만난(逢) 것이니, 쑥 봉

❻ 縫
- 2급 17획 / 꿰맬 봉
  - ⑪ 縫製 : 꿰맬 봉, 지을 제 (봉제)
  - ⑫ 縫合 : 꿰맬 봉, 합할 합 (봉합)
- **연상기억** : 실(糸)로 떨어진 사이를 합쳐(逢) 봉합하니, 꿰맬 봉

❼ 烽
- 1급 11획 / 봉화 봉
  - ⑬ 烽火 : 봉화 봉, 불 화 (봉화)
  - ⑭ 烽軍 : 봉화 봉, 군사 군 (봉군)
- **연상기억** : 불(火)을 들고 만난(夆) 것은 봉수대이니, 봉화 봉

❽ 鋒
- 1급 15획 / 칼끝 봉
  - ⑮ 筆鋒 : 붓 필, 칼끝 봉 (필봉)
  - ⑯ 先鋒 : 먼저 선, 칼끝 봉 (선봉)
- **연상기억** : 쇠(金)가 뾰족하여 칼끝으로 만나니(夆), 칼끝 봉

❾ 峯
- 3Ⅱ급 10획 / 산봉우리 봉
  - ⑰ 雪峯 : 눈 설, 봉우리 봉 (설봉)
  - ⑱ 雲峯 : 구름 운, 봉우리 봉 (운봉)
- **연상기억** : 산(山)에서 만나는(夆) 곳은 설봉이니, 산봉우리 봉

❿ 蜂
- 3급 13획 / 벌 봉
  - ⑲ 蜂起 : 벌 봉, 일어날 기 (봉기)
  - ⑳ 蜂蜜 : 벌 봉, 꿀 밀 (봉밀)
- **연상기억** : 곤충이(虫) 자주 만나는(夆) 것은 꿀벌이 있으니, 벌 봉

맵핑 漢字 연상기억
콩 두 豆의 場

56강

- 10. 등불 등 **燈**
  - ⑲ 등대
  - ⑳ 등잔
- 9. 오를 등 **登**
  - ⑰ 등산
  - ⑱ 등정
- 4. 북 고 **鼓**
  - ⑦ 고취
  - ⑧ 장고
- 1. 풍년 풍 **豊**
  - ① 풍년
  - ② 풍요
- 5. 나무 수 **樹**
  - ⑨ 수목
  - ⑩ 식수
- 2. 몸 체 **體**
  - ③ 체육
  - ④ 육체
- 6. 부엌 주 **廚**
  - ⑪ 주방
  - ⑫ 포주
- 3. 예도 례 **禮**
  - ⑤ 예배
  - ⑥ 예절
- 8. 짧을 단 **短**
  - ⑮ 단기
  - ⑯ 단축
- 7. 한 일 **壹**
  - ⑬ 일시
  - ⑭ 일의

콩 두 豆

漢字 자원(字源) 부수풀이 자동 연상기억

56일차 학습 콩 두 豆

한자 쓰기 연습

❶ 豊

4급 13획	① 豊年 : 풍년 풍,	해 년	(풍년)
풍년 풍	② 豊饒 : 풍년 풍,	넉넉할 요	(풍요)

연상기억 : 제사 제물(豆)이 가득 담은(曲) 풍년이니, 풍년 풍

❷ 體

6급 23획	③ 體育 : 몸 체,	기를 육	(체육)
몸 체	④ 肉體 : 고기 육,	몸 체	(육체)

연상기억 : 사람 몸은 뼈(骨)와 풍성한(豊) 오장육부로 되어있으니, 몸 체

❸ 禮

6급 18획	⑤ 禮拜 : 예도 례,	절 배	(예배)
예도 례	⑥ 禮節 : 예도 례,	마디 절	(예절)

연상기억 : 조상에게 음식을 풍성하게(豊) 하여 제사(示)를 지내니, 예도 례

❹ 鼓

3Ⅱ급 13획	⑦ 鼓吹 : 북 고,	불 취	(고취)
북 고	⑧ 杖鼓 : 지팡이 장,	북 고	(장고)

연상기억 : 악기(豆)를 치니(支), 북 고

❺ 樹

6급 16획	⑨ 樹木 : 나무 수,	나무 목	(수목)
나무 수	⑩ 植樹 : 심을 식,	나무 수	(식수)

연상기억 : 나무(木)를 세워(尌) 식수하니, 나무 수

❻ 廚

1급 15획	⑪ 廚房 : 부엌 주,	방 방	(주방)
부엌 주	⑫ 庖廚 : 부엌 포,	부엌 주	(포주)

연상기억 : 집(广) 한쪽에 세워진(尌) 곳이 주방이니, 부엌 주

❼ 壹

2급 12획	⑬ 壹是 : 한 일,	옳을 시	(일시)
한 일	⑭ 壹意 : 한 일,	뜻 의	(일의)

연상기억 : 덮여(冖) 있는 콩(豆)을 선비가 세니, 한 일

❽ 短

6Ⅱ급 13획	⑮ 短期 : 짧을 단,	기약할 기	(단기)
짧을 단	⑯ 短縮 : 짧을 단,	줄일 축	(단축)

연상기억 : 화살(矢)이 콩(豆)처럼 짧아 단축되니, 짧을 단

❾ 登

7급 12획	⑰ 登山 : 오를 등,	메 산	(등산)
오를 등	⑱ 登頂 : 오를 등,	정수리 정	(등정)

연상기억 : 피어오르는(癶) 콩(豆)처럼 작게 보이는 등산객이니, 오를 등

❿ 燈

4Ⅱ급 16획	⑲ 燈臺 : 등불 등,	집 대	(등대)
등불 등	⑳ 燈盞 : 등불 등,	잔 잔	(등잔)

연상기억 : 불(火)을 들고 산에 올라(登) 등잔을 켜니, 등불 등

맵핑 漢字 연상기억
글귀 구 句의 場
57강

10. 대포 포 砲
⑲ 포격
⑳ 대포

胞 9. 세포 포
⑰ 세포
⑱ 교포

4. 공경할 경 敬
⑦ 경로
⑧ 존경

句 1. 글귀 구
① 구절
② 구문

글귀 구
句

5. 깨우칠 경 警
⑨ 경계
⑩ 경찰

拘 2. 잡을 구
③ 구금
④ 구속

6. 놀랄 경 驚
⑪ 경악
⑫ 경이

狗 3. 개 구
⑤ 황구
⑥ 해구

8. 안을 포 抱
⑮ 포옹
⑯ 포부

包 7. 쌀 포
⑬ 포용
⑭ 포장

漢字 자원(字源) 부수풀이 자동 연상기억

57일차 학습 글귀 구 句

❶ 句
- 4Ⅱ급 5획 / 글귀 구
- ① 句節: 글귀 구, 마디 절 (구절)
- ② 句文: 글귀 구, 글월 문 (구문)
- 연상기억: 말을 하는 입(口)을 싸는(勹) 입 모양이니, 글귀 구

❷ 拘
- 3Ⅱ급 8획 / 잡을 구
- ③ 拘禁: 잡을 구, 금할 금 (구금)
- ④ 拘束: 잡을 구, 묶을 속 (구속)
- 연상기억: 손(扌)으로 구부려(句) 구속하니, 잡을 구

❸ 狗
- 3급 8획 / 개 구
- ⑤ 黃狗: 누를 황, 개 구 (황구)
- ⑥ 海狗: 바다 해, 개 구 (해구)
- 연상기억: 누런 개(犭)가 구부려(句) 황구이니, 개 구

❹ 敬
- 5급 13획 / 공경할 경
- ⑦ 敬老: 공경할 경, 늙을 로 (경로)
- ⑧ 尊敬: 높을 존, 공경할 경 (존경)
- 연상기억: 진실로(苟) 채찍(攵)하여 존경하니, 공경할 경

❺ 警
- 4Ⅱ급 20획 / 깨우칠 경
- ⑨ 警戒: 깨우칠 경, 경계할 계 (경계)
- ⑩ 警察: 깨우칠 경, 살필 찰 (경찰)
- 연상기억: 말(言)을 조심히 하여 공경하고(敬) 경계하니, 깨우칠 경

❻ 驚
- 4급 23획 / 놀랄 경
- ⑪ 驚愕: 놀랄 경, 놀랄 악 (경악)
- ⑫ 驚異: 놀랄 경, 다를 이 (경이)
- 연상기억: 말(馬)이 경악하지 않도록 조심하니(敬), 놀랄 경

❼ 包
- 4Ⅱ급 5획 / 쌀 포
- ⑬ 包容: 쌀 포, 얼굴 용 (포용)
- ⑭ 包裝: 쌀 포, 꾸밀 장 (포장)
- 연상기억: 태아(巳)를 뱃속에 싸듯(勹) 포장하니, 쌀 포

❽ 抱
- 3급 8획 / 안을 포
- ⑮ 抱擁: 안을 포, 안을 옹 (포옹)
- ⑯ 抱負: 안을 포, 질 부 (포부)
- 연상기억: 두 팔로(扌) 안아 싸며(包) 포옹하니, 안을 포

❾ 胞
- 4급 9획 / 세포 포
- ⑰ 細胞: 가늘 세, 세포 포 (세포)
- ⑱ 僑胞: 더부살이 교, 세포 포 (교포)
- 연상기억: 태아(巳)를 싸고(勹) 있는 세포(月)이니, 세포 포

❿ 砲
- 4Ⅱ급 10획 / 대포 포
- ⑲ 砲擊: 대포 포, 칠 격 (포격)
- ⑳ 大砲: 큰 대, 대포 포 (대포)
- 연상기억: 돌(石)을 싸서(包) 던져 포격하니, 대포 포

맵핑 漢字 연상기억

벼 화 禾의 場

58강

벼 화 禾

- 9. 벼 화 禾
  - ⑰ 화곡
  - ⑱ 화묘
- 10. 화할 화 和
  - ⑲ 화목
  - ⑳ 화해
- 1. 이할 리 利
  - ① 이득
  - ② 편리
- 2. 배 리 梨
  - ③ 이원
  - ④ 이화
- 3. 이질 리 痢
  - ⑤ 이질
  - ⑥ 이증
- 4. 사사 사 私
  - ⑦ 사유
  - ⑧ 사설
- 5. 계절 계 季
  - ⑨ 계절
  - ⑩ 춘계
- 6. 맡길 위 委
  - ⑪ 위임
  - ⑫ 위탁
- 7. 가을 추 秋
  - ⑬ 추수
  - ⑭ 추호
- 8. 근심 수 愁
  - ⑮ 수심
  - ⑯ 애수

漢字 자원(字源) 부수풀이 자동 연상기억

58일차 학습 — 벼 화 禾

한자 쓰기 연습

❶ 利
- 6급 7획 — 이할 리
  - ① 利得 : 이할 리, 얻을 득 (이득)
  - ② 便利 : 편안할 편, 이할 리 (편리)
- 연상기억 : 벼(禾)를 낫으로 베어(刂) 이득이 생기니, 이할 리

❷ 梨
- 3급 11획 — 배 리
  - ③ 梨園 : 배 리, 동산 원 (이원)
  - ④ 梨花 : 배 리, 꽃 화 (이화)
- 연상기억 : 이득(利)이 있는 나무는 배나무이니, 배 리

❸ 痢
- 1급 12획 — 이질 리
  - ⑤ 痢疾 : 이질 리, 병 질 (이질)
  - ⑥ 痢症 : 이질 리, 증세 증 (이증)
- 연상기억 : 이득(利)이 있는 것을 먹었는데 설사가 나니, 이질 리

❹ 私
- 4급 7획 — 사사 사
  - ⑦ 私有 : 사사 사, 있을 유 (사유)
  - ⑧ 私設 : 사사 사, 말씀 설 (사설)
- 연상기억 : 벼(禾)가 사사로이(厶) 쓰이니, 사사 사

❺ 季
- 4급 8획 — 계절 계
  - ⑨ 季節 : 계절 계, 마디 절 (계절)
  - ⑩ 春季 : 봄 춘, 계절 계 (춘계)
- 연상기억 : 벼(禾)의 아들(子)이 사계절마다 있으니, 계절 계

❻ 委
- 4급 8획 — 맡길 위
  - ⑪ 委任 : 맡길 위, 맡길 임 (위임)
  - ⑫ 委託 : 맡길 위, 부탁할 탁 (위탁)
- 연상기억 : 곡식(禾)을 아내(女)에게 위임하니, 맡길 위

❼ 秋
- 7급 9획 — 가을 추
  - ⑬ 秋收 : 가을 추, 걷을 수 (추수)
  - ⑭ 秋毫 : 가을 추, 터럭 호 (추호)
- 연상기억 : 벼(禾)가 익으면 불빛(秋) 같아 추수하니, 가을 추

❽ 愁
- 3Ⅱ급 13획 — 근심 수
  - ⑮ 愁心 : 근심 수, 마음 심 (수심)
  - ⑯ 哀愁 : 슬플 애, 근심 수 (애수)
- 연상기억 : 가을(秋)에 겨울이 오는 것을 걱정하니(心), 근심 수

❾ 禾
- 3급 5획 — 벼 화
  - ⑰ 禾穀 : 벼 화, 곡식 곡 (화곡)
  - ⑱ 禾苗 : 벼 화, 싹 묘 (화묘)
- 연상기억 : 식물(木)이 익으면 고개 숙이니, 벼 화

❿ 和
- 6급 8획 — 화할 화
  - ⑲ 和睦 : 화할 화, 화목할 목 (화목)
  - ⑳ 和解 : 화할 화, 풀 해 (화해)
- 연상기억 : 벼(禾)를 같이 나누어 먹어(口) 화목하니, 화할 화

맵핑 漢字 연상기억

가운데 중 中의 場 — 59강

10. 화할 충 沖
⑲ 최충
⑳ 충적

9. 충성 충 忠
⑰ 충성
⑱ 충신

4. 비칠 영 映
⑦ 영화
⑧ 영상

1. 가운데 앙 央
① 중앙
② 중앙정부

5. 꽃부리 영 英
⑨ 영재
⑩ 영웅

가운데 중 中

2. 재앙 앙 殃
③ 재앙
④ 천앙

6. 옥빛 영 瑛
⑪ 남영
⑫ 적영

3. 모 앙 秧
⑤ 이앙
⑥ 이앙기

8. 버금 중 仲
⑮ 중개
⑯ 중재

7. 가운데 중 中
⑬ 중앙
⑭ 중심

漢字 자원(字源) 부수풀이 자동 연상기억

59일차 학습 가운데 중 中

한자 쓰기 연습

❶ 央
- 3Ⅱ급 5획
- 가운데 앙
- ① 中央 : 가운데 중, 가운데 앙 (중앙)
- ② 中央政府 : 가운데 중, 가운데 앙, 정사 정, 마을 부 (중앙정부)
- 연상기억 : 멀리(冂) 큰(大)사람이 서 있는 모습이 중앙에 있으니, 가운데 앙

❷ 殃
- 3급 9획
- 재앙 앙
- ③ 災殃 : 재앙 재, 재앙 앙 (재앙)
- ④ 天殃 : 하늘 천, 재앙 앙 (천앙)
- 연상기억 : 부서진 뼈(歹)가 몸 가운데(央)에 있으면 재앙이니, 재앙 앙

❸ 秧
- 1급 10획
- 모 앙
- ⑤ 移秧 : 옮길 이, 모 앙 (이앙)
- ⑥ 移秧期 : 옮길 이, 모 앙, 기약할 기 (이앙기)
- 연상기억 : 이앙기에 벼(禾)를 가운데(央) 심어 이앙하니, 모 앙

❹ 映
- 4급 9획
- 비칠 영
- ⑦ 映畵 : 비칠 영, 그림 화 (영화)
- ⑧ 映像 : 비칠 영, 형상 상 (영상)
- 연상기억 : 해(日)가 가운데(央) 비쳐 영화 장면 같으니, 비칠 영

❺ 英
- 5급 9획
- 꽃부리 영
- ⑨ 英材 : 꽃부리 영, 재목 재 (영재)
- ⑩ 英雄 : 꽃부리 영, 수컷 웅 (영웅)
- 연상기억 : 초목(艹)이 가운데(央)에서 자라나 영재가 되니, 꽃부리 영

❻ 瑛
- 2급 13획
- 옥빛 영
- ⑪ 藍瑛 : 쪽빛 람, 옥빛 영 (남영)
- ⑫ 赤瑛 : 붉을 적, 옥빛 영 (적영)
- 연상기억 : 옥(玉)이 꽃부리(英) 모양으로 빛나니, 옥빛 영

❼ 中
- 8급 4획
- 가운데 중
- ⑬ 中央 : 가운데 중, 가운데 앙 (중앙)
- ⑭ 中心 : 가운데 중, 마음 심 (중심)
- 연상기억 : 상자(口)의 중심을 뚫어(丨) 중심에 있으니, 가운데 중

❽ 仲
- 3급 6획
- 버금 중
- ⑮ 仲介 : 버금 중, 낄 개 (중개)
- ⑯ 仲裁 : 버금 중, 마를 재 (중재)
- 연상기억 : 형제들(亻) 중(中) 가운데서 중재하니, 버금 중

❾ 忠
- 4Ⅱ급 8획
- 충성 충
- ⑰ 忠誠 : 충성 충, 정성 성 (충성)
- ⑱ 忠信 : 충성 충, 믿을 신 (충신)
- 연상기억 : 마음(心)으로 중심(中)을 잡고 충성을 다하니, 충성 충

❿ 沖
- 2급 7획
- 화할 충
- ⑲ 崔沖 : 높을 최, 화할 충 (최충)
- ⑳ 沖積 : 화할 충, 쌓을 적 (충적)
- 연상기억 : 바닷물(氵) 깊은 곳(中)에서 충적되니, 화할 충

맵핑 漢字 연상기억
각각 각 各의 場

60강

10. 이을 락 **絡**
　⑲ 연락
　⑳ 경락

9. 지질 락 **烙**
　⑰ 낙인
　⑱ 포락

4. 길 로 **路**
　⑦ 도로
　⑧ 노상

1. 각각 각 **各**
　① 각자
　② 각양각색

5. 이슬 로 **露**
　⑨ 노숙자
　⑩ 노출

2. 손 객 **客**
　③ 객석
　④ 객설

6. 해오라기 로 **鷺**
　⑪ 백로
　⑫ 황로

3. 집 각 **閣**
　⑤ 누각
　⑥ 종각

8. 낙수 락 **洛**
　⑮ 낙동강
　⑯ 낙양

7. 떨어질 락 **落**
　⑬ 낙엽
　⑭ 낙하

각각 각 各

漢字 자원(字源) 부수풀이 자동 연상기억

60일차 학습 각각 각 各

한자 쓰기 연습

❶ 各
- 6급 6획 / 각각 각
  - ① 各自 : 각각 각, 스스로 자 (각자)
  - ② 各樣各色 : 각각 각, 모양 양, 빛 색 (각양각색)
- 연상기억 : 앞의 말(口)과 뒷사람(夂)의 말이 달라 각자이니, 각각 각

❷ 客
- 5급 9획 / 손 객
  - ③ 客席 : 손 객, 자리 석 (객석)
  - ④ 客說 : 손 객, 베풀 설 (객설)
- 연상기억 : 집(宀)에 각(各)각 다른 손님이 객실에 있으니, 손 객

❸ 閣
- 3Ⅱ급 14획 / 집 각
  - ⑤ 樓閣 : 다락 루, 집 각 (누각)
  - ⑥ 鐘閣 : 쇠북 종, 집 각 (종각)
- 연상기억 : 여러 사람(各)이 드나드는 문(門)이 있는 누각이니, 집 각

❹ 路
- 6급 13획 / 길 로
  - ⑦ 道路 : 길 도, 길 로 (도로)
  - ⑧ 路上 : 길 로, 윗 상 (노상)
- 연상기억 : 걸어 다니는 발(足)이 각(各)각이 있는 도로이니, 길 로

❺ 露
- 3Ⅱ급 20획 / 이슬 로
  - ⑨ 露宿者 : 이슬 로, 잘 숙, 놈 자 (노숙자)
  - ⑩ 露出 : 이슬로, 날 출 (노출)
- 연상기억 : 비(雨)가 내려 이슬이 맺힌 길가(路)에 노숙자가 있으니, 이슬 로

❻ 鷺
- 2급 23획 / 해오라기 로
  - ⑪ 白鷺 : 흰 백, 해오라기 로 (백로)
  - ⑫ 黃鷺 : 누를 황, 해오라기 로 (황로)
- 연상기억 : 물길 따라(路) 백로(鳥)가 날아가니, 해오라기 로

❼ 落
- 5급 13획 / 떨어질 락
  - ⑬ 落葉 : 떨어질 락, 잎 엽 (낙엽)
  - ⑭ 落下 : 떨어질 락, 아래 하 (낙하)
- 연상기억 : 풀(艹)이 물방울처럼 떨어져(洛) 낙엽이 되니, 떨어질 락

❽ 洛
- 3급 9획 / 낙수 락
  - ⑮ 洛東江 : 낙수 락, 동녘 동, 물 강 (낙동강)
  - ⑯ 洛陽 : 낙수 락, 볕 양 (낙양)
- 연상기억 : 물(氵)이 각(各)각 떨어지는 낙동강에 있으니, 낙수 락

❾ 烙
- 1급 10획 / 지질 락
  - ⑰ 烙印 : 지질 락, 도장 인 (낙인)
  - ⑱ 炮烙 : 구울 포, 지질 락 (포락)
- 연상기억 : 표를 내기 위해 불(火)로 각(各)각 지지니, 지질 락

❿ 絡
- 3급 12획 / 이을 락
  - ⑲ 連絡 : 이을 련, 이을 락 (연락)
  - ⑳ 經絡 : 줄 경, 이을 락 (경락)
- 연상기억 : 실(糸)처럼 서로(各)를 이어주는 연락이니, 이을 락

맵핑 漢字 연상기억
가죽 피 皮의 場

61강

- 10. 피곤할 피 **疲**
  - ⑲ 피곤
  - ⑳ 피로
- 9. 가죽 피 **皮**
  - ⑰ 피부
  - ⑱ 표피
- 4. 저 피 **彼**
  - ⑦ 피아
  - ⑧ 피안
- 1. 물결 파 **波**
  - ① 파도
  - ② 전파
- 5. 입을 피 **被**
  - ⑨ 피복
  - ⑩ 피해
- 2. 할미 파 **婆**
  - ③ 노파
  - ④ 산파
- 6. 펼칠 피 **披**
  - ⑪ 피력
  - ⑫ 창피
- 3. 깨뜨릴 파 **破**
  - ⑤ 파손
  - ⑥ 파괴
- 8. 절름발이 파 **跛**
  - ⑮ 파행
  - ⑯ 편파
- 7. 자못 파 **頗**
  - ⑬ 파다
  - ⑭ 편파

가죽 피 **皮**

漢字 자원(字源) 부수풀이 자동 연상기억

61일차 학습 — 가죽 피 皮

한자 쓰기 연습

❶ 波
- 4Ⅱ급 8획
- 물결 파
- ① 波濤 : 물결 파, 물결 도 (파도)
- ② 電波 : 번개 전, 물결 파 (전파)
- 연상기억 : 바닷물(氵)이 움직여 겉면(皮)에 파도를 이니, 물결 파

❷ 婆
- 1급 11획
- 할미 파
- ③ 老婆 : 늙을 로, 할미 파 (노파)
- ④ 産婆 : 낳을 산, 할미 파 (산파)
- 연상기억 : 얼굴에 주름(波)이 있는 여자(女)는 노파이니, 할미 파

❸ 破
- 4Ⅱ급 10획
- 깨뜨릴 파
- ⑤ 破損 : 깨뜨릴 파, 덜 손 (파손)
- ⑥ 破壞 : 깨뜨릴 파, 무너질 괴 (파괴)
- 연상기억 : 돌(石) 표면(皮)이 파손되니, 깨뜨릴 파

❹ 彼
- 3Ⅱ급 8획
- 저 피
- ⑦ 彼我 : 저 피, 나 아 (피아)
- ⑧ 彼岸 : 저 피, 언덕 안 (피안)
- 연상기억 : 떨어져 나간(彳) 가죽(皮)처럼 제삼자이니, 저 피

❺ 被
- 3Ⅱ급 10획
- 입을 피
- ⑨ 被服 : 입을 피, 옷 복 (피복)
- ⑩ 被害 : 입을 피, 해할 해 (피해)
- 연상기억 : 옷(衤)이 살갗(皮)에 닿아 피해를 입으니, 입을 피

❻ 披
- 1급 8획
- 펼칠 피
- ⑪ 披瀝 : 펼칠 피, 스밀 력 (피력)
- ⑫ 猖披 : 미쳐 날뛸 창, 펼칠 피 (창피)
- 연상기억 : 손(扌)으로 가죽(皮)을 펼쳐 피력하니, 펼칠 피

❼ 頗
- 3급 14획
- 자못 파
- ⑬ 頗多 : 자못 파, 많을 다 (파다)
- ⑭ 偏頗 : 치우칠 편, 자못 파 (편파)
- 연상기억 : 가죽표면(皮)의 머리(頁)부분이 치우쳐 편파이니, 자못 파

❽ 跛
- 1급 12획
- 절름발이 파
- ⑮ 跛行 : 절름발이 파, 다닐 행 (파행)
- ⑯ 偏跛 : 치우칠 편, 절름발이 파 (편파)
- 연상기억 : 발(足)이 겉으로(皮) 절뚝이니, 절름발이 파

❾ 皮
- 3Ⅱ급 5획
- 가죽 피
- ⑰ 皮膚 : 가죽 피, 살갗 부 (피부)
- ⑱ 表皮 : 겉 표, 가죽 피 (표피)
- 연상기억 : 손으로(又) 짐승의 가죽을 벗기는 모양이니, 가죽 피

❿ 疲
- 4급 10획
- 피곤할 피
- ⑲ 疲困 : 피곤할 피, 곤할 곤 (피곤)
- ⑳ 疲勞 : 피곤할 피, 일할 로 (피로)
- 연상기억 : 가죽(皮)이 병들어(疒) 피곤하니, 피곤할 피

맵핑 漢字 연상기억

지탱할 지 支의 場 — 62강

- 10. 두드릴 고 敲
  - ⑲ 퇴고
  - ⑳ 고문
- 9. 베풀 서 敍
  - ⑰ 서술
  - ⑱ 서사시
- 4. 재주 기 技
  - ⑦ 기교
  - ⑧ 기술
- 1. 지탱할 지 支
  - ① 지급
  - ② 지점
- 5. 기생 기 妓
  - ⑨ 기생
  - ⑩ 기방
- 2. 가지 지 枝
  - ③ 지엽
  - ④ 간지
- 6. 갈림길 기 岐
  - ⑪ 분기
  - ⑫ 기로
- 3. 사지 지 肢
  - ⑤ 사지
  - ⑥ 지체
- 8. 재간 기 伎
  - ⑮ 기량
  - ⑯ 사자기
- 7. 북 고 鼓
  - ⑬ 고동
  - ⑭ 고막

중앙: 지탱할 지 支

漢字 자원(字源) 부수풀이 자동 연상기억

62일차 학습 지탱할 지 支

한자 쓰기 연습

❶ 支

| 4Ⅱ급 4획 | ① 支給 : 지탱할 지, | 줄 급 | (지급) |
| 지탱할 지 | ② 支店 : 지탱할 지, | 가게 점 | (지점) |

연상기억 : 가지(十)를 손(又)으로 잡고 몸을 지탱하니, 지탱할 지

❷ 枝

| 3급 8획 | ③ 枝葉 : 가지 지, | 잎 엽 | (지엽) |
| 가지 지 | ④ 幹枝 : 줄기 간, | 가지 지 | (간지) |

연상기억 : 나무(木) 줄기에서 가지(支)가 나오니, 가지 지

❸ 肢

| 1급 8획 | ⑤ 四肢 : 넉 사, | 사지 지 | (사지) |
| 사지 지 | ⑥ 肢體 : 사지 지, | 몸 체 | (지체) |

연상기억 : 몸(月)에서 갈려나간(支) 것은 팔과 다리니, 사지 지

❹ 技

| 5급 7획 | ⑦ 技巧 : 재주 기, | 공교할 교 | (기교) |
| 재주 기 | ⑧ 技術 : 재주 기, | 재주 술 | (기술) |

연상기억 : 손가락(扌)으로 지탱하는(支) 기술이 있으니, 재주 기

❺ 妓

| 1급 7획 | ⑨ 妓生 : 기생 기, | 날 생 | (기생) |
| 기생 기 | ⑩ 妓房 : 기생 기, | 방 방 | (기방) |

연상기억 : 여자(女)가 여러 가지(支) 기생처럼 행동하니, 기생 기

❻ 岐

| 2급 7획 | ⑪ 分岐 : 나눌 분, | 갈림길 기 | (분기) |
| 갈림길 기 | ⑫ 岐路 : 갈림길 기, | 길 로 | (기로) |

연상기억 : 산(山)에서 줄기(支)가 갈라져 기로에 서니, 갈림길 기

❼ 鼓

| 3Ⅱ급 13획 | ⑬ 鼓動 : 북 고, | 움직일 동 | (고동) |
| 북 고 | ⑭ 鼓膜 : 북 고, | 꺼풀 막 | (고막) |

연상기억 : 악기(壴)를 나뭇가지(支)로 치니, 북 고

❽ 伎

| 1급 6획 | ⑮ 伎倆 : 재간 기, | 재주 량 | (기량) |
| 재간 기 | ⑯ 獅子伎 : 사자 사, 아들 자, 재간 기 | | (사자기) |

연상기억 : 사람(亻)이 나뭇가지(支)에 지탱하니, 재간 기

❾ 敍

| 3급 11획 | ⑰ 敍述 : 베풀 서, | 펼 술 | (서술) |
| 베풀 서 | ⑱ 敍事詩 : 베풀 서, 일 사, 시 시 | | (서사시) |

연상기억 : 나 자신에게(余) 채찍질하니(攴) 베풀게 되어, 베풀 서

❿ 敲

| 1급 14획 | ⑲ 推敲 : 밀 퇴, | 두드릴 고 | (퇴고) |
| 두드릴 고 | ⑳ 敲門 : 두드릴 고, | 문 문 | (고문) |

연상기억 : 손으로 높게(高) 후려치니(攴), 두드릴 고

맵핑 漢字 연상기억

잠잘 침 寢의 場

63강

10. 깃들일 서 棲
- ⑲ 서식
- ⑳ 동서

凄 9. 쓸쓸할 처
- ⑰ 처량
- ⑱ 처절

4. 며느리 부 婦
- ⑦ 주부
- ⑧ 부인

侵 1. 침노할 침
- ① 침범
- ② 침략

5. 돌아올 귀 歸
- ⑨ 복귀
- ⑩ 귀가

浸 2. 잠길 침
- ③ 침수
- ④ 침식

잠잘 침 寢

6. 쓸 소 掃
- ⑪ 청소
- ⑫ 소제

寢 3. 잘 침
- ⑤ 침실
- ⑥ 침대

8. 슬플 처 悽
- ⑮ 처절
- ⑯ 처참

妻 7. 아내 처
- ⑬ 처제
- ⑭ 처자

| 188 |

漢字 자원(字源) 부수풀이 자동 연상기억

63일차 학습 잠잘 침 寢

한자 쓰기 연습

❶ 侵

4Ⅱ급 9획	① 侵犯 : 침노할 침,	범할 범	(침범)
침노할 침	② 侵略 : 침노할 침,	대략 략	(침략)

연상기억 : 사람(亻)이 손(又)에 비(帚)를 들고 쓸어나가 침범하니, 침노할 침

❷ 浸

3급 10획	③ 浸水 : 잠길 침,	물 수	(침수)
잠길 침	④ 浸蝕 : 잠길 침,	좀먹을 식	(침식)

연상기억 : 물(氵)이 점점 스며들어(帚) 침수하니, 잠길 침

❸ 寢

4급 14획	⑤ 寢室 : 잘 침,	집 실	(침실)
잘 침	⑥ 寢臺 : 잘 침,	집 대	(침대)

연상기억 : 집안(宀)의 침대(爿)를 쓸고(帚) 침실에서 자니, 잘 침

❹ 婦

4Ⅱ급 11획	⑦ 主婦 : 주인 주,	며느리 부	(주부)
며느리 부	⑧ 婦人 : 며느리 부,	사람 인	(부인)

연상기억 : 여자(女)가 비(帚)로 청소하는 주부이니, 며느리 부

❺ 歸

4급 18획	⑨ 復歸 : 회복할 복,	돌아올 귀	(복귀)
돌아올 귀	⑩ 歸家 : 돌아올 귀,	집 가	(귀가)

연상기억 : 여러 날 머물던(止) 여자가 돌아와 귀가하니, 돌아올 귀

❻ 掃

4Ⅱ급 11획	⑪ 淸掃 : 맑을 청,	쓸 소	(청소)
쓸 소	⑫ 掃除 : 쓸 소,	덜 제	(소제)

연상기억 : 두 손(扌)으로 청소하니(帚), 쓸 소

❼ 妻

3Ⅱ급 8획	⑬ 妻弟 : 아내 처,	아우 제	(처제)
아내 처	⑭ 妻子 : 아내 처,	아들 자	(처자)

연상기억 : 풀잎(屮)을 손에 들고 청소하는 여자(女)가, 처제이니 아내 처

❽ 悽

3급 11획	⑮ 悽絶 : 슬플 처,	끊을 절	(처절)
슬플 처	⑯ 悽慘 : 아내 처,	비참할 참	(처참)

연상기억 : 사별한 아내(妻)의 마음(忄)처럼 처참하니, 슬플 처

❾ 凄

1급 10획	⑰ 凄凉 : 쓸쓸할 처,	서늘할 량	(처량)
쓸쓸할 처	⑱ 凄切 : 쓸쓸할 처,	끊을 절	(처절)

연상기억 : 냉방(冫)에 홀로 있는 아내(妻)는 처량하니, 쓸쓸할 처

❿ 棲

1급 12획	⑲ 棲息 : 깃들일 서,	쉴 식	(서식)
깃들일 서	⑳ 同棲 : 한가지 동,	깃들일 서	(동서)

연상기억 : 나무(木)에 암컷(妻)이 기대어 서식하니, 깃들일 서

맵핑 漢字 연상기억
푸를 청 青의 場
64강

- 10. 눈동자 정 **睛**
  - ⑲ 화룡점정
  - ⑳ 흑정

- 9. 편안할 정 **靖**
  - ⑰ 정국
  - ⑱ 정란

- 4. 뜻 정 **情**
  - ⑦ 순정
  - ⑧ 정열

- 1. 푸를 청 **青**
  - ① 청색
  - ② 청춘

푸를 청 青

- 5. 정할 정 **精**
  - ⑨ 정신
  - ⑩ 정력

- 2. 맑을 청 **淸**
  - ③ 청정
  - ④ 청렴

- 6. 고요할 정 **靜**
  - ⑪ 정숙
  - ⑫ 안정

- 3. 청할 청 **請**
  - ⑤ 신청
  - ⑥ 청구

- 8. 시기할 시 **猜**
  - ⑮ 시기
  - ⑯ 시의

- 7. 갤 청 **晴**
  - ⑬ 쾌청
  - ⑭ 청담

漢字 자원(字源) 부수풀이 자동 연상기억

64일차 학습 푸를 청 靑

❶ 靑
- 8급 8획 / 푸를 청
  - ① 靑色 : 푸를 청, 빛 색 (청색)
  - ② 靑春 : 푸를 청, 봄 춘 (청춘)
- **연상기억** : 땅속에서 나온 싹(生)이 붉다가(丹) 차차 푸른색이 되니, 푸를 청

❷ 淸
- 6급 11획 / 맑을 청
  - ③ 淸淨 : 맑을 청, 깨끗할 정 (청정)
  - ④ 淸廉 : 맑을 청, 청렴할 렴 (청렴)
- **연상기억** : 물(氵)이 맑아 푸르고(靑) 청정하니, 푸를 청

❸ 請
- 4급 12획 / 청할 청
  - ⑤ 申請 : 납 신, 청할 청 (신청)
  - ⑥ 請求 : 청할 청, 구할 구 (청구)
- **연상기억** : 젊은이(靑)가 어른에게 부탁의 말(言)로 신청하니, 청할 청

❹ 情
- 5급 11획 / 뜻 정
  - ⑦ 純情 : 순수할 순, 뜻 정 (순정)
  - ⑧ 情熱 : 뜻 정, 더울 열 (정열)
- **연상기억** : 사람의 마음(忄)은 순정으로 늘 푸르러(靑) 변하지 않으니, 뜻 정

❺ 精
- 4Ⅱ급 14획 / 정할 정
  - ⑨ 精神 : 정할 정, 귀신 신 (정신)
  - ⑩ 精力 : 정할 정, 힘 력 (정력)
- **연상기억** : 쌀알(米)이 푸른빛(靑)이 나도록 깨끗하여 정신의 뜻이니, 정할 정

❻ 靜
- 4급 16획 / 고요할 정
  - ⑪ 靜淑 : 고요할 정, 엄숙할 숙 (정숙)
  - ⑫ 安靜 : 편안할 안, 고요할 정 (안정)
- **연상기억** : 붉고 푸른색인 단청(丹靑)은 오히려 다툼(爭)이 없는 정숙한 분위기이니, 고요할 정

❼ 晴
- 3급 12획 / 갤 청
  - ⑬ 快晴 : 쾌할 쾌, 갤 청 (쾌청)
  - ⑭ 晴曇 : 갤 청, 흐릴 담 (청담)
- **연상기억** : 비가 그쳐 날(日)이 쾌청하니, 갤 청

❽ 猜
- 1급 11획 / 시기할 시
  - ⑮ 猜忌 : 시기할 시, 꺼릴 기 (시기)
  - ⑯ 猜疑 : 시기할 시, 의심할 의 (시의)
- **연상기억** : 미친개(犭)가 푸른빛(靑)을 시샘하니, 시기할 시

❾ 靖
- 3급 13획 / 편안할 정
  - ⑰ 靖國 : 편안할 정, 나라 국 (정국)
  - ⑱ 靖亂 : 편안할 정, 어지러울 란 (정란)
- **연상기억** : 확고히 서 있는(立) 젊은이(靑)가 정국의 희망이니, 편안할 정

❿ 睛
- 1급 13획 / 눈동자 정
  - ⑲ 畵龍點睛 : 그림 화, 용 룡, 점 점, 눈동자 정 (화룡점정)
  - ⑳ 黑睛 : 검을 흑, 눈동자 정 (흑정)
- **연상기억** : 맑고 푸른(靑) 눈(目)을 화룡점정하니, 눈동자 정

맵핑 漢字 연상기억
꾸짖을 책 責의 場

65강

10. 염탐할 정 **偵**
⑲ 정찰
⑳ 탐정

貞 9. 곧을 정
⑰ 정숙
⑱ 정조

4. 족자 정 **幀**
⑦ 영정
⑧ 장정

積 1. 쌓을 적
① 적재
② 적립

5. 상서로울 정 **禎**
⑨ 정서
⑩ 손기정

꾸짖을 책
責

績 2. 길쌈 적
③ 공적
④ 성적

6. 광나무 정 **楨**
⑪ 여정목
⑫ 정간

蹟 3. 자취 적
⑤ 사적
⑥ 고적

8. 빚 채 **債**
⑮ 채무
⑯ 부채

責 7. 꾸짖을 책
⑬ 문책
⑭ 책임

漢字 자원(字源) 부수풀이 자동 연상기억

65일차 학습 꾸짖을 책 責

한자 쓰기 연습

❶ 積
4급 16획	① 積載 : 쌓을 적,	실을 재	(적재)
쌓을 적	② 積立 : 쌓을 적,	설 립	(적립)

연상기억 : 볏단(禾)을 모아 꾸짖어(責) 적재하니, 쌓을 적

❷ 績
4급 17획	③ 功績 : 공 공,	길쌈 적	(공적)
길쌈 적	④ 成績 : 이룰 성,	길쌈 적	(성적)

연상기억 : 실(糸)을 겹겹이 감아 꾸짖어(責) 공적을 세우니, 길쌈 적

❸ 蹟
3Ⅱ급 18획	⑤ 史蹟 : 사기 사,	자취 적	(사적)
자취 적	⑥ 古蹟 : 예 고,	자취 적	(고적)

연상기억 : 뿌리(足)가 있고 책임(責)있는 선조들의 고적이니, 자취 적

❹ 幀
1급 12획	⑦ 影幀 : 그림자 영,	족자 정	(영정)
족자 정	⑧ 裝幀 : 꾸밀 장,	족자 정	(장정)

연상기억 : 수건모양(巾)으로 곧게(貞) 영정을 만드니, 족자 정

❺ 禎
2급 14획	⑨ 禎瑞 : 상서로울 정,	상서로울 서	(정서)
상서로울 정	⑩ 孫基禎 : 손자 손, 터 기,	상서로울 정	(손기정)

연상기억 : 신(示)이 바른(貞) 사람에게 상서로운 길조를 내리니, 상서로울 정

❻ 楨
2급 13획	⑪ 女楨木 : 여자 여, 광나무 정,	나무 목	(여정목)
광나무 정	⑫ 楨幹 : 광나무 정,	줄기 간	(정간)

연상기억 : 나무(木)가 곧게(貞) 자라 정간을 세우니, 광나무 정

❼ 責
5급 11획	⑬ 問責 : 물을 문,	꾸짖을 책	(문책)
꾸짖을 책	⑭ 責任 : 꾸짖을 책,	맡길 임	(책임)

연상기억 : 돈을 빌려(貝) 쓰고 가슴을 가시(主)로 찌르는 문책이니, 꾸짖을 책

❽ 債
3Ⅱ급 13획	⑮ 債務 : 빚 채,	힘쓸 무	(채무)
빚 채	⑯ 負債 : 질 부,	빚 채	(부채)

연상기억 : 꾸지람하는(責) 사람(亻)에게 채무가 있으니, 빚 채

❾ 貞
3Ⅱ급 9획	⑰ 貞淑 : 곧을 정,	맑을 숙	(정숙)
곧을 정	⑱ 貞操 : 곧을 정,	잡을 조	(정조)

연상기억 : 정숙한 여자가 점을 치고(卜) 복채(貝)를 곧게 내니, 곧을 정

❿ 偵
2급 11획	⑲ 偵察 : 곧을 정,	맑을 숙	(정찰)
염탐할 정	⑳ 探偵 : 찾을 탐,	염탐할 정	(탐정)

연상기억 : 부정(不貞)한 사람(亻)을 정찰하니, 염탐할 정

맵핑 漢字 연상기억
구역, 구분할 구 區의 場
66강

10. 토할 구 嘔
   ⑲ 구토
   ⑳ 구역

區 9. 구역 구
   ⑰ 구역
   ⑱ 구분

4. 잡을 조 操
   ⑦ 조작
   ⑧ 조종사

鷗 1. 갈매기 구
   ① 백구
   ② 해구

구분할 구 區

5. 마를 조 燥
   ⑨ 조갈
   ⑩ 건조

驅 2. 몰 구
   ③ 구보
   ④ 구제

6. 조급할 조 躁
   ⑪ 조급
   ⑫ 조급증

歐 3. 구라파 구
   ⑤ 서구
   ⑥ 구라파

8. 임할 임 臨
   ⑮ 임박
   ⑯ 임종

品 7. 물건 품
   ⑬ 상품
   ⑭ 성품

194

漢字 자원(字源) 부수풀이 자동 연상기억

66일차 학습 구역, 구분할 구 區

한자 쓰기 연습

❶ 鷗
- 2급 22획 / 갈매기 구
- ① 白鷗 : 흰 백, 갈매기 구 (백구)
- ② 海鷗 : 바다 해, 갈매기 구 (해구)
- 연상기억 : 바닷가 구역(區域)에 몰려드는 새(鳥)이니, 갈매기 구

❷ 驅
- 3급 21획 / 몰 구
- ③ 驅步 : 몰 구, 걸을 보 (구보)
- ④ 驅除 : 몰 구, 덜 제 (구제)
- 연상기억 : 말(馬)이 구역(區)을 몰아 달리니, 몰 구

❸ 歐
- 2급 15획 / 구라파 구
- ⑤ 西歐 : 서녘 서, 구라파 구 (서구)
- ⑥ 歐羅巴 : 구라파 구, 벌릴 라, 땅이름 파 (구라파)
- 연상기억 : 서구(區)문명에 입을 벌려 하품(欠)하니, 구라파 구

❹ 操
- 5급 16획 / 잡을 조
- ⑦ 操作 : 잡을 조, 지을 작 (조작)
- ⑧ 操縱士 : 잡을 조, 세로 종, 선비 사 (조종사)
- 연상기억 : 떠들썩한(喿) 마음을 사로잡아(扌) 조작하니, 잡을 조

❺ 燥
- 3Ⅱ급 17획 / 마를 조
- ⑨ 燥渴 : 마를 조, 목마를 갈 (조갈)
- ⑩ 乾燥 : 마를 건, 마를 조 (건조)
- 연상기억 : 우는 소리(喿)에 불로(火) 마르게 건조하니, 마를 조

❻ 躁
- 1급 20획 / 조급할 조
- ⑪ 躁急 : 조급할 조, 급할 급 (조급)
- ⑫ 躁急症 : 조급할 조, 급할 급, 증세 증 (조급증)
- 연상기억 : 우리소리(喿)에 발(足)로 뛰쳐나가 조급하니, 조급할 조

❼ 品
- 5급 9획 / 물건 품
- ⑬ 賞品 : 상줄 상, 물건 품 (상품)
- ⑭ 性品 : 성품 성, 물건 품 (성품)
- 연상기억 : 입(口)이 셋이나 되어 여러 층의 사람들이 모여 상품을 평하니, 물건 품

❽ 臨
- 3Ⅱ급 17획 / 임할 임
- ⑮ 臨迫 : 임할 임, 닥칠 박 (임박)
- ⑯ 臨終 : 임할 임, 마칠 종 (임종)
- 연상기억 : 물건(品)을 보기 위해 몸을 엎드려(臥)야 하니, 임할 임

❾ 區
- 6급 11획 / 구역 구
- ⑰ 區域 : 구역 구, 지경 역 (구역)
- ⑱ 區分 : 구역 구, 나눌 분 (구분)
- 연상기억 : 상자(匚) 안에 물건(品)을 나누어 보관하여 구역을 나누니, 구역 구

❿ 嘔
- 1급 14획 / 토할 구
- ⑲ 嘔吐 : 토할 구, 토할 토 (구토)
- ⑳ 嘔逆 : 토할 구, 거스릴 역 (구역)
- 연상기억 : 배에 저장된 음식(區)이 입(口)을 통하여 나오니, 토할 구

맵핑 漢字 연상기억

문서 권 卷의 場 — 67강

중앙: 문서 권 **卷**

- **券** 1. 문서 권
  - ① 여권
  - ② 복권
- **卷** 2. 책 권
  - ③ 권두언
  - ④ 압권
- **倦** 3. 게으를 권
  - ⑤ 권염
  - ⑥ 권태
- **騰** 4. 오를 등
  - ⑦ 등락
  - ⑧ 급등
- **藤** 5. 등나무 등
  - ⑨ 갈등
  - ⑩ 등가구
- **謄** 6. 베낄 등
  - ⑪ 등본
  - ⑫ 등사
- **圈** 7. 우리 권
  - ⑬ 상권
  - ⑭ 야권
- **眷** 8. 돌아볼 권
  - ⑮ 권고
  - ⑯ 권속
- **拳** 9. 주먹 권
  - ⑰ 권투
  - ⑱ 권총
- **勝** 10. 이길 승
  - ⑲ 필승
  - ⑳ 승리

漢字 자원(字源) 부수풀이 자동 연상기억

67일차 학습 문서 권 卷

❶ 券
| 4급 8획 | ① 旅券 : 나그네 려, 문서 권 (여권) |
| 문서 권 | ② 福券 : 복 복, 문서 권 (복권) |

연상기억 : 문서를 칼(刀)로 두 쪽 나뉘어 보관하니, 문서 권

❷ 卷
| 4급 8획 | ③ 卷頭言 : 책 권, 머리 두, 말씀 언 (권두언) |
| 책 권 | ④ 壓卷 : 누를 압, 책 권 (압권) |

연상기억 : 문서를 꿰매어(㔾) 책으로 만드니, 책 권

❸ 倦
| 1급 10획 | ⑤ 倦厭 : 게으를 권, 싫을 염 (권염) |
| 게으를 권 | ⑥ 倦怠 : 게으를 권, 게으를 태 (권태) |

연상기억 : 사람(亻)이 책(卷) 읽기를 게을리하여 권태가 오니, 게으를 권

❹ 騰
| 3급 20획 | ⑦ 騰落 : 오를 등, 떨어질 락 (등락) |
| 오를 등 | ⑧ 急騰 : 급할 급, 오를 등 (급등) |

연상기억 : 스스로(朕) 말이(馬) 뛰어올라 급등하니, 오를 등

❺ 藤
| 2급 19획 | ⑨ 葛藤 : 칡 갈, 등나무 등 (갈등) |
| 등나무 등 | ⑩ 藤家具 : 등나무 등, 집 가, 갖출 구 (등가구) |

연상기억 : 물(氺)과 초목(艹)이 무성하여 내가(朕) 갈등하니, 등나무 등

❻ 謄
| 2급 17획 | ⑪ 謄本 : 베낄 등, 근본 본 (등본) |
| 베낄 등 | ⑫ 謄寫 : 베낄 등, 베낄 사 (등사) |

연상기억 : 짐의, 임금님(朕) 말씀(言)을 적은 문서를 등사기로 복사하니, 베낄 등

❼ 圈
| 2급 11획 | ⑬ 商圈 : 장사 상, 우리 권 (상권) |
| 우리 권 | ⑭ 野圈 : 들 야, 우리 권 (야권) |

연상기억 : 책(卷) 둘레(囗, 口)가 에워싸듯 상인들의 상권이니, 우리 권

❽ 眷
| 1급 11획 | ⑮ 眷顧 : 돌아볼 권, 돌아볼 고 (권고) |
| 돌아볼 권 | ⑯ 眷屬 : 돌아볼 권, 붙일 속 (권속) |

연상기억 : 구부려 눈(目)으로 주의를 돌아보며 권고하니, 돌아볼 권

❾ 拳
| 3Ⅱ급 10획 | ⑰ 拳鬪 : 주먹 권, 싸움 투 (권투) |
| 주먹 권 | ⑱ 拳銃 : 주먹 권, 총 총 (권총) |

연상기억 : 손(手)을 구부려 주먹을 쥐고 권투하니, 주먹 권

❿ 勝
| 6급 12획 | ⑲ 必勝 : 반드시 필, 이길 승 (필승) |
| 이길 승 | ⑳ 勝利 : 이길 승, 이할 리 (승리) |

연상기억 : 배에 힘을 주고 틈(朕)에 힘(力)을 다하여 승리하니, 이길 승

맵핑 漢字 연상기억

이룰 성 成의 場

68강

10. 재 성 城
⑲ 성곽
⑳ 성벽

成 9. 이룰 성
⑰ 성공
⑱ 성과

4. 다 함 咸
⑦ 함흥
⑧ 함지

減 1. 덜 감
① 감봉
② 감산

이룰 성
成

感 2. 느낄 감
③ 감격
④ 감정

5. 크게 외칠 함 喊
⑨ 함성
⑩ 고함

憾 3. 섭섭할 감
⑤ 감정
⑥ 유감

6. 봉할 함 緘
⑪ 봉함
⑫ 함구무언

盛 7. 성할 성
⑬ 성대
⑭ 성업

8. 정성 성 誠
⑮ 정성
⑯ 성실

漢字 자원(字源) 부수풀이 자동 연상기억

68일차 학습 이룰 성 成

한자 쓰기 연습

❶ 減
4Ⅱ급 12획	① 減俸 : 덜 감,	녹 봉	(감봉)
덜 감	② 減産 : 덜 감,	낳을 산	(감산)

연상기억 : 물(氵)을 다(咸) 덜어내어 줄어드니, 덜 감

❷ 感
6급 13획	③ 感激 : 느낄 감,	격할 격	(감격)
느낄 감	④ 感情 : 느낄 감,	뜻 정	(감정)

연상기억 : 모두(咸)의 마음(心)이 감동하니, 느낄 감

❸ 憾
2급 16획	⑤ 憾情 : 섭섭할 감,	뜻 정	(감정)
섭섭할 감	⑥ 遺憾 : 남길 유,	섭섭할 감	(유감)

연상기억 : 느끼는 마음(感)이 오해(忄)가 생겨 유감이니, 섭섭할 감

❹ 咸
3급 9획	⑦ 咸興 : 다 함,	일 흥	(함흥)
다 함	⑧ 咸池 : 다 함,	못 지	(함지)

연상기억 : 모두(戌) 입(口)을 모아 뜻을 같이하니, 다 함

❺ 喊
1급 12획	⑨ 喊聲 : 크게 외칠 함,	소리 성	(함성)
크게 외칠 함	⑩ 高喊 : 높을 고,	크게 외칠 함	(고함)

연상기억 : 소리(口) 지르기를 다(咸) 함께 함성하니, 크게 외칠 함

❻ 緘
1급 15획	⑪ 封緘 : 봉할 봉,	봉할 함	(봉함)
봉할 함	⑫ 緘口無言 : 봉할 함, 입 구, 없을 무, 말씀 언		(함구무언)

연상기억 : 모두(咸) 실(糸)로 묶어서 봉함하니, 봉할 함

❼ 盛
4Ⅱ급 12획	⑬ 盛大 : 성할 성,	큰 대	(성대)
성할 성	⑭ 盛業 : 성할 성,	업 업	(성업)

연상기억 : 그릇(皿)에 제사음식이 가득하여(成) 성대하니, 성할 성

❽ 誠
4Ⅱ급 14획	⑮ 精誠 : 정할 정,	정성 성	(정성)
정성 성	⑯ 誠實 : 정성 성,	열매 실	(성실)

연상기억 : 말한 바(言)를 반드시 이루려면(成) 정성을 다해야 하니, 정성 성

❾ 成
6급 7획	⑰ 成功 : 이룰 성,	공 공	(성공)
이룰 성	⑱ 成果 : 이룰 성,	실과 과	(성과)

연상기억 : 무성한 나무(戊)로 장정(丁)이 집을 짓는 데 성공하니, 이룰 성

❿ 城
4Ⅱ급 10획	⑲ 城郭 : 재 성,	성곽	(성곽)
재 성	⑳ 城壁 : 재 성,	벽 벽	(성벽)

연상기억 : 국토(土)를 지키고 나라를 이룩하기(成) 위하여 높게 쌓은 성곽이니, 재 성

맵핑 漢字 연상기억
참 진 眞의 場

69강

10. 꼭대기 전 顚
⑲ 전복
⑳ 전말

愼 9. 삼갈 신
⑰ 신중
⑱ 근신

4. 참 진 眞
⑦ 진실
⑧ 진심

直 1. 곧을 직
① 직선
② 정직

5. 성낼 진 嗔
⑨ 진언
⑩ 진책

참 진
眞

置 2. 둘 치
③ 배치
④ 설치

6. 진압할 진 鎭
⑪ 진정
⑫ 진압

値 3. 값 치
⑤ 가치
⑥ 수치

8. 불릴 식 殖
⑮ 증식
⑯ 양식

植 7. 심을 식
⑬ 식물
⑭ 식수

漢字 자원(字源) 부수풀이 자동 연상기억

69일차 학습 참 진 眞

한자 쓰기 연습

❶ 直
- 7급 8획 / 곧을 직
- ① 直線 : 곧을 직, 줄 선 (직선)
- ② 正直 : 바를 정, 곧을 직 (정직)
- 연상기억 : 여럿(十)이 보면(目) 숨김없이(隱), (乚) 직각으로 보니 정직하여, 곧을 직

❷ 置
- 4Ⅱ급 13획 / 둘 치
- ③ 配置 : 짝 배, 둘 치 (배치)
- ④ 設置 : 베풀 설, 둘 치 (설치)
- 연상기억 : 새그물(罒)에 곧바로(直) 설치해두니, 둘 치

❸ 値
- 3Ⅱ급 10획 / 값 치
- ⑤ 價値 : 값 가, 값 치 (가치)
- ⑥ 數値 : 셈 수, 값 치 (수치)
- 연상기억 : 사람(亻)의 가치는 곧아야 하니(直) 살아야 하니, 값 치

❹ 眞
- 4Ⅱ급 10획 / 참 진
- ⑦ 眞實 : 참 진, 열매 실 (진실)
- ⑧ 眞心 : 참 진, 마음 심 (진심)
- 연상기억 : 도를 닦아(匕) 눈(目)에 띄지 않게 숨어(隱) 하늘로 올라가(八) 진실로 신선이 되니, 참 진

❺ 嗔
- 1급 13획 / 성낼 진
- ⑨ 嗔言 : 성낼 진, 말씀 언 (진언)
- ⑩ 嗔責 : 성낼 진, 꾸짖을 책 (진책)
- 연상기억 : 바른(眞) 말(口)로 진언하여 성내니, 성낼 진

❻ 鎭
- 3Ⅱ급 18획 / 진압할 진
- ⑪ 鎭靜 : 진압할 진, 고요할 정 (진정)
- ⑫ 鎭壓 : 진압할 진, 누를 압 (진압)
- 연상기억 : 쇠붙이(金) 같이 마음을 참되게(眞) 진정시키니, 진압할 진

❼ 植
- 7급 12획 / 심을 식
- ⑬ 植物 : 심을 식, 물건 물 (식물)
- ⑭ 植樹 : 심을 식, 나무 수 (식수)
- 연상기억 : 나무(木)를 곧게(直) 심어 식수하니, 심을 식

❽ 殖
- 2급 12획 / 불릴 식
- ⑮ 增殖 : 더할 증, 불릴 식 (증식)
- ⑯ 養殖 : 기를 양, 불릴 식 (양식)
- 연상기억 : 부서진 뼈(歹)에 곧바로(直) 세균이 증식하니, 불릴 식

❾ 愼
- 3Ⅱ급 획13 / 삼갈 신
- ⑰ 愼重 : 삼갈 신, 무거울 중 (신중)
- ⑱ 謹愼 : 삼갈 근, 삼갈 신 (근신)
- 연상기억 : 마음으로(忄) 언행을 참으로 진지하게(眞) 신중하니, 삼갈 신

❿ 顚
- 1급 19획 / 꼭대기 전
- ⑲ 顚覆 : 꼭대기 전, 덮을 복 (전복)
- ⑳ 顚末 : 꼭대기 전, 끝 말 (전말)
- 연상기억 : 머리(頁)가 생긴 그대로(眞) 거꾸러져 전복되니, 꼭대기 전

맵핑 漢字 연상기억
몸 기 己의 場
70강

- 10. 이미 이 **己**
  - ⑲ 이왕
  - ⑳ 부득이

- **己** 9. 몸 기
  - ⑰ 자기
  - ⑱ 극기

- 4. 구기자 기 **杞**
  - ⑦ 기우
  - ⑧ 구기

- **記** 1. 기록할 기
  - ① 기록
  - ② 기자

- 5. 꺼릴 기 **忌**
  - ⑨ 금기
  - ⑩ 기피

몸 기 己

- **紀** 2. 벼리 기
  - ③ 기강
  - ④ 군기

- 6. 고칠 개 **改**
  - ⑪ 개선
  - ⑫ 개량

- **起** 3. 일어날 기
  - ⑤ 기립
  - ⑥ 기동

- 8. 왕비 비 **妃**
  - ⑮ 왕비
  - ⑯ 대비

- **配** 7. 짝 배
  - ⑬ 배달
  - ⑭ 배급

漢字 자원(字源) 부수풀이 자동 연상기억

70일차 학습 몸 기 己

한자 쓰기 연습

❶ 記
- 7급 10획 / 기록할 기
- ① 記錄 : 기록할 기, 기록 록 (기록)
- ② 記者 : 기록할 기, 놈 자 (기자)
- 연상기억 : 말(言)을 직접 글(己)로 기록하니, 기록할 기

❷ 紀
- 4급 9획 / 벼리 기
- ③ 紀綱 : 벼리 기, 벼리 강 (기강)
- ④ 軍紀 : 군사 군, 벼리 기 (군기)
- 연상기억 : 그물이 헝클어지지 않게 굵은 줄(糸)의 벼리를 쓰니, 벼리 기

❸ 起
- 4Ⅱ급 10획 / 일어날 기
- ⑤ 起立 : 일어날 기, 설 립 (기립)
- ⑥ 起動 : 일어날 기, 움직일 동 (기동)
- 연상기억 : 달리려고(走) 몸(己)을 일으켜 기립하니, 일어날 기

❹ 杞
- 1급 7획 / 구기자 기
- ⑦ 杞憂 : 구기자 기, 근심할 우 (기우)
- ⑧ 拘杞 : 잡을 구, 구기자 기 (구기)
- 연상기억 : 나무(木)가 등뼈처럼(己) 구부려져 크니, 구기자 기

❺ 忌
- 3급 7획 / 꺼릴 기
- ⑨ 禁忌 : 금할 기, 꺼릴 기 (금기)
- ⑩ 忌避 : 꺼릴 기, 피할 피 (기피)
- 연상기억 : 자기 몸(己)을 염려하여(心) 금기하니, 꺼릴 기

❻ 改
- 5급 7획 / 고칠 개
- ⑪ 改善 : 고칠 개, 착한 선 (개선)
- ⑫ 改良 : 고칠 개, 어질 량 (개량)
- 연상기억 : 자기 몸(己)을 쳐서(攵) 개선하려 하니, 고칠 개

❼ 配
- 4Ⅱ급 10획 / 짝 배
- ⑬ 配達 : 짝 배, 통달할 달 (배달)
- ⑭ 配給 : 짝 배, 줄 급 (배급)
- 연상기억 : 술(酉)을 부어놓고 신랑 신부(己)가 혼례를 치르니, 짝 배

❽ 妃
- 3Ⅱ급 6획 / 왕비 비
- ⑮ 王妃 : 임금 왕, 왕비 비 (왕비)
- ⑯ 大妃 : 큰 대, 왕비 비 (대비)
- 연상기억 : 귀한 몸(己)의 여자(女)가 왕비이니, 왕비 비

❾ 己
- 5급 3획 / 몸 기
- ⑰ 自己 : 스스로 자, 몸 기 (자기)
- ⑱ 克己 : 이길 극, 몸 기 (극기)
- 연상기억 : 몸의 척추 마디 모습을 한 글자이니, 몸 기

❿ 已
- 3Ⅱ급 3획 / 이미 이
- ⑲ 已往 : 이미 이, 갈 왕 (이왕)
- ⑳ 不得已 : 아닐 부, 얻을 득, 이미 이 (부득이)
- 연상기억 : 자기 몸(己)이 이미(已, 以) 부득이하니, 이미 이

맵핑 漢字 연상기억

한가지 공 共의 場

71강

- 10. 반찬 찬 饌
  - ⑲ 반찬
  - ⑳ 진수성찬
- 9. 가릴 선 選
  - ⑰ 선거
  - ⑱ 선택
- 4. 항구 항 港
  - ⑦ 항구
  - ⑧ 공항
- 1. 한가지 공 共
  - ① 공동
  - ② 공공

한가지 공 共

- 5. 거리 항 巷
  - ⑨ 항간
  - ⑩ 항설
- 2. 이바지할 공 供
  - ③ 공급
  - ④ 공양
- 6. 넓을 홍 洪
  - ⑪ 홍수
  - ⑫ 홍길동
- 3. 공손할 공 恭
  - ⑤ 공손
  - ⑥ 공경
- 8. 똥 분 糞
  - ⑮ 분뇨
  - ⑯ 인분
- 7. 다를 이 異
  - ⑬ 기이
  - ⑭ 이상

204

漢字 자원(字源) 부수풀이 자동 연상기억

71일차 학습 한가지 공 共

한자 쓰기 연습

❶ 共

6급 6획	① 共同 : 한가지 공,	한가지 동	(공동)
한가지 공	② 公共 : 공평할 공,	한가지 공	(공공)

연상기억 : 스물 입(廾) 맞잡을 공(六), 여러사람이 받들어 공동이니, 한가지 공

❷ 供

3Ⅱ급 10획	③ 供給 : 이바지할 공,	줄 급	(공급)
이바지할 공	④ 供養 : 이바지할 공,	기를 양	(공양)

연상기억 : 웃어른(亻)에게 받들어(共) 함께 공양하니, 이바지할 공

❸ 恭

3Ⅱ급 10획	⑤ 恭遜 : 공손할 공,	공손할 손	(공손)
공손할 공	⑥ 恭敬 : 공손할 공,	공경할 경	(공경)

연상기억 : 함께하는(共) 마음(⺗)으로 공경하니, 공손할 공

❹ 港

4Ⅱ급 12획	⑦ 港口 : 항구 항,	입 구	(항구)
항구 항	⑧ 空港 : 빌 공,	항구 항	(공항)

연상기억 : 물(水)이 길 따라(巷) 가는 뱃길이나 항구이니, 항구 항

❺ 巷

3급 9획	⑨ 巷間 : 거리 항,	사이 간	(항간)
거리 항	⑩ 巷說 : 거리 항,	말씀 설	(항설)

연상기억 : 마을(巳, 邑)과 마을이 함께(共) 쓰는 것이 거리이니, 거리 항

❻ 洪

3급 5획	⑪ 洪水 : 넓을 홍,	물 수	(홍수)
넓을 홍	⑫ 洪吉童 : 넓을 홍, 길할 길, 아이 동		(홍길동)

연상기억 : 물(氵)이 사방으로 다(共) 차서 홍수이니, 넓을 홍

❼ 異

4급 12획	⑬ 奇異 : 기이할 기,	다를 이	(기이)
다를 이	⑭ 異常 : 다를 이,	떳떳할 상	(이상)

연상기억 : 두 손 들어(共) 가면(田)을 뒤집어써 기이하니, 다를 이

❽ 糞

1급 17획	⑮ 糞尿 : 똥 분,	오줌 뇨	(분뇨)
똥 분	⑯ 人糞 : 사람 인,	똥 분	(인분)

연상기억 : 쌀(米)이 변하여 다른(異) 인분이 되니, 똥 분

❾ 選

5급 16획	⑰ 選擧 : 가릴 선,	들 거	(선거)
가릴 선	⑱ 選擇 : 가릴 선,	가릴 택	(선택)

연상기억 : 제사 지내러 갈 때(辶) 유순한(巽) 사람을 뽑으니, 가릴 선

❿ 饌

1급 21획	⑲ 飯饌 : 밥 반,	반찬 찬	(반찬)
반찬 찬	⑳ 珍羞盛饌 : 보배 진, 바칠 수, 성할 성, 반찬 찬		(진수성찬)

연상기억 : 음식(食)이 유순하고(巽) 진수성찬이니, 반찬 찬

맵핑 漢字 연상기억

72강
흰 백 白의 場

10. 비단 백 **帛**
⑲ 폐백
⑳ 백서

白 9. 흰 백
⑰ 백미
⑱ 백설

4. 배 박 **舶**
⑦ 선박
⑧ 박물

伯 1. 맏 백
① 백부
② 화백

5. 머무를 박 **泊**
⑨ 정박
⑩ 민박

흰 백
白

百 2. 일백 백
③ 백년
④ 백성

6. 금박 박 **箔**
⑪ 금박
⑫ 은박

柏 3. 측백 백
⑤ 동백
⑥ 송백

8. 닥칠 박 **迫**
⑮ 급박
⑯ 임박

拍 7. 칠 박
⑬ 박수
⑭ 박차

漢字 자원(字源) 부수풀이 자동 연상기억

72일차 학습 흰 백 白

❶ 伯
- 3Ⅱ급 7획 / 맏 백
- ① 伯父 : 맏 백, 아버지 부 (백부)
- ② 畫伯 : 그림 화, 맏 백 (화백)
- 연상기억 : 일을 자세하게 사뢸(白) 사람(亻)은 백부이니, 맏 백

❷ 百
- 7급 6획 / 일백 백
- ③ 百年 : 일백 백, 해 년 (백년)
- ④ 百姓 : 일백 백, 성 성 (백성)
- 연상기억 : 일(一)에서 백(百)년까지 사는 백성이니, 일백 백

❸ 柏
- 2급 9획 / 측백 백
- ⑤ 冬柏 : 겨울 동, 측백 백 (동백)
- ⑥ 松柏 : 소나무 송, 측백 백 (송백)
- 연상기억 : 겉이 흰(白) 잣나무(木)는 송백이니, 측백 백

❹ 舶
- 2급 11획 / 배 박
- ⑦ 船舶 : 배 선, 배 박 (선박)
- ⑧ 舶物 : 배 박, 물건 물 (박물)
- 연상기억 : 배(舟)에 흰(白) 돛을 단 선박이니, 배 박

❺ 泊
- 3급 8획 / 머무를 박
- ⑨ 碇泊 : 닻 정, 머무를 박 (정박)
- ⑩ 民泊 : 백성 민, 머무를 박 (민박)
- 연상기억 : 물(氵)이 희게(白) 보이는 곳에 정박하니, 머무를 박

❻ 箔
- 1급 14획 / 금박 박
- ⑪ 金箔 : 쇠 금, 금박 박 (금박)
- ⑫ 銀箔 : 은 은, 금박 박 (은박)
- 연상기억 : 대나무(竹) 껍질에 머물러(泊) 금박이니, 금박 박

❼ 拍
- 4급 8획 / 칠 박
- ⑬ 拍手 : 칠 박, 손 수 (박수)
- ⑭ 拍車 : 칠 박, 수레 차 (박차)
- 연상기억 : 손(扌)으로 장단을 맞추어(白) 박수치니, 칠 박

❽ 迫
- 3Ⅱ급 9획 / 닥칠 박
- ⑮ 急迫 : 급할 급, 닥칠 박 (급박)
- ⑯ 臨迫 : 임할 림, 닥칠 박 (임박)
- 연상기억 : 어떤 일이 천천히(辶) 명백하게(白) 다가오니, 닥칠 박

❾ 白
- 6급 5획 / 흰 백
- ⑰ 白眉 : 흰 백, 눈썹 미 (백미)
- ⑱ 白雪 : 흰 백, 눈 설 (백설)
- 연상기억 : 해(日)의 빛이 삐쳐(丿) 흰 빛이니, 흰 백

❿ 帛
- 1급 8획 / 비단 백
- ⑲ 幣帛 : 비단 폐, 비단 백 (폐백)
- ⑳ 帛書 : 비단 백, 글 서 (백서)
- 연상기억 : 흰(白)빛의 헝겊(巾)이 비단이니, 비단 백

맵핑 漢字 연상기억

맏 형 兄의 場

73강

10. 날카로울 예 銳
- ⑲ 예민
- ⑳ 첨예

9. 말씀 설 說
- ⑰ 설명
- ⑱ 설교

4. 세금 세 稅
- ⑦ 세금
- ⑧ 세율

1. 맏 형 兄
- ① 형제
- ② 형수

5. 볼 열 閱
- ⑨ 열람
- ⑩ 검열

맏 형
兄

2. 빌 축 祝
- ③ 축하
- ④ 축복

6. 기쁠 열 悅
- ⑪ 희열
- ⑫ 열락

3. 상황 황 況
- ⑤ 상황
- ⑥ 근황

8. 벗을 탈 脫
- ⑮ 탈고
- ⑯ 포탈

7. 저주할 주 呪
- ⑬ 저주
- ⑭ 주문

漢字 자원(字源) 부수풀이 자동 연상기억

73일차 학습 맏형 兄

한자 쓰기 연습

❶ 兄
- 8급 5획 / 맏 형
- ① 兄弟 : 맏 형, 아우 제 (형제)
- ② 兄嫂 : 맏 형, 형수 수 (형수)
- 연상기억 : 어진(儿) 말(口)을 하는 사람은 어른이니, 맏 형

❷ 祝
- 5급 10획 / 빌 축
- ③ 祝賀 : 빌 축, 하례 하 (축하)
- ④ 祝福 : 빌 축, 복 복 (축복)
- 연상기억 : 제단(示) 앞에서 맏형(兄)이 축문을 읽으니, 빌 축

❸ 況
- 4급 8획 / 상황 황
- ⑤ 狀況 : 모양 상, 상황 황 (상황)
- ⑥ 近況 : 가까울 근, 상황 황 (근황)
- 연상기억 : 물이 불고 줄어드는 상황을 알아보니, 상황 황

❹ 稅
- 4Ⅱ급 12획 / 세금 세
- ⑦ 稅金 : 세금 세, 쇠 금 (세금)
- ⑧ 稅率 : 세금 세, 비율 률 (세율)
- 연상기억 : 곡식(禾)을 추수하여 기뻐서(兌) 신에게 세금을 바치니, 세금 세

❺ 閱
- 3급 15획 / 볼 열
- ⑨ 閱覽 : 볼 열, 볼 람 (열람)
- ⑩ 檢閱 : 검사할 검, 볼 열 (검열)
- 연상기억 : 문(門) 앞에서 바꾸는(兌) 것을 검열하니, 볼 열

❻ 悅
- 3Ⅱ급 10획 / 기쁠 열
- ⑪ 喜悅 : 기쁠 희, 기쁠 열 (희열)
- ⑫ 悅樂 : 기쁠 열, 즐길 락 (열락)
- 연상기억 : 마음(忄)이 기뻐(兌) 희열을 느끼니, 기쁠 열

❼ 呪
- 1급 8획 / 저주할 주
- ⑬ 詛呪 : 저주할 저, 저주할 주 (저주)
- ⑭ 呪文 : 저주할 주, 글월 문 (주문)
- 연상기억 : 형(兄)이 주절거리며(口) 주문을 외우니, 저주할 주

❽ 脫
- 4급 11획 / 벗을 탈
- ⑮ 脫稿 : 벗을 탈, 볏짚 고 (탈고)
- ⑯ 逋脫 : 달아날 포, 벗을 탈 (포탈)
- 연상기억 : 곤충 몸(月)이 허물을 벗고 바뀌니(兌), 벗을 탈

❾ 說
- 5급 14획 / 말씀 설
- ⑰ 說明 : 말씀 설, 밝을 명 (설명)
- ⑱ 說敎 : 말씀 설, 가르칠 교 (설교)
- 연상기억 : 기뻐하도록(兌) 말하여(言) 설명하니, 말씀 설

❿ 銳
- 3급 15획 / 날카로울 예
- ⑲ 銳敏 : 날카로울 예, 바쁠 민 (예민)
- ⑳ 尖銳 : 뾰족할 첨, 날카로울 예 (첨예)
- 연상기억 : 쇠(金)처럼 날카롭게 바뀌니(兌), 날카로울 예

맵핑 漢字 연상기억

마을 리 里의 場

74강

- 10. 속 리 裡
  - ⑲ 암암리
  - ⑳ 극비리

- 9. 속 리 裏
  - ⑰ 이면
  - ⑱ 표리

- 4. 아이 동 童
  - ⑦ 아동
  - ⑧ 동심

- 1. 마을 리 里
  - ① 동리
  - ② 이장

마을 리 里

- 5. 눈동자 동 瞳
  - ⑨ 동공
  - ⑩ 동자

- 2. 다스릴 리 理
  - ③ 원리
  - ④ 이론

- 6. 동경할 동 憧
  - ⑪ 동경
  - ⑫ 동동

- 3. 속될 리 俚
  - ⑤ 이가
  - ⑥ 이언

- 8. 묻을 매 埋
  - ⑮ 매몰
  - ⑯ 매장

- 7. 들 야 野
  - ⑬ 야산
  - ⑭ 야외

漢字 자원(字源) 부수풀이 자동 연상기억

74일차 학습 마을 리 里

한자 쓰기 연습

❶ 里
- 7급 7획
- 마을 리
- ① 洞里 : 마을 동, 마을 리 (동리)
- ② 里長 : 마을 리, 긴 장 (이장)
- 연상기억 : 논밭(田)사이 두렁(土)이 있어 마을이니, 마을 리

❷ 理
- 6급 11획
- 다스릴 리
- ③ 原理 : 언덕 원, 다스릴 리 (원리)
- ④ 理論 : 다스릴 리, 의논할 론 (이론)
- 연상기억 : 구슬(玉)에 무늬(里)가 잘 나타나도록 다스리니, 다스릴 리

❸ 俚
- 1급 9획
- 속될 리
- ⑤ 俚歌 : 속될 리, 노래 가 (이가)
- ⑥ 俚言 : 속될 리, 말씀 언 (이언)
- 연상기억 : 사람(亻)이 이치(里)에 안 맞는 속된 말을 쓰니, 속될 리

❹ 童
- 6급 12획
- 아이 동
- ⑦ 兒童 : 아이 아, 아이 동 (아동)
- ⑧ 童心 : 아이 동, 마음 심 (동심)
- 연상기억 : 밭이랑(里)에 서 있는(立) 동심이니, 아이 동

❺ 瞳
- 1급 17획
- 눈동자 동
- ⑨ 瞳孔 : 눈동자 동, 구멍 공 (동공)
- ⑩ 瞳子 : 눈동자 동, 아들 자 (동자)
- 연상기억 : 아이(童)의 눈(目)이 맑으니, 눈동자 동

❻ 憧
- 1급 15획
- 동경할 동
- ⑪ 憧憬 : 동경할 동, 그리워할 경 (동경)
- ⑫ 憧憧 : 동경할 동, 동경할 동 (동동)
- 연상기억 : 마음(忄)이 아이(童) 같아 동경하니, 동경할 동

❼ 野
- 6급 11획
- 들 야
- ⑬ 野山 : 들 야, 메 산 (야산)
- ⑭ 野外 : 들 야, 바깥 외 (야외)
- 연상기억 : 마을(里)들을 먹여 살려주는(予) 논과 밭이 있는 들이니, 들 야

❽ 埋
- 3급 10획
- 묻을 매
- ⑮ 埋沒 : 묻을 매, 빠질 몰 (매몰)
- ⑯ 埋葬 : 묻을 매, 장사지낼 장 (매장)
- 연상기억 : 마을(里) 땅속에(土) 매장하니, 묻을 매

❾ 裏
- 3Ⅱ급 13획
- 속 리
- ⑰ 裏面 : 속 리, 겉 면 (이면)
- ⑱ 表裏 : 겉 표, 속 리 (표리)
- 연상기억 : 옷(衣)의 이음새는 안쪽(里)에 있으니, 속 리

❿ 裡
- 1급 12획
- 속 리
- ⑲ 暗暗裡 : 어두울 암, 어두울 암, 속 리 (암암리)
- ⑳ 極秘裡 : 다할 극, 숨길 비, 속 리 (극비리)
- 연상기억 : 옷(衤)의 거리(里)는 극비리에 존재하니, 속 리

맵핑 漢字 연상기억

귀신 귀 鬼의 場

75강

10. 모을 수 蒐
  ⑲ 수집
  ⑳ 수집

9. 귀신 귀 鬼
  ⑰ 귀신
  ⑱ 마귀

4. 넋 혼 魂
  ⑦ 혼신
  ⑧ 초혼

1. 흙덩이 괴 塊
  ① 금괴
  ② 괴상

귀신 귀 鬼

5. 넋 백 魄
  ⑨ 혼백
  ⑩ 혼비백산

2. 부끄러울 괴 愧
  ③ 괴색
  ④ 수괴

6. 매혹할 매 魅
  ⑪ 매력
  ⑫ 매혹

3. 허수아비 괴 傀
  ⑤ 괴뢰
  ⑥ 괴기

8. 괴수 괴 魁
  ⑮ 괴수
  ⑯ 괴기

7. 더러울 추 醜
  ⑬ 추태
  ⑭ 추잡

漢字 자원(字源) 부수풀이 자동 연상기억

75일차 학습 귀신 귀 鬼

한자 쓰기 연습

❶ 塊
- 3급 13획 / 흙덩이 괴
- ① 金塊 : 쇠 금, 흙덩이 괴 (금괴)
- ② 怪狀 : 흙덩이 괴, 모양 상 (괴상)
- 연상기억 : 괴상하게(鬼) 생긴 흙덩이(土)에서 금괴가 나오니, 흙덩이 괴

❷ 愧
- 3급 13획 / 부끄러울 괴
- ③ 愧色 : 부끄러울 괴, 빛 색 (괴색)
- ④ 羞愧 : 부끄러울 수, 부끄러울 괴 (수괴)
- 연상기억 : 마음(忄)이 귀신(鬼)처럼 보이니, 부끄러울 괴

❸ 傀
- 2급 12획 / 허수아비 괴
- ⑤ 傀儡 : 허수아비 괴, 꼭두각시 뢰 (괴뢰)
- ⑥ 傀奇 : 허수아비 괴, 괴이할 기 (괴기)
- 연상기억 : 사람(亻)이 귀신(鬼)처럼 서 있으니, 허수아비 괴

❹ 魂
- 3Ⅱ급 14획 / 넋 혼
- ⑦ 魂神 : 넋 혼, 귀신 신 (혼신)
- ⑧ 招魂 : 부를 초, 넋 혼 (초혼)
- 연상기억 : 구름처럼(雲, 云) 떠도는 귀신(鬼)의 혼신이니, 넋 혼

❺ 魄
- 1급 15획 / 넋 백
- ⑨ 魂魄 : 넋 혼, 넋 백 (혼백)
- ⑩ 魂飛魄散 : 넋 혼, 날 비, 넋 백, 흩을 산 (혼비백산)
- 연상기억 : 흰(白)옷 입은 귀신(鬼)을 보고 혼비백산하니, 넋 백

❻ 魅
- 2급 15획 / 매혹할 매
- ⑪ 魅力 : 매혹할 매, 힘 력 (매력)
- ⑫ 魅惑 : 매혹할 매, 매혹할 혹 (매혹)
- 연상기억 : 미래(未)의 귀신(鬼)이 매력적이니, 매혹할 매

❼ 醜
- 3급 17획 / 더러울 추
- ⑬ 醜態 : 더러울 추, 모습 태 (추태)
- ⑭ 醜雜 : 더러울 추, 섞일 잡 (추잡)
- 연상기억 : 술(酉)을 마시고 귀신(鬼)같이 추잡하니, 더러울 추

❽ 魁
- 1급 14획 / 괴수 괴
- ⑮ 魁帥 : 괴수 괴, 장수 수 (괴수)
- ⑯ 魁奇 : 괴수 괴, 기이할 기 (괴기)
- 연상기억 : 한 말이나(斗) 되는 귀신(鬼)의 우두머리니, 괴수 괴

❾ 鬼
- 3Ⅱ급 10획 / 귀신 귀
- ⑰ 鬼神 : 귀신 귀, 귀신 신 (귀신)
- ⑱ 魔鬼 : 마귀 마, 귀신 귀 (마귀)
- 연상기억 : 귀신머리(甶)사람(儿) 사사(厶), 귀신이나 도깨비, 귀신 신

❿ 蒐
- 1급 14획 / 모을 수
- ⑲ 蒐集 : 모을 수, 모을 집 (수집)
- ⑳ 蒐輯 : 모을 수, 모을 집 (수집)
- 연상기억 : 풀(艹)을 귀신(鬼)이 수집하니, 모을 수

맵핑 漢字 연상기억
방패 간 干의 場
76강

- 10. 언덕 안 岸
  - ⑲ 연안
  - ⑳ 해안

- 9. 드물 한 罕
  - ⑰ 희한
  - ⑱ 한례

- 4. 땀 한 汗
  - ⑦ 한증
  - ⑧ 발한

- 1. 방패 간 干
  - ① 간여
  - ② 간섭

방패 간 干

- 5. 가물 한 旱
  - ⑨ 한발
  - ⑩ 한해

- 2. 간행할 간 刊
  - ③ 간행
  - ④ 출간

- 6. 사나울 한 悍
  - ⑪ 표한
  - ⑫ 한용

- 3. 줄기 간 幹
  - ⑤ 간부
  - ⑥ 주간

- 8. 간 간 肝
  - ⑮ 간장
  - ⑯ 간암

- 7. 간사할 간 奸
  - ⑬ 간사
  - ⑭ 간악

漢字 자원(字源) 부수풀이 자동 연상기억

76일차 학습 — 방패 간 干

한자 쓰기 연습

❶ 干
- 4급 3획 / 방패 간
- ① 干與 : 방패 간, 더불 여 (간여)
- ② 干涉 : 방패 간, 건널 섭 (간섭)
- **연상기억** : 손잡이가 달린 방패 모양의 글자이니, 방패 간

❷ 刊
- 3Ⅱ급 5획 / 간행할 간
- ③ 刊行 : 간행할 간, 다닐 행 (간행)
- ④ 出刊 : 날 출, 간행할 간 (출간)
- **연상기억** : 방패(干) 같은 널빤지에 글자를 새겨(刂) 넣어 출간하니, 간행할 간

❸ 幹
- 3Ⅱ급 13획 / 줄기 간
- ⑤ 幹部 : 줄기 간, 떼 부 (간부)
- ⑥ 主幹 : 주인 주, 줄기 간 (주간)
- **연상기억** : 해 돋는 시기에 나무를 세워 방패(干)로 막으니 줄기가 되어, 줄기 간

❹ 汗
- 3Ⅱ급 6획 / 땀 한
- ⑦ 汗蒸 : 땀 한, 찔 증 (한증)
- ⑧ 發汗 : 필 발, 땀 한 (발한)
- **연상기억** : 방패(干) 같은 몸에서 물(氵)이 흐르니, 땀 한

❺ 旱
- 3급 7획 / 가물 한
- ⑨ 旱魃 : 가물 한, 가물 발 (한발)
- ⑩ 旱害 : 가물 한, 해할 해 (한해)
- **연상기억** : 태양(日)이 많이 들어 마르니(干), 가물 한

❻ 悍
- 1급 10획 / 사나울 한
- ⑪ 慓悍 : 사나울 표, 사나울 한 (표한)
- ⑫ 悍勇 : 사나울 한, 날랠 용 (한용)
- **연상기억** : 가뭄(旱)으로 마음(忄)도 메마르니, 사나울 한

❼ 奸
- 1급 6획 / 간사할 간
- ⑬ 奸邪 : 간사할 간, 간사할 사 (간사)
- ⑭ 奸惡 : 간사할 간, 악할 악 (간악)
- **연상기억** : 여자(女)가 방패(干)로 막아 간사하니, 간사할 간

❽ 肝
- 3Ⅱ급 7획 / 간 간
- ⑮ 肝腸 : 간 간, 창자 장 (간장)
- ⑯ 肝癌 : 간 간, 암 암 (간암)
- **연상기억** : 몸의(月, 肉) 병을 방패(干)로 막아야 하니, 간 간

❾ 罕
- 3급 7획 / 드물 한
- ⑰ 稀罕 : 드물 희, 드물 한 (희한)
- ⑱ 罕例 : 드물 한, 법식 례 (한례)
- **연상기억** : 구멍(穴)을 방패(干)로 막아야 하는 것은 드므니, 드물 한

❿ 岸
- 3Ⅱ급 8획 / 언덕 안
- ⑲ 沿岸 : 물가 연, 언덕 안 (연안)
- ⑳ 海岸 : 바다 해, 언덕 안 (해안)
- **연상기억** : 산(山)과 언덕(厂)이 파이고 깎여 나간 낭떠러지니, 언덕 안

맵핑 漢字 연상기억

아침 단 旦의 場

77강

- 10. 양식 량 糧
  - ⑲ 양곡
  - ⑳ 양식
- 9. 헤아릴 량 量
  - ⑰ 양적
  - ⑱ 용량
- 4. 아침 단 旦
  - ⑦ 원단
  - ⑧ 단모
- 1. 베풀 선 宣
  - ① 선포
  - ② 선서

아침 단 旦

- 5. 다만 단 但
  - ⑨ 단지
  - ⑩ 단서
- 2. 항상 항 恒
  - ③ 항상
  - ④ 항시
- 6. 평탄할 탄 坦
  - ⑪ 순탄
  - ⑫ 평탄
- 3. 굳셀 환 桓
  - ⑤ 환웅
  - ⑥ 환인
- 8. 거리낄 애 碍
  - ⑮ 장애
  - ⑯ 구애
- 7. 얻을 득 得
  - ⑬ 득실
  - ⑭ 이득

漢字 자원(字源) 부수풀이 자동 연상기억
77일차 학습 — 아침 단 旦

한자 쓰기 연습

❶ 宣
- 4급 9획 / 베풀 선
- ① 宣布 : 베풀 선, 베 포 (선포)
- ② 宣誓 : 베풀 선, 맹세할 서 (선서)
- 연상기억 : 임금의 대궐(宀)에서 조서를 펴(亘) 알리니, 베풀 선

❷ 恒
- 3Ⅱ급 9획 / 항상 항
- ③ 恒常 : 항상 항, 떳떳할 상 (항상)
- ④ 恒時 : 항상 항, 때 시 (항시)
- 연상기억 : 마음(忄)을 항상 펴고(亘) 있으니, 항상 항

❸ 桓
- 2급 10획 / 굳셀 환
- ⑤ 桓雄 : 굳셀 환, 수컷 웅 (환웅)
- ⑥ 桓因 : 굳셀 환, 인할 인 (환인)
- 연상기억 : 나무(木)가 크게 펴서(亘) 위엄이 있으니, 굳셀 환

❹ 旦
- 3Ⅱ급 5획 / 아침 단
- ⑦ 元旦 : 으뜸 원, 아침 단 (원단)
- ⑧ 旦暮 : 아침 단, 저물 모 (단모)
- 연상기억 : 해(日)가 지평선(一) 위에 뜨는 아침이니, 아침 단

❺ 但
- 3Ⅱ급 7획 / 다만 단
- ⑨ 但只 : 다만 단, 다만 지 (단지)
- ⑩ 但書 : 다만 단, 글 서 (단서)
- 연상기억 : 사람(亻)은 아침(旦)에 일어나니, 다만 만

❻ 坦
- 1급 8획 / 평탄할 탄
- ⑪ 順坦 : 순할 순, 평탄할 탄 (순탄)
- ⑫ 平坦 : 평평할 평, 평탄할 탄 (평탄)
- 연상기억 : 아침(旦)의 해가 땅(土) 위에 평탄하게 비추니, 평탄할 탄

❼ 得
- 4Ⅱ급 11획 / 얻을 득
- ⑬ 得失 : 얻을 득, 잃을 실 (득실)
- ⑭ 利得 : 이할 리, 얻을 득 (이득)
- 연상기억 : 걸어가서(彳) 재물(旦, 貝)을 손(寸)으로 얻으니, 얻을 득

❽ 碍
- 2급 13획 / 거리낄 애
- ⑮ 障碍 : 막힐 장, 거리낄 애 (장애)
- ⑯ 拘碍 : 잡을 구, 거리낄 애 (구애)
- 연상기억 : 돌(石)에 막히어(䍃) 장애가 되니, 거리낄 애

❾ 量
- 5급 12획 / 헤아릴 량
- ⑰ 量的 : 헤아릴 량, 과녁 적 (양적)
- ⑱ 容量 : 얼굴 용, 헤아릴 량 (용량)
- 연상기억 : 부피(日)와 중량(重)으로 헤아리니, 헤아릴 량

❿ 糧
- 4급 18획 / 양식 량
- ⑲ 糧穀 : 양식 량, 곡식 곡 (양곡)
- ⑳ 糧食 : 양식 량, 밥 식 (양식)
- 연상기억 : 헤아려(量) 들여 놓은 쌀(米)이 양식이니, 양식 량

맵핑 漢字 연상기억

장인 공 工의 場

78강

10. 잡을 나 **拿**
- ⑲ 나포
- ⑳ 나획

9. 잡을 나 **挐**
- ⑰ 한라산
- ⑱ 한라장사

4. 잡을 집 **執**
- ⑦ 집념
- ⑧ 집착

1. 두려울 공 **恐**
- ① 공룡
- ② 공포

장인 공 **工**

5. 잡을 지 **摯**
- ⑨ 진지
- ⑩ 지구

2. 쌓을 축 **築**
- ③ 건축
- ④ 축조

6. 숨을 칩 **蟄**
- ⑪ 칩거
- ⑫ 경칩

3. 묶을 공 **鞏**
- ⑤ 공고
- ⑥ 공막

8. 물을 신 **訊**
- ⑮ 신문
- ⑯ 신국

7. 빠른 신 **迅**
- ⑬ 신속
- ⑭ 신뢰

218

漢字 자원(字源) 부수풀이 자동 연상기억

78일차 학습 장인 공 工

한자 쓰기 연습

❶ 恐

3Ⅱ급 10획	① 恐龍 : 두려울 공, 두려울 포 (공룡)
두려울 공	② 恐怖 : 두려울 공, 용 룡 (공포)

연상기억 : 놀라서 두 손으로 가슴을 안으니, 두려울 공

❷ 築

4Ⅱ급 16획	③ 建築 : 세울 건, 쌓을 축 (건축)
쌓을 축	④ 築造 : 쌓을 축, 지을 조 (축조)

연상기억 : 나무와 흙을 주워 쌓으니, 쌓을 축

❸ 鞏

1급 15획	⑤ 鞏固 : 묶을 공, 굳을 고 (공고)
묶을 공	⑥ 鞏膜 : 묶을 공, 꺼풀 막 (공막)

연상기억 : 두 손으로 끌어안아(巩) 가죽으로 묶으니, 묶을 공

❹ 執

3Ⅱ급 11획	⑦ 執念 : 잡을 집, 생각 념 (집념)
잡을 집	⑧ 執着 : 잡을 집, 붙을 착 (집착)

연상기억 : 놀랄(幸)만한 죄를 지은 사람을 잡으니(丸), 잡을 집

❺ 摯

1급 15획	⑨ 眞摯 : 참 진, 잡을 지 (진지)
잡을 지	⑩ 摯拘 : 잡을 지, 잡을 구 (지구)

연상기억 : 손(手)으로 잡아(執) 구속하여 잡으니, 잡을 지

❻ 蟄

1급 17획	⑪ 蟄居 : 숨을 칩, 살 거 (칩거)
숨을 칩	⑫ 驚蟄 : 놀랄 경, 숨을 칩 (경칩)

연상기억 : 잡(執)은 벌레(虫)가 겨울잠을 자니, 숨을 칩

❼ 迅

1급 7획	⑬ 迅速 : 빠를 신, 빠를 속 (신속)
빠른 신	⑭ 迅雷 : 빠를 신, 우뢰 뢰 (신뢰)

연상기억 : 달려(辶)오는 새가 빨리 날아(凡) 신속하니, 빠를 신

❽ 訊

1급 10획	⑮ 訊問 : 물을 신, 물을 문 (신문)
물을 신	⑯ 訊鞫 : 물을 신, 국문할 국 (신국)

연상기억 : 재빨리(凡) 물어(言) 신문하니, 물을 신

❾ 拏

1급 9획	⑰ 漢拏山 : 한나라 한, 잡을 라, 메 산 (한라산)
잡을 나	⑱ 漢拏壯士 : 한나라 한, 잡을 라, 장할 장, 선비 사 (한라장사)

연상기억 : 여자(女)가 또(又)다시 손(手)을 붙잡고 한라산에 오르니, 잡을 나

❿ 拿

1급 10획	⑲ 拿捕 : 잡을 나, 사로잡을 포 (나포)
잡을 나	⑳ 拿獲 : 잡을 나, 얻을 획 (나획)

연상기억 : 여러 사람의 힘(手)을 합하여(合) 나포하니, 잡을 나

맵핑 漢字 연상기억
사귈 교 交의 場

79강

10. 본받을 효 **效**
⑲ 효과
⑳ 효력

教 9. 가르칠 교
⑰ 교실
⑱ 교육

4. 시원할 상 **爽**
⑦ 상쾌
⑧ 호상

父 1. 아비 부
① 부모형제
② 부전자전

5. 미륵 미 **彌**
⑨ 미륵불
⑩ 미아동

사귈 교
交

斧 2. 도끼 부
③ 부월
④ 부가

6. 도장 새 **璽**
⑪ 옥새
⑫ 국새

釜 3. 가마 부
⑤ 부산
⑥ 경부선

8. 배울 학 **學**
⑮ 학교
⑯ 학생

覺 7. 깨달을 각
⑬ 각성
⑭ 착각

220

漢字 자원(字源) 부수풀이 자동 연상기억

79일차 학습 사귈 교 交

한자 쓰기 연습

❶ 父
8급 4획	① 父母兄弟 : 아비 부, 어미 모, 맏 형, 아우 제	(부모형제)
아비 부	② 父傳子傳 : 아비 부, 전할 전, 아들 자, 전할 전	(부전자전)

연상기억 : 오른손에 막대기를 든 가장인 아버지이니, 아비 부

❷ 斧
1급 8획	③ 斧鉞 : 도끼 부, 도끼 월	(부월)
도끼 부	④ 斧柯 : 도끼 부, 자루 가	(부가)

연상기억 : 아버지(父)가 도끼(斤)로 무늬를 그리니, 도끼 부

❸ 釜
2급 10획	⑤ 釜山 : 가마 부, 메 산	(부산)
가마 부	⑥ 京釜線 : 서울 경, 가마 부, 줄 선	(경부선)

연상기억 : 아버지(父)가 금(金)을 캐러 부산에 가니, 가마 부

❹ 爽
1급 11획	⑦ 爽快 : 시원할 상, 쾌할 쾌	(상쾌)
시원할 상	⑧ 豪爽 : 호걸 호, 시원할 상	(호상)

연상기억 : 양쪽으로 크게(大) 사귀어(爻) 상쾌하니, 시원할 상

❺ 彌
2급 17획	⑨ 彌勒佛 : 미륵 미, 굴레 륵, 부처 불	(미륵불)
미륵 미	⑩ 彌阿洞 : 미륵 미, 언덕 아, 골 동	(미아동)

연상기억 : 활(弓)을 두루(爾) 미륵불을 섬기니, 미륵 미

❻ 璽
1급 19획	⑪ 玉璽 : 구슬 옥, 도장 새	(옥새)
도장 새	⑫ 國璽 : 나라 국, 도장 새	(국새)

연상기억 : 옥(玉)으로 만들어 도장(爾)이 옥새이니, 도장 새

❼ 覺
4급 20획	⑬ 覺性 : 깨달을 각, 성품 성	(각성)
깨달을 각	⑭ 錯覺 : 섞일 착, 깨달을 각	(착각)

연상기억 : 보고(見) 배워(學) 사물의 진리를 깨달으니, 깨달을 각

❽ 學
8급 16획	⑮ 學校 : 배울 학, 학교 교	(학교)
배울 학	⑯ 學生 : 배울 학, 날 생	(학생)

연상기억 : 아이들(子)이 사귀어(爻) 지붕(冖) 아래 학교에서 배우니, 배울 학

❾ 敎
8급 11획	⑰ 敎室 : 가르칠 교, 집 실	(교실)
가르칠 교	⑱ 敎育 : 가르칠 교, 기를 육	(교육)

연상기억 : 자식(子)을 회초리로 쳐서(攵) 교육하니, 가르칠 교

❿ 效
5급 10획	⑲ 效果 : 본받을 효, 실과 과	(효과)
본받을 효	⑳ 效力 : 본받을 효, 힘 력	(효력)

연상기억 : 좋은 사람과 사귀도록(交) 채찍질(攵)을 하니, 본받을 효

맵핑 漢字 연상기억
아닐 비 非의 場

80강

10. 성 배 裵
⑲ 배극렴
⑳ 배비장전

輩 9. 무리 배
⑰ 선배
⑱ 도배

4. 배우 배 俳
⑦ 배우
⑧ 영화배우

非 1. 아닐 비
① 비위
② 비난

5. 어정거릴 배 徘
⑨ 배회
⑩ 배회증

아닐 비
非

誹 2. 비방할 비
③ 비방
④ 비소

6. 밀칠 배 排
⑪ 배구
⑫ 배척

悲 3. 슬플 비
⑤ 비분
⑥ 비참

8. 날 비 蜚
⑮ 유언비어
⑯ 비등

緋 7. 비단 비
⑬ 비단
⑭ 비옥

222

漢字 자원(字源) 부수풀이 자동 연상기억

80일차 학습 — 아닐 비 非

① 非
- 4Ⅱ급 8획 / 아닐 비
- ① 非違 : 아닐 비, 어길 위 (비위)
- ② 非難 : 아닐 비, 어려울 난 (비난)
- 연상기억 : 새의 양쪽 날개가 다른 방향으로 나서 어긋나거나 아니다의 뜻이니, 아닐 비

② 誹
- 1급 15획 / 비방할 비
- ③ 誹謗 : 비방할 비, 헐뜯을 방 (비방)
- ④ 誹笑 : 비방할 비, 웃을 소 (비소)
- 연상기억 : 사실(言)과 어긋나게(非) 비방하니, 비방할 비

③ 悲
- 4Ⅱ급 12획 / 슬플 비
- ⑤ 悲憤 : 슬플 비, 분할 분 (비분)
- ⑥ 悲慘 : 슬플 비, 참혹할 참 (비참)
- 연상기억 : 마음(心)이 어긋나(非) 비참하니, 슬플 비

④ 俳
- 2급 10획 / 배우 배
- ⑦ 俳優 : 배우 배, 넉넉할 우 (배우)
- ⑧ 映畫俳優 : 비칠 영, 그림 화, 배우 배, 넉넉할 우 (영화배우)
- 연상기억 : 그 사람(亻)은 거짓(非)이 아닌 참 된 영화배우니, 배우 배

⑤ 徘
- 1급 11획 / 어정거릴 배
- ⑨ 徘徊 : 어정거릴 배, 노닐 회 (배회)
- ⑩ 徘徊症 : 어정거릴 배, 노닐 회, 증세 증 (배회증)
- 연상기억 : 목적 없이(非) 다니고(彳) 노닐며 배회하니, 어정거릴 배

⑥ 排
- 3Ⅱ급 11획 / 밀칠 배
- ⑪ 排球 : 밀칠 배, 공 구 (배구)
- ⑫ 排斥 : 밀칠 배, 물리칠 척 (배척)
- 연상기억 : 나쁜 것(非)을 손(扌)으로 물리쳐 배척하니, 밀칠 배

⑦ 緋
- 1급 14획 / 비단 비
- ⑬ 緋緞 : 비단 비, 비단 단 (비단)
- ⑭ 緋玉 : 비단 비, 구슬 옥 (비옥)
- 연상기억 : 실(糸)을 엇갈려서(非) 짠 비단이니, 비단 비

⑧ 蜚
- 1급 14획 / 날 비
- ⑮ 流言蜚語 : 흐를 류, 말씀 언, 날 비, 말씀 어 (유언비어)
- ⑯ 蜚騰 : 날 비, 오를 등 (비등)
- 연상기억 : 어긋난 비행(非)이 벌레처럼(虫) 날아다니는 유언비어니, 날 비

⑨ 輩
- 3Ⅱ급 15획 / 무리 배
- ⑰ 先輩 : 먼저 선, 무리 배 (선배)
- ⑱ 徒輩 : 무리 도, 무리 배 (도배)
- 연상기억 : 수레(車)의 행렬이 새의 날개(非)처럼 펼쳐 달리니, 무리 배

⑩ 裵
- 2급 14획 / 성 배
- ⑲ 裵克廉 : 성 배, 이길 극, 청렴할 렴 (배극렴)
- ⑳ 裵裨將傳 : 성 배, 도울 비, 장수 장, 전할 전 (배비장전)
- 연상기억 : 옷(衣)에 날개(非)를 단 성씨이니, 성 배

맵핑 漢字 연상기억
견줄 비 比의 場
81강

- 10. 섞일 혼 混
  - ⑲ 혼탁
  - ⑳ 혼합

- 9. 맏 곤 昆
  - ⑰ 곤충
  - ⑱ 곤계

- 4. 사슴 록 鹿
  - ⑦ 녹각
  - ⑧ 녹용

- 1. 함께 해 偕
  - ① 해로
  - ② 백년해로

견줄 비 比

- 5. 티끌 진 塵
  - ⑨ 진토
  - ⑩ 풍진

- 2. 본보기 해 楷
  - ③ 해서
  - ④ 해백

- 6. 기린 린 麟
  - ⑪ 기린
  - ⑫ 인제군

- 3. 화할 해 諧
  - ⑤ 해학
  - ⑥ 해어

- 8. 섬돌 계 階
  - ⑮ 계단
  - ⑯ 계층

- 7. 다 개 皆
  - ⑬ 개근
  - ⑭ 개기일식

漢字 자원(字源) 부수풀이 자동 연상기억

81일차 학습 — 견줄 비 比

한자 쓰기 연습

❶ 偕
- 1급 11획 / 함께 해
- ① 偕老 : 함께 해, 늙을 로 (해로)
- ② 百年偕老 : 일백 백, 해 년, 함께 해, 늙을 로 (백년해로)
- 연상기억 : 사람(亻)이 함께(皆) 살아 백년회로 하니, 함께 해

❷ 楷
- 1급 13획 / 본보기 해
- ③ 楷書 : 본보기 해, 글 서 (해서)
- ④ 楷白 : 본보기 해, 흰 백 (해백)
- 연상기억 : 나무(木)에 두루 미치게(皆) 해서 쓰니, 본보기 해

❸ 諧
- 1급 16획 / 화할 해
- ⑤ 諧謔 : 화할 해, 희롱할 학 (해학)
- ⑥ 諧語 : 화할 해, 말씀 어 (해어)
- 연상기억 : 말(言)을 다(皆) 해학적으로 익살스럽게 하니, 화할 해

❹ 鹿
- 3급 11획 / 사슴 록
- ⑦ 鹿角 : 사슴 록, 뿔 각 (녹각)
- ⑧ 鹿茸 : 사슴 록, 뿔날 용 (녹용)
- 연상기억 : 사슴의 머리, 뿔, 네발을 그린 글자이니, 사슴 록

❺ 塵
- 2급 14획 / 티끌 진
- ⑨ 塵土 : 티끌 진, 흙 토 (진토)
- ⑩ 風塵 : 바람 풍, 티끌 진 (풍진)
- 연상기억 : 사슴(鹿)이 떼 지어 땅 위(土)를 달려 먼지가 일어나니, 티끌 진

❻ 麟
- 2급 23획 / 기린 린
- ⑪ 麒麟 : 기린 기, 기린 린 (기린)
- ⑫ 麟蹄郡 : 기린 린, 발굽 제, 고을 군 (인제군)
- 연상기억 : 사슴(鹿)이 쌀(米)처럼 어그러져(舛) 있으니, 기린 린

❼ 皆
- 3급 9획 / 다 개
- ⑬ 皆勤 : 다 개, 부지런할 근 (개근)
- ⑭ 皆旣日蝕 : 다 개, 이미 기, 날 일, 좀먹을 식 (개기일식)
- 연상기억 : 많은 사람이 견주어(比) 아뢰니(白), 다 개

❽ 階
- 4급 12획 / 섬돌 계
- ⑮ 階段 : 섬돌 계, 층계 단 (계단)
- ⑯ 階層 : 섬돌 계, 층 층 (계층)
- 연상기억 : 언덕(阝)에 함께(皆)하는 계단이 있으니, 섬돌 계

❾ 昆
- 1급 8획 / 맏 곤
- ⑰ 昆蟲 : 맏 곤, 벌레 충 (곤충)
- ⑱ 昆季 : 맏 곤, 계절 계 (곤계)
- 연상기억 : 벌레의 머리에 햇빛(日)을 받아 여러 발(比)의 곤충이 있으니, 맏 곤

❿ 混
- 4급 11획 / 섞일 혼
- ⑲ 混濁 : 섞일 혼, 흐릴 탁 (혼탁)
- ⑳ 混合 : 섞일 혼, 합할 합 (혼합)
- 연상기억 : 물(氵)이 많이(昆) 섞여 혼탁하니, 섞일 혼

맵핑 漢字 연상기억
예고 古의 場

82강

예 고
古

10. 시어머니 고 **姑**
　⑲ 고부
⑳ 고모

9. 살 거 **居**
　⑰ 거주
　⑱ 거실

4. 굳을 고 **固**
　⑦ 고체
⑧ 고착

1. 예 고 **古**
　① 고금
　② 고분

5. 고질 고 **痼**
　⑨ 고질
⑩ 고질병

2. 쓸 고 **苦**
　③ 고배
　④ 고민

6. 낱 개 **個**
　⑪ 개별
　⑫ 개인

3. 마를 고 **枯**
　⑤ 고목
　⑥ 고사

8. 지을 주 **做**
　⑮ 간주
　⑯ 주착

7. 연고 고 **故**
　⑬ 연고
　⑭ 사고

| 226 |

漢字 자원(字源) 부수풀이 자동 연상기억

82일차 학습 예 고 古

한자 쓰기 연습

❶ 古

6급 5획	① 古今 : 예 고,	이제 금	(고금)
예 고	② 古墳 : 예 고,	무덤 분	(고분)

연상기억 : 십 대(十代)씩이나 전해오는(口) 옛날 일이니, 예 고

❷ 苦

6급 9획	③ 苦杯 : 쓸 고,	잔 배	(고배)
쓸 고	④ 苦悶 : 쓸 고,	번민할 민	(고민)

연상기억 : 풀(⺾)이 오래되면(古) 써서 고민이니, 쓸 고

❸ 枯

3급 9획	⑤ 枯木 : 마를 고,	나무 목	(고목)
마를 고	⑥ 枯死 : 마를 고,	죽을 사	(고사)

연상기억 : 나무(木)가 오래되면(古) 고목이니, 마를 고

❹ 固

5급 8획	⑦ 固體 : 굳을 고,	몸 체	(고체)
굳을 고	⑧ 固着 : 굳을 고,	붙을 착	(고착)

연상기억 : 오래된(古) 나라(國, 口)는 기틀이 굳고 튼튼하니, 굳을 고

❺ 痼

1급 13획	⑨ 痼疾 : 고질병 고,	병 질	(고질)
고질 고	⑩ 痼疾病 : 고질병 고, 병 질, 병 병		(고질병)

연상기억 : 오래된 병(疒)이 굳어져(固) 낫기 어려운 고질병이 되니, 고질 고

❻ 個

4Ⅱ급 10획	⑪ 個別 : 낱 개,	다를 별	(개별)
낱 개	⑫ 個人 : 낱 개,	사람 인	(개인)

연상기억 : 사람(亻)의 낱개(箇)를 세니, 낱 개

❼ 故

4Ⅱ급 9획	⑬ 緣故 : 인연 연,	연고 고	(연고)
연고 고	⑭ 事故 : 일사 사,	연고 고	(사고)

연상기억 : 옛날(古) 일을 손가락(攵)으로 치며 까닭을 알아보니, 연고 고

❽ 做

1급 11획	⑮ 看做 : 볼 간,	지을 주	(간주)
지을 주	⑯ 做着 : 지을 주,	붙을 착	(주착)

연상기억 : 일의 실마리나 까닭(故)은 사람(亻)이 지어 만드니, 지을 수

❾ 居

4급 8획	⑰ 居住 : 살 거,	살 주	(거주)
살 거	⑱ 居室 : 살 거,	집 실	(거실)

연상기억 : 사람이 오래(古) 머무는(尸, 广) 곳은 거실이니, 살 거

❿ 姑

3Ⅱ급 8획	⑲ 姑婦 : 시어머니 고,	며느리 부	(고부)
시어머니 고	⑳ 姑母 : 시어머니 고,	어미 모	(고모)

연상기억 : 여자(女)가 늙으면(古) 시어머니가 되니, 시어머니 고

맵핑 漢字 연상기억
별 태 台의 場
83강

10. 태풍 태 **颱**
⑲ 태풍
⑳ 태풍경보

9. 밟을 태 **跆**
⑰ 태권
⑱ 태권도

4. 볼기칠 태 **笞**
⑦ 태형
⑧ 태장

1. 아이밸 태 **胎**
① 잉태
② 태교

5. 이끼 태 **苔**
⑨ 해태
⑩ 청태

2. 게으를 태 **怠**
③ 태만
④ 권태

별 태 台

3. 위태할 태 **殆**
⑤ 위태
⑥ 태반

6. 비로소 시 **始**
⑪ 시초
⑫ 시작

7. 다스릴 치 **治**
⑬ 치료
⑭ 정치

8. 불릴 야 **冶**
⑮ 인격도야
⑯ 야금

228

漢字 자원(字源) 부수풀이 자동 연상기억

83일차 학습 별 태 台

한자 쓰기 연습

❶ 胎
- 2급 9획
- 아이밸 태
- ① 孕胎 : 아이밸 잉, 아이밸 태 (잉태)
- ② 胎敎 : 아이밸 태, 가르칠 교 (태교)
- 연상기억 : 뱃속(月)에 아이를 배니(台), 아이밸 태

❷ 怠
- 3급 9획
- 게으를 태
- ③ 怠慢 : 게으를 태, 거만할 만 (태만)
- ④ 倦怠 : 게으를 권, 게으를 태 (권태)
- 연상기억 : 아이를 배어(台) 마음(心)이 태만하니, 게으를 태

❸ 殆
- 3Ⅱ급 9획
- 위태할 태
- ⑤ 危殆 : 위태할 위, 위태할 태 (위태)
- ⑥ 殆半 : 위태할 태, 반 반 (태반)
- 연상기억 : 몸이 늙으니(歹) 앙상한 뼈만 남아 위태하니, 위태할 태

❹ 笞
- 1급 11획
- 볼기칠 태
- ⑦ 笞刑 : 볼기칠 태, 형벌 형 (태형)
- ⑧ 笞杖 : 볼기칠 태, 지팡이 장 (태장)
- 연상기억 : 기르는(台) 대나무(竹)로 태장을 만드니, 볼기칠 태

❺ 苔
- 1급 9획
- 이끼 태
- ⑨ 海苔 : 바다 해, 이끼 태 (해태)
- ⑩ 靑苔 : 푸를 청, 이끼 태 (청태)
- 연상기억 : 기르는(台) 풀(艹)은 김으로 해태이니, 이끼 태

❻ 始
- 6급 8획
- 비로소 시
- ⑪ 始初 : 비로소 시, 처음 초 (시초)
- ⑫ 始作 : 비로소 시, 지을 작 (시작)
- 연상기억 : 여자(女)가 뱃속에서 길러지는(台) 아이는 생명의 시작이니, 비로소 시

❼ 治
- 4Ⅱ급 8획
- 다스릴 치
- ⑬ 治療 : 다스릴 치, 치료할 료 (치료)
- ⑭ 政治 : 정사 정, 다스릴 치 (정치)
- 연상기억 : 물(氵)에 피해가 없도록 잘 다스려(台) 정치하니, 다스릴 치

❽ 冶
- 1급 7획
- 불릴 야
- ⑮ 人格陶冶 : 사람 인, 격식 격, 질그릇 도, 불릴 야 (인격도야)
- ⑯ 冶金 : 불릴 야, 쇠 금 (야금)
- 연상기억 : 얼음(冫)이 열을 받아 녹듯이(台) 쇠를 주조하니, 불릴 야

❾ 跆
- 1급 12획
- 밟을 태
- ⑰ 跆拳 : 밟을 태, 주먹 권 (태권)
- ⑱ 跆拳道 : 밟을 태, 주먹 권, 길 도 (태권도)
- 연상기억 : 발(足)로 차는 아이(台)는 태권도를 잘하니, 밟을 태

❿ 颱
- 2급 14획
- 태풍 태
- ⑲ 颱風 : 태풍 태, 바람 풍 (태풍)
- ⑳ 颱風警報 : 태풍 태, 바람 풍, 경계할 경, 알릴 보 (태풍경보)
- 연상기억 : 바람(風)에 아이(台)가 날릴 듯 태풍이 불어오니, 태풍 태

맵핑 漢字 연상기억
볼 견 見의 場
84강

- 10. 볼 시 視
  - ⑲ 시각
  - ⑳ 시찰

- 9. 깨달을 각 覺
  - ⑰ 각성
  - ⑱ 착각

- 4. 나타날 현 現
  - ⑦ 현대
  - ⑧ 현재

- 1. 볼 견 見
  - ① 견학
  - ② 견본

- 5. 벼루 연 硯
  - ⑨ 지필연묵
  - ⑩ 연적

볼 견
見

- 2. 친할 친 親
  - ③ 친근
  - ④ 친목

- 6. 고개 현 峴
  - ⑪ 아현동
  - ⑫ 운현궁

- 3. 법 규 規
  - ⑤ 규율
  - ⑥ 규격

- 8. 볼 람 覽
  - ⑮ 열람
  - ⑯ 전람

- 7. 볼 관 觀
  - ⑬ 관광
  - ⑭ 관객

230

漢字 자원(字源) 부수풀이 자동 연상기억

84일차 학습 볼 견 見

한자 쓰기 연습

❶ 見
5급 7획	① 見學 : 볼 견,	배울 학	(견학)
볼 견	② 見本 : 볼 견,	근본 본	(견본)

연상기억 : 사람(儿)이 눈(目)으로 보아 견학하니, 볼 견

❷ 親
6급 16획	③ 親近 : 친할 친,	가까울 근	(친근)
친할 친	④ 親睦 : 친할 친,	화목할 목	(친목)

연상기억 : 나무(木)가 서도록(立) 친하게 보살피니(見), 친할 친

❸ 規
5급 11획	⑤ 規律 : 법 규,	법률 율	(규율)
법 규	⑥ 規格 : 법 규,	격식 격	(규격)

연상기억 : 훌륭한 남자(夫)는 사물을 바르게 보아(見) 규율하니, 법 규

❹ 現
6급 11획	⑦ 現代 : 나타날 현,	대신 대	(현대)
나타날 현	⑧ 現在 : 나타날 현,	있을 재	(현재)

연상기억 : 옥돌(玉)을 갈고 닦으면 아름다운 빛이 보이니(見) 나타날 현

❺ 硯
2급 12획	⑨ 紙筆硯墨 : 종이 지, 붓 필, 벼루 연, 먹 묵		(지필연묵)
벼루 연	⑩ 硯滴 : 벼루 연,	물방울 적	(연적)

연상기억 : 잘 보면서(見) 가는 돌(石)이니, 벼루 연

❻ 峴
2급 10획	⑪ 阿峴洞 : 언덕 아, 고개 현, 골 동		(아현동)
고개 현	⑫ 雲峴宮 : 구름 운, 고개 현, 집 궁		(운현궁)

연상기억 : 산(山)이 보이는(見) 곳이니, 고개 현

❼ 觀
5급 25획	⑬ 觀光 : 볼 관,	빛 광	(관광)
볼 관	⑭ 觀客 : 볼 관,	손 객	(관객)

연상기억 : 황새(雚)가 먹을 것을 찾기 위해 자세히 보니(見), 볼 관

❽ 覽
4급 21획	⑮ 閱覽 : 볼 열,	볼 람	(열람)
볼 람	⑯ 展覽 : 펼 전,	볼 람	(전람)

연상기억 : 볼 감(監)에 볼견(見)으로 두루 보니, 볼 람

❾ 覺
4급 20획	⑰ 覺醒 : 깨달을 각,	깰 성	(각성)
깨달을 각	⑱ 錯覺 : 섞일 착,	깨달을 각	(착각)

연상기억 : 배우고(學) 보아(見) 각성하니, 깨달을 각

❿ 視
4Ⅱ급 12획	⑲ 視覺 : 볼 시,	깨달을 각	(시각)
볼 시	⑳ 視察 : 볼 시,	살필 찰	(시찰)

연상기억 : 남에게 보이고(示) 자세히 내가 보니(見), 볼 시

맵핑 漢字 연상기억
클 보 甫의 場

85강

- 10. 잡을 포 **捕**
  - ⑲ 체포
  - ⑳ 포로
- 9. 달아날 포 **逋**
  - ⑰ 포망
  - ⑱ 세금포탈
- 4. 포도 포 **葡**
  - ⑦ 포도
  - ⑧ 포도당
- 1. 클 보 **甫**
  - ① 두보
  - ② 황보
- 5. 채마밭 포 **圃**
  - ⑨ 포전
  - ⑩ 약포
- 2. 기울 보 **補**
  - ③ 보강
  - ④ 보수
- 6. 먹일 포 **哺**
  - ⑪ 포육
  - ⑫ 포유
- 3. 도울 보 **輔**
  - ⑤ 보필
  - ⑥ 보좌
- 8. 부들 포 **蒲**
  - ⑮ 창포
  - ⑯ 포석
- 7. 물가 포 **浦**
  - ⑬ 포구
  - ⑭ 포항

클 보 甫

漢字 자원(字源) 부수풀이 자동 연상기억

85일차 학습 클 보 甫

❶ 甫
| 2급 7획 | ① 杜甫 : 막을 두, | 클 보 | (두보) |
| 클 보 | ② 皇甫 : 임금 황, | 클 보 | (황보) |

연상기억 : 아비(父) 노릇(用)을 하는 행동이니, 클 보

❷ 補
| 3Ⅱ급 12획 | ③ 補講 : 기울 보, | 욀 강 | (보강) |
| 기울 보 | ④ 補修 : 기울 보, | 닦을 수 | (보수) |

연상기억 : 옷(衤)을 크게(甫) 잘 되도록 보강하니, 기울 보

❸ 輔
| 2급 14획 | ⑤ 輔弼 : 도울 보, | 도울 필 | (보필) |
| 도울 보 | ⑥ 輔佐 : 도울 보, | 도울 좌 | (보좌) |

연상기억 : 수레바퀴(車)가 크게(甫) 보필하니, 도울 보

❹ 葡
| 2급 13획 | ⑦ 葡萄 : 포도 포, | 포도 도 | (포도) |
| 포도 포 | ⑧ 葡萄糖 : 포도 포, 포도 도, 엿 당 | | (포도당) |

연상기억 : 풀(艹)이 기는(匐) 듯이 뻗어가니, 포도 포

❺ 圃
| 1급 10획 | ⑨ 圃田 : 채마밭 포, | 밭 전 | (포전) |
| 채마밭 포 | ⑩ 藥圃 : 약 약, | 채마밭 포 | (약포) |

연상기억 : 큰(甫) 채마밭을 둘러싸니(圍, 囗), 채마밭 포

❻ 哺
| 1급 10획 | ⑪ 哺育 : 먹일 포, | 기를 육 | (포육) |
| 먹일 포 | ⑫ 哺乳 : 먹일 포, | 젖 유 | (포유) |

연상기억 : 입(口)으로 큰(甫) 동물의 젖을 먹으니, 먹일 포

❼ 浦
| 3Ⅱ급 10획 | ⑬ 浦口 : 물가 포, | 입 구 | (포구) |
| 물가 포 | ⑭ 浦港 : 물가 포, | 항구 항 | (포항) |

연상기억 : 강가(氵)에 조수가 드나드는 곳(甫)인 포구이니, 물가 포

❽ 蒲
| 1급 14획 | ⑮ 菖蒲 : 창포 창, | 부들 포 | (창포) |
| 부들 포 | ⑯ 蒲席 : 부들 포, | 자리 석 | (포석) |

연상기억 : 풀(艹)이 있는 물가(浦)에 창포가 있으니, 부들 포

❾ 逋
| 1급 11획 | ⑰ 逋亡 : 달아날 포, | 망할 망 | (포망) |
| 달아날 포 | ⑱ 稅金逋脫 : 세금 세, 쇠 금, 달아날 포, 벗을 탈 | | (세금포탈) |

연상기억 : 달아나는(辶) 사람의 큰(甫) 죄는 세금포탈이니, 달아날 포

❿ 捕
| 3Ⅱ급 10획 | ⑲ 逮捕 : 잡을 체, | 잡을 포 | (체포) |
| 잡을 포 | ⑳ 捕虜 : 잡을 포, | 사로잡을 로 | (포로) |

연상기억 : 손(扌)을 써서 아무개(甫) 죄인을 붙잡아 체포하니, 잡을 포

맵핑 漢字 연상기억

문 문 門의 場

86강

10. 윤택할 윤 潤
⑲ 윤택
⑳ 윤활

閏 9. 윤달 윤
⑰ 윤년
⑱ 윤월

4. 열 개 開
⑦ 개방
⑧ 개통

門 1. 문 문
① 문패
② 문전성시

5. 닫을 폐 閉
⑨ 폐교
⑩ 폐쇄

문 문
門

問 2. 물을 문
③ 문답
④ 문의

6. 관계할 관 關
⑪ 관계
⑫ 관세

聞 3. 들을 문
⑤ 신문
⑥ 견문

8. 집 각 閣
⑮ 누각
⑯ 종각

間 7. 사이 간
⑬ 간격
⑭ 시간

漢字 자원(字源) 부수풀이 자동 연상기억

86일차 학습 문 문 門

한자 쓰기 연습

❶ 門
- 8급 8획 / 문 문
- ① 門牌 : 문 문, 패 패 (문패)
- ② 門前成市 : 문 문, 앞 전, 이룰 성, 저자 시 (문전성시)
- 연상기억 : 두 개의 문짝을 닫은 그림의 글자이니, 문 문

❷ 問
- 7급 11획 / 물을 문
- ③ 問答 : 물을 문, 대답 답 (문답)
- ④ 問議 : 물을 문, 의논할 의 (문의)
- 연상기억 : 문(門)앞에서 입(口)을 열어 물으니, 물을 문

❸ 聞
- 6급 14획 / 들을 문
- ⑤ 新聞 : 새 신, 들을 문 (신문)
- ⑥ 見聞 : 볼 견, 들을 문 (견문)
- 연상기억 : 문(門)에 귀(耳)를 대고 들으니, 들을 문

❹ 開
- 6급 12획 / 열 개
- ⑦ 開放 : 열 개, 놓을 방 (개방)
- ⑧ 開通 : 열 개, 통할 통 (개통)
- 연상기억 : 문(門)에 빗장(一, 廾) 풀고 개방하니, 열 개

❺ 閉
- 4급 11획 / 닫을 폐
- ⑨ 閉校 : 닫을 폐, 학교 교 (폐교)
- ⑩ 閉鎖 : 닫을 폐, 쇠사슬 쇄 (폐쇄)
- 연상기억 : 문(門)에 빗장(才)을 대고 닫으니, 닫을 폐

❻ 關
- 5급 19획 / 관계할 관
- ⑪ 關係 : 관계할 관, 맬 계 (관계)
- ⑫ 關稅 : 관계할 관, 세금 세 (관세)
- 연상기억 : 문(門)을 실 꿰듯이(鈴) 서로 매니, 관계할 관

❼ 間
- 7급 12획 / 사이 간
- ⑬ 間隔 : 사이 간, 사이뜰 격 (간격)
- ⑭ 時間 : 때 시, 사이 간 (시간)
- 연상기억 : 햇빛(日)이 문(門)틈으로 새어 들어오니, 사이 간

❽ 閣
- 3Ⅱ급 14획 / 집 각
- ⑮ 樓閣 : 다락 루, 집 각 (누각)
- ⑯ 鐘閣 : 쇠북 종, 집 각 (종각)
- 연상기억 : 여러(各) 사람이 찾아드는 문(門)이 달린 누각이니, 집 각

❾ 閏
- 3급 12획 / 윤달 윤
- ⑰ 閏年 : 윤달 윤, 해 년 (윤년)
- ⑱ 閏月 : 윤달 윤, 달 월 (윤월)
- 연상기억 : 왕(王)이 문(門) 출입을 하지 않으니, 윤달 윤

❿ 潤
- 3Ⅱ급 15획 / 윤택할 윤
- ⑲ 潤澤 : 윤택할 윤, 못 택 (윤택)
- ⑳ 潤滑 : 윤택할 윤, 미끄러울 활 (윤활)
- 연상기억 : 물(氵)이 윤달(閏)에 스며들어 촉촉하고 윤택하니, 윤택할 윤

맵핑 漢字 연상기억

또 차 且의 場

87강

- 10. 옳을 의 誼
  - ⑲ 우의
  - ⑳ 정의
- 9. 마땅 의 宜
  - ⑰ 의당
  - ⑱ 편의
- 4. 짤 조 組
  - ⑦ 조합
  - ⑧ 조립
- 1. 할아비 조 祖
  - ① 조상
  - ② 선조

또 차 且

- 5. 조세 조 租
  - ⑨ 조세
  - ⑩ 조차
- 2. 도울 조 助
  - ③ 조력
  - ④ 조장
- 6. 거칠 조 粗
  - ⑪ 조제
  - ⑫ 조잡
- 3. 조사할 사 査
  - ⑤ 조사
  - ⑥ 사찰
- 8. 막을 저 沮
  - ⑮ 저지
  - ⑯ 저해
- 7. 또 차 且
  - ⑬ 구차
  - ⑭ 차치

漢字 자원(字源) 부수풀이 자동 연상기억

87일차 학습 또 차 且

한자 쓰기 연습

❶ 祖
- 7급 10획 / 할아비 조
- ① 祖上 : 할아비 조, 윗 상 (조상)
- ② 先祖 : 먼저 선, 할아비 조 (선조)
- 연상기억 : 조상께 재물을 쌓아놓고(且) 제사(示)를 지내니, 할아비 조

❷ 助
- 4Ⅱ급 7획 / 도울 조
- ③ 助力 : 도울 조, 힘 력 (조력)
- ④ 助長 : 도울 조, 긴 장 (조장)
- 연상기억 : 힘(力)을 쓰는 일에 또(且) 힘을 더하니, 도울 조

❸ 査
- 5급 9획 / 조사할 사
- ⑤ 調査 : 고를 조, 조사할 사 (조사)
- ⑥ 査察 : 조사할 사, 살필 찰 (사찰)
- 연상기억 : 나무(木)의 나이테(且)를 보고 조사하니, 조사할 사

❹ 組
- 4급 11획 / 짤 조
- ⑦ 組合 : 짤 조, 합할 합 (조합)
- ⑧ 組立 : 짤 조, 설 립 (조립)
- 연상기억 : 실(糹)을 엮어 조합하여 얽으니(且), 짤 조

❺ 租
- 3Ⅱ급 10획 / 조세 조
- ⑨ 租稅 : 조세 조, 세금 세 (조세)
- ⑩ 租借 : 조세 조, 빌릴 차 (조차)
- 연상기억 : 곡식(禾)을 쌓아서(且) 조세를 준비하니, 조세 조

❻ 粗
- 1급 11획 / 거칠 조
- ⑪ 粗製 : 거칠 조, 지을 제 (조제)
- ⑫ 粗雜 : 거칠 조, 섞일 잡 (조잡)
- 연상기억 : 쌀(米)을 쌓아두어(且) 조잡하니, 거칠 조

❼ 且
- 3급 5획 / 또 차
- ⑬ 苟且 : 진실로 구, 또 차 (구차)
- ⑭ 且置 : 또 차, 둘 치 (차치)
- 연상기억 : 제기를 몇 개 얹어 놓은 모습이니, 또 차

❽ 沮
- 2급 8획 / 막을 저
- ⑮ 沮止 : 막을 저, 그칠 지 (저지)
- ⑯ 沮害 : 막을 저, 해할 해 (저해)
- 연상기억 : 물(氵)을 막기 위해 흙이나 돌로 쌓아(且) 저지하니, 막을 저

❾ 宜
- 3급 8획 / 마땅 의
- ⑰ 宜當 : 마땅 의, 마땅 당 (의당)
- ⑱ 便宜 : 편할 편, 마땅 의 (편의)
- 연상기억 : 집안(宀)의 물건들은 쌓아두어(且) 편안하니, 마땅 의

❿ 誼
- 1급 15획 / 옳을 의
- ⑲ 友誼 : 벗 우, 옳을 의 (우의)
- ⑳ 情誼 : 뜻 정, 옳을 의 (정의)
- 연상기억 : 모두 마땅하다고(宜) 말하니(言), 옳을 의

맵핑 漢字 연상기억
밥 식 食의 場
88강

- 10. 반찬 찬 饌
  - ⑲ 반찬
  - ⑳ 진수성찬

- 9. 먹을 찬 餐
  - ⑰ 조찬
  - ⑱ 만찬

- 4. 마실 음 飲
  - ⑦ 음식
  - ⑧ 음료수

- 1. 밥 식 食
  - ① 식당
  - ② 식사

- 밥 식 食

- 5. 밥 반 飯
  - ⑨ 백반
  - ⑩ 반주

- 2. 꾸밀 식 飾
  - ③ 장식
  - ④ 복식

- 6. 배불릴 포 飽
  - ⑪ 포식
  - ⑫ 포화

- 3. 좀먹을 식 蝕
  - ⑤ 침식
  - ⑥ 개기일식

- 8. 주릴 아 餓
  - ⑮ 기아
  - ⑯ 아사

- 7. 주릴 기 飢
  - ⑬ 기근
  - ⑭ 기한

漢字 자원(字源) 부수풀이 자동 연상기억

88일차 학습 밥 식 食

한자 쓰기 연습

❶ 食
- 7급 9획 / 밥 식
- ① 食堂 : 밥 식, 집 당 (식당)
- ② 食事 : 밥 식, 일 사 (식사)
- 연상기억 : 식당에 모여(合) 고소한(良) 음식을 먹으니, 밥 식

❷ 飾
- 3Ⅱ급 14획 / 꾸밀 식
- ③ 裝飾 : 꾸밀 장, 꾸밀 식 (장식)
- ④ 服飾 : 옷 복, 꾸밀 식 (복식)
- 연상기억 : 사람(人)이 식탁(食)을 천(巾)으로 장식하니, 꾸밀 식

❸ 蝕
- 1급 15획 / 좀먹을 식
- ⑤ 侵蝕 : 침노할 침, 좀먹을 식 (침식)
- ⑥ 皆旣日蝕 : 다 개, 이미 기, 날 일, 좀먹을 식 (개기일식)
- 연상기억 : 음식(食)에 벌레(虫)가 있어 침식하니, 좀먹을 식

❹ 飮
- 6급 13획 / 마실 음
- ⑦ 飮食 : 마실 음, 밥 식 (음식)
- ⑧ 飮料水 : 마실 음, 헤아릴 료, 물 수 (음료수)
- 연상기억 : 식사(食) 때 하품하듯(欠) 물이나 술을 마시니, 마실 음

❺ 飯
- 3Ⅱ급 13획 / 밥 반
- ⑨ 白飯 : 흰 백, 밥 반 (백반)
- ⑩ 飯酒 : 밥 반, 술 주 (반주)
- 연상기억 : 숟가락을 든 손이 밥(食)그릇에서 입으로 돌아가니(反), 밥 반

❻ 飽
- 3급 14획 / 배불릴 포
- ⑪ 飽食 : 배불릴 포, 밥 식 (포식)
- ⑫ 飽和 : 배불릴 포, 화할 화 (포화)
- 연상기억 : 배가 더부룩하게(包) 밥(食)을 먹으니, 배불릴 포

❼ 飢
- 3급 11획 / 주릴 기
- ⑬ 飢饉 : 주릴 기, 흉년들 근 (기근)
- ⑭ 飢寒 : 주릴 기, 찰 한 (기한)
- 연상기억 : 흉년이 들어 거의(几) 먹을 밥(食)이 없으니, 주릴 기

❽ 餓
- 3급 16획 / 주릴 아
- ⑮ 飢餓 : 주릴 기, 주릴 아 (기아)
- ⑯ 餓死 : 주릴 아, 죽을 사 (아사)
- 연상기억 : 양식(食)이 떨어져 내(我)가 굶으니, 주릴 아

❾ 餐
- 2급 16획 / 먹을 찬
- ⑰ 朝餐 : 아침 조, 먹을 찬 (조찬)
- ⑱ 晩餐 : 늦을 만, 먹을 찬 (만찬)
- 연상기억 : 밥(食)을 곁들어 뜯어먹어(歹) 만찬이니, 먹을 찬

❿ 饌
- 1급 21획 / 반찬 찬
- ⑲ 飯饌 : 밥 반, 반찬 찬 (반찬)
- ⑳ 珍羞盛饌 : 보배 진, 바칠 수, 성할 성, 반찬 찬 (진수성찬)
- 연상기억 : 밥상(食)에 갖춘 유순한(巽) 반찬이니, 반찬 찬

맵핑 漢字 연상기억

누울 와 臥의 場

89강

10. 요긴할 긴 緊
⑲ 긴장
⑳ 요긴

9. 굳을 견 堅
⑰ 견고
⑱ 견지

4. 큰배 함 艦
⑦ 군함
⑧ 전함

1. 누울 와 臥
① 와신상담
② 와룡

누울 와
臥

2. 볼 감 監
③ 감독
④ 감옥

5. 넘칠 람 濫
⑨ 범람
⑩ 남용

3. 거울 감 鑑
⑤ 감별
⑥ 감정

6. 쪽 람 藍
⑪ 남색
⑫ 청출어람

8. 콩팥 신 腎
⑮ 신장
⑯ 신경

7. 어질 현 賢
⑬ 현명
⑭ 성현

漢字 자원(字源) 부수풀이 자동 연상기억

89일차 학습 누울 와 臥

한자 쓰기 연습

❶
| 3급 8획 | ① 臥薪嘗膽 : 누울 와, 새 신, 맛볼 상, 쓸개 담 (와신상담) |
| 누울 와 | ② 臥龍 : 누울 와, 용 룡 (와룡) |

연상기억 : 신하(臣)가 임금님 앞에서 엎드리니(人), 누울 와

❷
| 4Ⅱ급 14획 | ③ 監督 : 볼 감, 감독할 독 (감독) |
| 볼 감 | ④ 監獄 : 볼 감, 감옥 옥 (감옥) |

연상기억 : 물을 가득 담은 그릇(皿)을 엎드려(臥) 살펴보니, 볼 감

❸
| 3Ⅱ급 22획 | ⑤ 鑑別 : 거울 감, 다를 별 (감별) |
| 거울 감 | ⑥ 鑑定 : 거울 감, 정할 정 (감정) |

연상기억 : 쇠(金)를 갈고 닦아 자신을 살펴볼(監) 거울을 만드니, 거울 감

❹
| 2급 20획 | ⑦ 軍艦 : 군사 군, 큰배 함 (군함) |
| 큰배 함 | ⑧ 戰艦 : 싸움 전, 큰배 함 (전함) |

연상기억 : 적을 살피며(監) 싸우는 배(舟)이니, 큰배 함

❺
| 3급 17획 | ⑨ 氾濫 : 넘칠 범, 넘칠 람 (범람) |
| 넘칠 람 | ⑩ 濫用 : 넘칠 람, 쓸 용 (남용) |

연상기억 : 살피던 대야(監)에 물(氵)을 부어 넘쳐 범람하니, 넘칠 람

❻
| 2급 18획 | ⑪ 藍色 : 쪽 람, 빛 색 (남색) |
| 쪽 람 | ⑫ 靑出於藍 : 푸를 청, 날 출, 어조사 어, 쪽 람 (청출어람) |

연상기억 : 쪽풀(艹)로 물들인 누더기 옷을 살펴(監)보니, 쪽 람

❼
| 4Ⅱ급 15획 | ⑬ 賢明 : 어질 현, 밝을 명 (현명) |
| 어질 현 | ⑭ 聖賢 : 성인 성, 어질 현 (성현) |

연상기억 : 굳은 의지(臣又)로 재물(貝)을 벌어 어질게 쓰니, 어질 현

❽ 腎
| 2급 12획 | ⑮ 腎臟 : 콩팥 신, 오장 장 (신장) |
| 콩팥 신 | ⑯ 腎經 : 콩팥 신, 글 경 (신경) |

연상기억 : 단단한(臣又) 콩팥 모양의 신장이 몸(月) 속에 있는 것이, 콩팥 신

❾
| 4급 11획 | ⑰ 堅固 : 굳을 견, 굳을 고 (견고) |
| 굳을 견 | ⑱ 堅持 : 굳을 견, 가질 지 (견지) |

연상기억 : 단단한(臣又) 흙(土)으로 견고하니, 굳을 견

❿ 緊
| 3Ⅱ급 14획 | ⑲ 緊張 : 요긴할 긴, 베풀 장 (긴장) |
| 요긴할 긴 | ⑳ 要緊 : 요긴할 요, 요긴할 긴 (요긴) |

연상기억 : 단단하게(臣又) 얽어맨 실(糸)이니, 요긴할 긴

맵핑 漢字 연상기억
비 우 雨의 場

90강

10. 신령 령 靈
⑲ 영혼
⑳ 신령

需 9. 쓰일 수
⑰ 수급
⑱ 혼수

4. 번개 전 電
⑦ 전기
⑧ 전파

雨 1. 비 우
① 우산
② 우박

비 우
雨

5. 우뢰 뢰 雷
⑨ 지뢰
⑩ 뇌성

雲 2. 구름 운
③ 운무
④ 운집

6. 우레 진 震
⑪ 진동
⑫ 진도

雪 3. 눈 설
⑤ 설경
⑥ 설탕

8. 이슬 로 露
⑮ 노숙
⑯ 백로

霜 7. 서리 상
⑬ 상강
⑭ 추상

漢字 자원(字源) 부수풀이 자동 연상기억

90일차 학습 — 비 우 雨

❶ 雨
- 5급 8획 / 비 우
  - ① 雨傘 : 비 우, 우산 산 (우산)
  - ② 雨雹 : 비 우, 우박 박 (우박)
- 연상기억 : 하늘의 먼 곳에서(冂) 빗물이 떨어지니, 비 우

❷ 雲
- 5급 12획 / 구름 운
  - ③ 雲霧 : 구름 운, 안개 무 (운무)
  - ④ 雲集 : 구름 운, 모을 집 (운집)
- 연상기억 : 비(雨)가 되는 수증기(云)의 움직임이니, 구름 운

❸ 雪
- 6급 11획 / 눈 설
  - ⑤ 雪景 : 눈 설, 볕 경 (설경)
  - ⑥ 雪糖 : 눈 설, 엿 당 (설탕)
- 연상기억 : 비(雨)가 얼어서 내리면 빗자루로 쓰니(彗), 눈 설

❹ 電
- 7급 13획 / 번개 전
  - ⑦ 電氣 : 번개 전, 기운 기 (전기)
  - ⑧ 電波 : 번개 전, 물결 파 (전파)
- 연상기억 : 비(雨)가 오면 번개가 펼치니(申, 甩), 번개 전

❺ 雷
- 3Ⅱ급 13획 / 우뢰 뢰
  - ⑨ 地雷 : 땅 지, 우뢰 뢰 (지뢰)
  - ⑩ 雷聲 : 우뢰 뢰, 소리 성 (뇌성)
- 연상기억 : 비(雨)가 내리면 밭(田) 사이로 천둥과 번개가 번갈아서 연달아 치니, 우뢰 뢰

❻ 震
- 3Ⅱ급 15획 / 우레 진
  - ⑪ 震動 : 우레 진, 움직일 동 (진동)
  - ⑫ 震度 : 우레 진, 법도 도 (진도)
- 연상기억 : 비(雨)가 오면 별(辰)이 떨어지는 벼락이니, 우외 진

❼ 霜
- 3Ⅱ급 17획 / 서리 상
  - ⑬ 霜降 : 서리 상, 내릴 강 (상강)
  - ⑭ 秋霜 : 가을 추, 서리 상 (추상)
- 연상기억 : 이슬(雨)이 서로(相) 얼어붙은 것이 서리이니, 서리 상

❽ 露
- 3Ⅱ급 20획 / 이슬 로
  - ⑮ 露宿 : 이슬 로, 잘 숙 (노숙)
  - ⑯ 白露 : 흰 백, 이슬 로 (백로)
- 연상기억 : 이슬(雨)은 길(路)옆 풀잎에 있으니, 이슬 로

❾ 需
- 3Ⅱ급 14획 / 쓰일 수
  - ⑰ 需給 : 쓰일 수, 줄 급 (수급)
  - ⑱ 婚需 : 혼인할 혼, 쓰일 수 (혼수)
- 연상기억 : 비(雨)가 내리니 이에(而) 그치기를 기다려 쓰이니, 쓰일 수

❿ 靈
- 3Ⅱ급 24획 / 신령 령
  - ⑲ 靈魂 : 신령 령, 넋 혼 (영혼)
  - ⑳ 神靈 : 귀신 신, 신령 령 (신령)
- 연상기억 : 무당(巫)이 하늘에 빌어 비(霝) 소리가 나게 하니, 신령 령

맵핑 漢字 연상기억

월 강 講의 場

91강

월 강 **講**

10. 월 강 講
⑲ 강론
⑳ 강의

囊 9. 주머니 낭
⑰ 배낭
⑱ 침낭

4. 얽을 구 構
⑦ 구성
⑧ 구축

孃 1. 아가씨 양
① 영양
② 귀양

5. 살 구 購
⑨ 구매
⑩ 구독

讓 2. 사양할 양
③ 사양
④ 양도

6. 도랑 구 溝
⑪ 하수구
⑫ 구거

壤 3. 흙덩이 양
⑤ 토양
⑥ 양토

8. 술빚을 양 釀
⑮ 양조
⑯ 양조장

穰 7. 볏대 양
⑬ 풍양
⑭ 조양

漢字 자원(字源) 부수풀이 자동 연상기억

91일차 학습 — 욀 강 講

한자 쓰기 연습

❶ 孃
- 2급 20획 / 아가씨 양
- ① 令孃 : 하여금 령, 아가씨 양 (영양)
- ② 貴孃 : 귀할 귀, 아가씨 양 (귀양)
- 연상기억 : 새싹이 잘 자라도록 옷으로 감싸서 돕는(襄) 여자(女)이니, 아가씨 양

❷ 讓
- 3Ⅱ급 24획 / 사양할 양
- ③ 辭讓 : 말씀 사, 사양할 양 (사양)
- ④ 讓渡 : 사양할 양, 건널 도 (양도)
- 연상기억 : 남이 도와(襄)준다는 것을 받지 않겠다 말하니(言), 사양할 양

❸ 壤
- 3Ⅱ급 20획 / 흙덩이 양
- ⑤ 土壤 : 흙 토, 흙덩이 양 (토양)
- ⑥ 壤土 : 흙덩이 양, 흙 토 (양토)
- 연상기억 : 농사짓는 데 도움(襄)이 되는 부드럽고 고운 흙(土)이니, 흙덩이 양

❹ 構
- 4급 14획 / 얽을 구
- ⑦ 構成 : 얽을 구, 이룰 성 (구성)
- ⑧ 構築 : 얽을 구, 쌓을 축 (구축)
- 연상기억 : 나무를 우물정자로 얽어 쌓아서(冓) 구축하니, 얽을 구

❺ 購
- 2급 17획 / 살 구
- ⑨ 購買 : 살 구, 살 매 (구매)
- ⑩ 購讀 : 살 구, 읽을 독 (구독)
- 연상기억 : 재물(貝)이 쌓여(冓) 구매하니, 살 구

❻ 溝
- 1급 13획 / 도랑 구
- ⑪ 下水溝 : 아래 하, 물 수, 도랑 구 (하수구)
- ⑫ 溝渠 : 도랑 구, 개천 거 (구거)
- 연상기억 : 물(氵)이 흐르도록 도랑을 파 쌓아서(冓) 하수구를 만드니, 도랑 구

❼ 穰
- 1급 22획 / 볏대 양
- ⑬ 豊穰 : 풍년 풍, 볏대 양 (풍양)
- ⑭ 早穰 : 일찍 조, 볏대 양 (조양)
- 연상기억 : 벼(禾)가 하늘이 도와서(襄) 풍년이 들고 잘 여물어 풍양이니, 볏대 양

❽ 釀
- 1급 24획 / 술빚을 양
- ⑮ 釀造 : 술빚을 양, 만들 조 (양조)
- ⑯ 釀造場 : 술빚을 양, 만들 조, 마당 장 (양조장)
- 연상기억 : 술(酉)을 잘 만들어 돕는(襄) 양조장이니, 술빚을 양

❾ 囊
- 1급 22획 / 주머니 낭
- ⑰ 背囊 : 등 배, 주머니 낭 (배낭)
- ⑱ 寢囊 : 잘 침, 주머니 낭 (침낭)
- 연상기억 : 감싸서 도와(襄) 아귀를 묶어(束) 주머니 모양으로 만든 배낭이니, 주머니 낭

❿ 講
- 4Ⅱ급 17획 / 욀 강
- ⑲ 講論 : 욀 강, 논할 론 (강론)
- ⑳ 講義 : 욀 강, 옳을 의 (강의)
- 연상기억 : 강의(言)를 듣고 머리에 쌓아(冓) 놓으니, 욀 강

맵핑 漢字 연상기억

검소할 검 儉의 場

92강

- 10. 그릇 기 器
  - ⑲ 기구
  - ⑳ 대기만성
- 9. 울 곡 哭
  - ⑰ 곡성
  - ⑱ 통곡
- 4. 바위 암 巖
  - ⑦ 암벽
  - ⑧ 암반
- 1. 검소할 검 儉
  - ① 검소
  - ② 근검
- 검소할 검 儉
- 5. 잃을 상 喪
  - ⑨ 상가
  - ⑩ 상복
- 2. 칼 검 劍
  - ③ 검도
  - ④ 검객
- 6. 짐승 수 獸
  - ⑪ 맹수
  - ⑫ 금수
- 3. 검사할 검 檢
  - ⑤ 검사
  - ⑥ 점검
- 8. 시험 험 驗
  - ⑮ 시험
  - ⑯ 경험
- 7. 험할 험 險
  - ⑬ 위험
  - ⑭ 험악

246

漢字 자원(字源) 부수풀이 자동 연상기억

92일차 학습 검소할 검 儉

한자 쓰기 연습

❶ 儉
- 4급 15획 / 검소할 검
  - ① 儉素 : 검소할 검, 본디 소 (검소)
  - ② 勤儉 : 부지런할 근, 검소할 검 (근검)
- 연상기억 : 사람(亻)이 모두(僉) 검소한 생활을 해야 하니, 검소할 검

❷ 劍
- 3Ⅱ급 15획 / 칼 검
  - ③ 劍道 : 칼 검, 길 도 (검도)
  - ④ 劍客 : 칼 검, 손 객 (검객)
- 연상기억 : 많은(僉) 사람이 함께 말하는 곳에서 자신의 보호를 위해 칼을(刂) 지닌 검객이니, 칼 검

❸ 檢
- 4Ⅱ급 17획 / 검사할 검
  - ⑤ 檢査 : 검사할 검, 조사할 사 (검사)
  - ⑥ 點檢 : 점 점, 검사할 검 (점검)
- 연상기억 : 나무(木) 상자를 모두(僉) 못 보게 하여 검사하니, 검사할 검

❹ 巖
- 3Ⅱ급 23획 / 바위 암
  - ⑦ 巖壁 : 바위 암, 벽 벽 (암벽)
  - ⑧ 巖盤 : 바위 암, 쟁반 반 (암반)
- 연상기억 : 산(山)에 엄하게(嚴) 버티고 있는 바위니, 바위 암

❺ 喪
- 3Ⅱ급 12획 / 잃을 상
  - ⑨ 喪家 : 잃을 상, 집 가 (상가)
  - ⑩ 喪服 : 잃을 상, 옷 복 (상복)
- 연상기억 : 지팡이(十)를 짚고 상복을 입어(衣) 우니(哭), 잃을 상

❻ 獸
- 3Ⅱ급 19획 / 짐승 수
  - ⑪ 猛獸 : 사나울 맹, 짐승 수 (맹수)
  - ⑫ 禽獸 : 새 금, 짐승 수 (금수)
- 연상기억 : 산에 사는 짐승이나 개는(犬) 모두 짐승이니, 짐승 수

❼ 險
- 4급 16획 / 험할 험
  - ⑬ 危險 : 위태할 위, 험할 험 (위험)
  - ⑭ 險惡 : 험할 험, 악할 악 (험악)
- 연상기억 : 언덕(阝)이 모두(僉) 험악하니, 험할 험

❽ 驗
- 4Ⅱ급 23획 / 시험 험
  - ⑮ 試驗 : 시험할 시, 시험 험 (시험)
  - ⑯ 經驗 : 글 경, 시험 험 (경험)
- 연상기억 : 말(馬)이 좋고 나쁨을 여러 사람(僉)이 보고 가려내니, 시험 험

❾ 哭
- 3Ⅱ급 10획 / 울 곡
  - ⑰ 哭聲 : 울 곡, 소리 성 (곡성)
  - ⑱ 痛哭 : 아플 통, 울 곡 (통곡)
- 연상기억 : 개(犬)가 부르짖어(口口) 울어 통곡하니, 울 곡

❿ 器
- 4Ⅱ급 16획 / 그릇 기
  - ⑲ 器具 : 그릇 기, 갖출 구 (기구)
  - ⑳ 大器晩成 : 큰 대, 그릇 기, 늦을 만, 이룰 성 (대기만성)
- 연상기억 : 개(犬)고기를 나누어 먹는 그릇(口口口口)의 기구이니, 그릇 기

맵핑 漢字 연상기억

합할 합 合의 場

93강

10. 마치 흡 恰
   ⑲ 흡사
   ⑳ 흡흡

洽 9. 흡족할 흡
   ⑰ 흡족
   ⑱ 미흡

4. 대답 답 答
   ⑦ 대답
   ⑧ 답례

合 1. 합할 합
   ① 합류
   ② 합격

합할 합
合

5. 줄 급 給
   ⑨ 급식
   ⑩ 공급

盒 2. 합 합
   ③ 향합
   ④ 찬합

6. 주울 습 拾
   ⑪ 습득
   ⑫ 수습

蛤 3. 조개 합
   ⑤ 대합
   ⑥ 홍합

8. 탈 탑 搭
   ⑮ 탑재
   ⑯ 탑승

塔 7. 탑 탑
   ⑬ 석탑
   ⑭ 불탑

漢字 자원(字源) 부수풀이 자동 연상기억

93일차 학습 — 합할 합 合

❶ 合
- 6급 6획 / 합할 합
- ① 合流 : 합할 합, 흐를 류 (합류)
- ② 合格 : 합할 합, 격식 격 (합격)
- 연상기억 : 여러 사람이 모여(亼) 의견(口)이 합하니, 합할 합

❷ 盒
- 1급 11획 / 합 합
- ③ 香盒 : 향기 향, 합 합 (향합)
- ④ 饌盒 : 반찬 찬, 합 합 (찬합)
- 연상기억 : 그릇(皿)에 음식(口)을 담아 뚜껑(亼)을 닫은 찬합이니, 합 합

❸ 蛤
- 1급 12획 / 조개 합
- ⑤ 大蛤 : 큰 대, 조개 합 (대합)
- ⑥ 紅蛤 : 붉을 홍, 조개 합 (홍합)
- 연상기억 : 껍질(亼) 사이에서 입(口)을 벌리고 벌레(虫)처럼 기어가는 대합조개이니, 조개 합

❹ 答
- 7급 12획 / 대답 답
- ⑦ 對答 : 대할 대, 대답 답 (대답)
- ⑧ 答禮 : 대답 답, 예도 례 (답례)
- 연상기억 : 대나무(竹)에 글을 쓰고 합쳐(合) 대답하니, 대답 답

❺ 給
- 5급 12획 / 줄 급
- ⑨ 給食 : 줄 급, 밥 식 (급식)
- ⑩ 供給 : 이바지할 공, 줄 급 (공급)
- 연상기억 : 실(糸)을 길게 이어주듯 합하여(合) 물건을 공급하니, 줄 급

❻ 拾
- 3Ⅱ급 9획 / 주울 습
- ⑪ 拾得 : 주울 습, 얻을 득 (습득)
- ⑫ 收拾 : 걷을 수, 주울 습 (수습)
- 연상기억 : 손(手)으로 모아 합하여(合) 수습하니, 주울 습

❼ 塔
- 3Ⅱ급 13획 / 탑 탑
- ⑬ 石塔 : 돌 석, 탑 탑 (석탑)
- ⑭ 佛塔 : 부처 불, 탑 탑 (불탑)
- 연상기억 : 땅 위에(土) 좀콩(荅)처럼 쌓아 올린 석탑이니, 탑 탑

❽ 搭
- 1급 13획 / 탈 탑
- ⑮ 搭載 : 탈 탑, 실을 재 (탑재)
- ⑯ 搭乘 : 탈 탑, 탈 승 (탑승)
- 연상기억 : 손(扌)을 잡고 길쭉한 콩깍지(荅) 같은 비행기에 탑승하니, 탈 탑

❾ 洽
- 1급 9획 / 흡족할 흡
- ⑰ 洽足 : 흡족할 흡, 발 족 (흡족)
- ⑱ 未洽 : 아닐 미, 흡족할 흡 (미흡)
- 연상기억 : 물(氵)이 스며들고 합하여(合) 흡족하게 젖으니, 흡족할 흡

❿ 恰
- 1급 9획 / 마치 흡
- ⑲ 恰似 : 마치 흡, 닮을 사 (흡사)
- ⑳ 恰恰 : 마치 흡, 마치 흡 (흡흡)
- 연상기억 : 두 사람의 마음(忄)이 합하여(合) 흡사하니, 마치 흡

맵핑 漢字 연상기억

나 여 余의 場

94강

10. 비낄 사 斜
    ⑲ 경사
    ⑳ 사양

除 9. 덜 제
    ⑰ 제거
    ⑱ 해제

4. 집 사 舍
    ⑦ 교사
    ⑧ 관사

餘 1. 남을 여
    ① 여유
    ② 여담

5. 버릴 사 捨
    ⑨ 희사
    ⑩ 취사

나 여
余

徐 2. 천천히 할 서
    ③ 서서
    ④ 서행

6. 펼 서 舒
    ⑪ 서천군
    ⑫ 급서

敍 3. 펼 서
    ⑤ 서술
    ⑥ 서사시

8. 칠할 도 塗
    ⑮ 도장
    ⑯ 도색

途 7. 길 도
    ⑬ 장도
    ⑭ 도중

漢字 자원(字源) 부수풀이 자동 연상기억

94일차 학습 　나 여 余

한자 쓰기 연습

❶ 餘

4Ⅱ급 16획	① 餘裕 : 남을 여,	넉넉할 유	(여유)
남을 여	② 餘談 : 남을 여,	말씀 담	(여담)

연상기억 : 음식(食)을 남에게 줄(余) 정도로 여유가 있으니, 남을 여

❷ 徐

3급 10획	③ 徐徐 : 천천히 할 서,	천천히할 서	(서서)
천천히 할 서	④ 徐行 : 천천히 할 서,	다닐 행	(서행)

연상기억 : 여유(余) 있게 걸어(彳) 서행하니, 천천히 할 서

❸ 敍

3급 11획	⑤ 敍述 : 펼 서,	지을 술	(서술)
펼 서	⑥ 敍事詩 : 펼 서, 일 사, 시 시		(서사시)

연상기억 : 남은(余) 물건을 털어서(攵) 펴 말려 베푸니, 펼 서

❹ 舍

4Ⅱ급 8획	⑦ 校舍 : 학교 교,	집 사	(교사)
집 사	⑧ 官舍 : 벼슬 관,	집 사	(관사)

연상기억 : 여유 있게(余) 호흡하여(口) 쉬는 사랑채이니, 집 사

❺ 捨

3급 11획	⑨ 喜捨 : 기쁠 희,	버릴 사	(희사)
버릴 사	⑩ 取捨 : 가질 취,	버릴 사	(취사)

연상기억 : 손(扌)으로 집(舍)을 지어 희사하니, 버릴 사

❻ 舒

2급 12획	⑪ 舒川郡 : 펼 서, 내 천, 고을 군		(서천군)
펼 서	⑫ 急舒 : 급할 급,	펼 서	(급서)

연상기억 : 서천에 있는 집(舍)을 주어(予) 넓게 하니, 펼 서

❼ 途

3Ⅱ급 11획	⑬ 壯途 : 장할 장,	길 도	(장도)
길 도	⑭ 途中 : 길 도,	가운데 중	(도중)

연상기억 : 사람이 걸어 다니는(辶) 여러 갈래의 여유(余) 있는 길이니, 길도

❽ 塗

3급 13획	⑮ 塗裝 : 칠할 도,	꾸밀 장	(도장)
칠할 도	⑯ 塗色 : 칠할 도,	빛 색	(도색)

연상기억 : 물(氵)과 진흙(土)으로 여유(余) 있는 길을 도색하니, 칠할 도

❾ 除

4Ⅱ급 16획	⑰ 除去 : 덜 제,	갈 거	(제거)
덜 제	⑱ 解除 : 풀 해,	덜 제	(해제)

연상기억 : 여유(余) 있는 집의 계단(阝)에 쓰레기를 제거하여 청결하게 하니, 덜 제

❿ 斜

3Ⅱ급 11획	⑲ 傾斜 : 거울 경,	비낄 사	(경사)
비낄 사	⑳ 斜陽 : 비낄 사,	볕 양	(사양)

연상기억 : 남은(余) 곡식을 말(斗)에 채워 경사지니, 비낄 사

맵핑 漢字 연상기억
책 책 冊의 場

95강

- 10. 논할 론 論
  - ⑲ 논설
  - ⑳ 논평

- 9. 책 책 冊
  - ⑰ 책방
  - ⑱ 책상

- 4. 인륜 륜 倫
  - ⑦ 윤리
  - ⑧ 인륜

- 1. 작을 편 扁
  - ① 편평
  - ② 편주

- 5. 빠질 륜 淪
  - ⑨ 윤락
  - ⑩ 침륜

책 책 冊

- 2. 책 편 篇
  - ③ 장편
  - ④ 편수

- 6. 바퀴 륜 輪
  - ⑪ 윤곽
  - ⑫ 윤화

- 3. 엮을 편 編
  - ⑤ 편성
  - ⑥ 편집

- 8. 치우칠 편 偏
  - ⑮ 편견
  - ⑯ 편파

- 7. 두루 편 遍
  - ⑬ 보편
  - ⑭ 편재

252

漢字 자원(字源) 부수풀이 자동 연상기억

95일차 학습 책 책 冊

한자 쓰기 연습

❶ 扁
- 2급 9획 / 작을 편
- ① 扁平 : 작을 편, 평평할 평 (편평)
- ② 扁舟 : 작을 편, 배 주 (편주)
- 연상기억 : 구멍을 내고 실로 꿰어 엮을 책(冊)이니, 작을 편

❷ 篇
- 4급 15획 / 책 편
- ③ 長篇 : 긴 장, 책 편 (장편)
- ④ 編修 : 책 편, 닦을 수 (편수)
- 연상기억 : 대쪽(竹)에 작은 조각(扁)을 장편으로 만드니, 책 편

❸ 編
- 3Ⅱ급 15획 / 엮을 편
- ⑤ 編成 : 엮을 편, 이룰 성 (편성)
- ⑥ 編輯 : 엮을 편, 모을 집 (편집)
- 연상기억 : 실(糸)로 작은(扁) 것들을 엮어 편집하니, 엮을 편

❹ 倫
- 3Ⅱ급 10획 / 인륜 륜
- ⑦ 倫理 : 인륜 륜, 다스릴 리 (윤리)
- ⑧ 人倫 : 사람 인, 인륜 륜 (인륜)
- 연상기억 : 사람(亻)이 뭉쳐 둥글게(侖) 살려면 윤리를 지켜야 하니, 인륜 륜

❺ 淪
- 1급 11획 / 빠질 륜
- ⑨ 淪落 : 빠질 윤, 떨어질 락 (윤락)
- ⑩ 沈淪 : 잠길 침, 빠질 륜 (침륜)
- 연상기억 : 사람이 물(氵)에 빠져 둥글게(侖) 물결이 생기니, 빠질 륜

❻ 輪
- 4급 15획 / 바퀴 륜
- ⑪ 輪郭 : 바퀴 륜, 둘레 곽 (윤곽)
- ⑫ 輪禍 : 바퀴 륜, 재앙 화 (윤화)
- 연상기억 : 수레(車)에 사용하는 둥근(侖) 것이니, 바퀴 륜

❼ 遍
- 3급 13획 / 두루 편
- ⑬ 普遍 : 넓을 보, 두루 편 (보편)
- ⑭ 遍在 : 두루 편, 있을 재 (편재)
- 연상기억 : 발걸음(辶)이 넓게(扁) 다녀 보편적이니, 두루 편

❽ 偏
- 3Ⅱ급 11획 / 치우칠 편
- ⑮ 偏見 : 치우칠 편, 볼 견 (편견)
- ⑯ 偏跛 : 치우칠 편, 절름발이 파 (편파)
- 연상기억 : 사람(亻)이 작은(扁) 것에 치우쳐 편견이니, 치우칠 편

❾ 冊
- 4급 5획 / 책 책
- ⑰ 冊房 : 책 책, 방 방 (책방)
- ⑱ 冊床 : 책 책, 상 상 (책상)
- 연상기억 : 대나무에 글을 써서 가죽 끈으로 엮은 모양이니, 책 책

❿ 論
- 4Ⅱ급 15획 / 논할 론
- ⑲ 論說 : 논할 론, 말씀 설 (논설)
- ⑳ 論評 : 논할 론, 평할 평 (논평)
- 연상기억 : 책(扁)을 읽고 의견(言)을 조리 있게 논평하니, 논할 론

맵핑 漢字 연상기억
매울 신 辛의 場

96강

- 10. 재상 재 宰
  - ⑲ 재상
  - ⑳ 주재
- 9. 매울 신 辛
  - ⑰ 신고
  - ⑱ 신랄
- 4. 벽 벽 壁
  - ⑦ 벽보
  - ⑧ 벽지
- 1. 분별할 변 辨
  - ① 변리
  - ② 변별
- 5. 피할 피 避
  - ⑨ 피신
  - ⑩ 기피
- 2. 말씀 변 辯
  - ③ 변호
  - ④ 변론
- 6. 궁벽할 벽 僻
  - ⑪ 벽촌
  - ⑫ 궁벽
- 3. 힘쓸 판 辦
  - ⑤ 판공비
  - ⑥ 매판
- 8. 버릇 벽 癖
  - ⑮ 도벽
  - ⑯ 결벽
- 7. 구슬 벽 璧
  - ⑬ 완벽
  - ⑭ 쌍벽

중앙: 매울 신 辛

漢字 자원(字源) 부수풀이 자동 연상기억

96일차 학습 매울 신 辛

한자 쓰기 연습

❶ 辨
- 3급 16획 / 분별할 변
  - ① 辨理 : 분별할 변, 다스릴 리 (변리)
  - ② 辨別 : 분별할 변, 다를 별 (변별)
- 연상기억 : 두 사람(辛辛) 중에 다툼을 칼(刂)로 쪼개듯 가려내니, 분별할 변

❷ 辯
- 4급 21획 / 말씀 변
  - ③ 辯護 : 말씀 변, 도울 호 (변호)
  - ④ 辯論 : 말씀 변, 논할 론 (변론)
- 연상기억 : 두 사람(辛辛) 중에 변론(言)으로 옳고 그름을 가리니, 말씀 변

❸ 辦
- 1급 16획 / 힘쓸 판
  - ⑤ 辦公費 : 힘쓸 판, 공평할 공, 쓸 비 (판공비)
  - ⑥ 買辦 : 살 매, 힘쓸 판 (매판)
- 연상기억 : 두 사람(辛辛) 사이를 힘쓸(力) 판공비를 지출하니, 힘쓸 판

❹ 壁
- 4Ⅱ급 16획 / 벽 벽
  - ⑦ 壁報 : 벽 벽, 알릴 보 (벽보)
  - ⑧ 壁紙 : 벽 벽, 종이 지 (벽지)
- 연상기억 : 적을 물리치기(辟) 위해 흙(土)으로 성벽을 쌓으니, 벽 벽

❺ 避
- 4급 17획 / 피할 피
  - ⑨ 避身 : 피할 피, 몸 신 (피신)
  - ⑩ 忌避 : 꺼릴 기, 피할 피 (기피)
- 연상기억 : 남의 눈을 피해(辟) 도망하여(辶) 피신하니, 피할 피

❻ 僻
- 2급 15획 / 궁벽할 벽
  - ⑪ 僻村 : 궁벽할 벽, 마을 촌 (벽촌)
  - ⑫ 窮僻 : 다할 궁, 궁벽할 벽 (궁벽)
- 연상기억 : 사람(亻)이 피한(辟) 벽촌이니, 궁벽할 벽

❼ 璧
- 1급 18획 / 구슬 벽
  - ⑬ 完璧 : 완전할 완, 구슬 벽 (완벽)
  - ⑭ 雙璧 : 둘 쌍, 구슬 벽 (쌍벽)
- 연상기억 : 옥(玉) 겉면이 편벽(辟)이 되지 않고 완벽하니, 구슬 벽

❽ 癖
- 1급 18획 / 버릇 벽
  - ⑮ 盜癖 : 도둑 도, 버릇 벽 (도벽)
  - ⑯ 潔癖 : 깨끗할 결, 버릇 벽 (결벽)
- 연상기억 : 물리칠 수(辟) 없는 병(疒)이 도벽이니, 버릇 벽

❾ 辛
- 3급 7획 / 매울 신
  - ⑰ 辛苦 : 매울 신, 쓸 고 (신고)
  - ⑱ 辛辣 : 매울 신, 매울 랄 (신랄)
- 연상기억 : 십자가(十) 위에 사람을 세워(立) 신랄하게 괴롭히니, 매울 신

❿ 宰
- 3급 10획 / 재상 재
  - ⑲ 宰相 : 재상 재, 서로 상 (재상)
  - ⑳ 主宰 : 주인 주, 재상 재 (주재)
- 연상기억 : 관청에서(宀) 죄지은 사람(辛)을 다스리는 재상이니, 재상 재

맵핑 漢字 연상기억
다행 행 幸의 場
97강

다행 행 幸

1. 다행 행 幸
   - ① 행복
   - ② 행운

2. 요행 행 倖
   - ③ 요행
   - ④ 사행심

3. 풀 석 釋
   - ⑤ 해석
   - ⑥ 석방

4. 통달할 달 達
   - ⑦ 도달
   - ⑧ 배달

5. 때릴 달 撻
   - ⑨ 달초
   - ⑩ 편달

6. 알릴 보 報
   - ⑪ 보고
   - ⑫ 보상

7. 못 택 澤
   - ⑬ 혜택
   - ⑭ 광택

8. 가릴 택 擇
   - ⑮ 채택
   - ⑯ 선택

9. 역 역 驛
   - ⑰ 전철역
   - ⑱ 역전

10. 번역할 역 譯
    - ⑲ 번역
    - ⑳ 통역

漢字 자원(字源) 부수풀이 자동 연상기억

97일차 학습 다행 행 幸

한자 쓰기 연습

❶ 幸
6급 8획 / 다행 행
① 幸福 : 다행 행, 복 복 (행복)
② 幸運 : 다행 행, 옮길 운 (행운)
연상기억 : 죄인(辛)이 아직 머리(ㅗ)가 붙어 있어 행운이니, 다행 행

❷ 倖
1급 10획 / 요행 행
③ 僥倖 : 요행 요, 요행 행 (요행)
④ 射倖心 : 쏠 사, 요행 행, 마음 심 (사행심)
연상기억 : 사람(亻)이 운이 좋기를(幸) 바라는 마음이니, 요행 행

❸ 釋
3Ⅱ급 20획 / 풀 석
⑤ 解釋 : 풀 해, 풀 석 (해석)
⑥ 釋放 : 풀 석, 놓을 방 (석방)
연상기억 : 사물을 분별하여(釆) 쉽게 엿보아(睪) 해석하니, 풀 석

❹ 達
4Ⅱ급 13획 / 통달할 달
⑦ 到達 : 이를 도, 통달할 달 (도달)
⑧ 配達 : 짝 배, 통달할 달 (배달)
연상기억 : 새끼 양이(辛) 어미가 있는 곳까지 쉬엄쉬엄 걸어가서(辶) 도달하니, 통달할 달

❺ 撻
1급 16획 / 때릴 달
⑨ 撻楚 : 때릴 달, 초나라 초 (달초)
⑩ 鞭撻 : 채찍 편, 때릴 달 (편달)
연상기억 : 손(扌)으로 도달한(達) 양을 때리니, 때릴 달

❻ 報
4Ⅱ급 12획 / 알릴 보
⑪ 報告 : 알릴 보, 고할 고 (보고)
⑫ 報償 : 알릴 보, 갚을 상 (보상)
연상기억 : 죄(幸)를 갚기 위해 정보를 보고하니, 알릴 보

❼ 澤
3Ⅱ급 16획 / 못 택
⑬ 惠澤 : 은혜 혜, 못 택 (혜택)
⑭ 光澤 : 빛 광, 못 택 (광택)
연상기억 : 물을 한쪽에 잡아 가두면(睪) 연못이 광택나니, 못 택

❽ 擇
4급 16획 / 가릴 택
⑮ 採擇 : 캘 채, 가릴 택 (채택)
⑯ 選擇 : 가릴 선, 가릴 택 (선택)
연상기억 : 좋은 물건을 엿보고(睪) 손으로 골라 뽑아 선택하니, 가릴 택

❾ 驛
3Ⅱ급 23획 / 역 역
⑰ 電鐵驛 : 번개 전, 쇠 철, 역 역 (전철역)
⑱ 驛前 : 역 역, 앞 전 (역전)
연상기억 : 말(馬)을 잘 탈수 있게(睪) 역전이 있으니, 역 역

❿ 譯
3Ⅱ급 20획 / 번역할 역
⑲ 飜譯 : 번역할 번, 번역할 역 (번역)
⑳ 通譯 : 통할 통, 번역할 역 (통역)
연상기억 : 내용(言)을 잘 알아듣게 엿보아(睪) 통역하니, 번역할 역

맵핑 漢字 연상기억
돼지 해 亥의 場
98강

돼지 해 亥

10. 무덤 총 塚
   ⑲ 패총
   ⑳ 총묘

9. 다듬을 탁 琢
   ⑰ 조탁
   ⑱ 탁마

1. 돼지 해 亥
   ① 해시
   ② 해월

4. 씨 핵 核
   ⑦ 핵심
   ⑧ 핵실험

2. 기침할 해 咳
   ③ 백일해
   ④ 해수

5. 캐물을 핵 劾
   ⑨ 탄핵
   ⑩ 핵론

3. 갖출 해 該
   ⑤ 해당
   ⑥ 해박

6. 새길 각 刻
   ⑪ 조각
   ⑫ 지각

7. 해골 해 骸
   ⑬ 해골
   ⑭ 잔해

8. 놀랄 해 駭
   ⑮ 해괴망측
   ⑯ 해망

漢字 자원(字源) 부수풀이 자동 연상기억

98일차 학습 — 돼지 해 亥

한자 쓰기 연습

❶ 亥
- 3급 6획 / 돼지 해
- ① 亥時 : 돼지 해, 때 시 (해시)
- ② 亥月 : 돼지 해, 달 월 (해월)
- 연상기억 : 돼지의 모양을 그린 글자이니, 돼지 해

❷ 咳
- 1급 9획 / 기침할 해
- ③ 百日咳 : 일백 백, 날 일, 기침할 해 (백일해)
- ④ 咳嗽 : 기침 해, 기침할 수 (해수)
- 연상기억 : 어린아이(孩, 亥)가 백일해에 걸려 기침(口)을 하니, 기침할 해

❸ 該
- 3급 13획 / 갖출 해
- ⑤ 該當 : 갖출 해, 마땅 당 (해당)
- ⑥ 該博 : 갖출 해, 넓을 박 (해박)
- 연상기억 : 모두 통틀어(亥) 말하여(言) 해당하니, 갖출 해

❹ 核
- 4급 10획 / 씨 핵
- ⑦ 核心 : 씨 핵, 마음 심 (핵심)
- ⑧ 核實驗 : 씨 핵, 열매 실, 시험할 험 (핵실험)
- 연상기억 : 나무(木)에 매달린 어린아이(孩, 亥)는 핵가족이니, 씨 핵

❺ 劾
- 1급 8획 / 캐물을 핵
- ⑨ 彈劾 : 탄알 탄, 캐물을 핵 (탄핵)
- ⑩ 劾論 : 캐물을 핵, 논할 론 (핵론)
- 연상기억 : 돼지(亥)를 다루듯이 힘(力)을 써 탄핵하니, 캐물을 핵

❻ 刻
- 4급 8획 / 새길 각
- ⑪ 彫刻 : 새길 조, 새길 각 (조각)
- ⑫ 遲刻 : 더딜 지, 새길 각 (지각)
- 연상기억 : 칼(刂)로 돼지(亥)에다 물건을 새기어 조각이 되니, 새길 각

❼ 骸
- 1급 16획 / 해골 해
- ⑬ 骸骨 : 해골 해, 뼈 골 (해골)
- ⑭ 殘骸 : 남을 잔, 해골 해 (잔해)
- 연상기억 : 뼈(骨)가 돼지(亥)의 것으로 해골 같으니, 해골 해

❽ 駭
- 1급 16획 / 놀랄 해
- ⑮ 駭怪罔測 : 놀랄 해, 괴이할 괴, 없을 망, 헤아릴 측 (해괴망측)
- ⑯ 駭妄 : 놀랄 해, 괴이할 괴 (해망)
- 연상기억 : 달리는 말(馬)이 돼지(亥)를 보고 해괴하여 놀라니, 놀랄 해

❾ 琢
- 2급 12획 / 다듬을 탁
- ⑰ 彫琢 : 새길 조, 다듬을 탁 (조탁)
- ⑱ 琢磨 : 다듬을 탁, 갈 마 (탁마)
- 연상기억 : 묶인 돼지(豖)가 발을 치듯이 옥(玉) 구슬을 쪼아 다듬으니, 다듬을 탁

❿ 塚
- 1급 13획 / 무덤 총
- ⑲ 貝塚 : 조개 패, 무덤 총 (패총)
- ⑳ 塚墓 : 무덤 총, 무덤 묘 (총묘)
- 연상기억 : 사람이 죽으면 돼지처럼 발이 묶여(豖) 흙(土) 무덤(冢)에 묻히니, 무덤 총

맵핑 漢字 연상기억

부를 소 召의 場

99강

10. 알 인 認
- ⑲ 인식
- ⑳ 인정

忍 9. 참을 인
- ⑰ 인내
- ⑱ 강인

4. 처음 초 初
- ⑦ 초면
- ⑧ 시초

召 1. 부를 소
- ① 소집
- ② 소환

5. 부를 초 招
- ⑨ 초대
- ⑩ 초빙

紹 2. 이을 소
- ③ 소개
- ④ 소개소

부를 소 召

6. 뛰어넘을 초 超
- ⑪ 초과
- ⑫ 초월

昭 3. 밝을 소
- ⑤ 소상
- ⑥ 소명

8. 고할 조 詔
- ⑮ 조고
- ⑯ 조서

照 7. 비칠 조
- ⑬ 조명
- ⑭ 조광

260

漢字 자원(字源) 부수풀이 자동 연상기억

99일차 학습 — 부를 소 召

❶ 召
- 3급 5획 / 부를 소
  - ① 召集 : 부를 소, 모을 집 (소집)
  - ② 召喚 : 부를 소, 부를 환 (소환)
- 연상기억 : 윗사람이 위엄 있게(刀) 불러(口) 소환하니, 부를 소

❷ 紹
- 2급 11획 / 이을 소
  - ③ 紹介 : 이을 소, 낄 개 (소개)
  - ④ 紹介所 : 이을 소, 낄 개, 바 소 (소개소)
- 연상기억 : 실(糸)로 엮이듯 불러서(召) 소개하니, 이을 소

❸ 昭
- 3급 9획 / 밝을 소
  - ⑤ 昭詳 : 밝을 소, 자세할 상 (소상)
  - ⑥ 昭明 : 밝을 소, 밝을 명 (소명)
- 연상기억 : 날이 밝아(日) 불러서(召) 소명하니, 밝을 소

❹ 初
- 5급 7획 / 처음 초
  - ⑦ 初面 : 처음 초, 낯 면 (초면)
  - ⑧ 始初 : 비로소 시, 처음 초 (시초)
- 연상기억 : 천을 잘라(刀) 옷(衣)을 만드는 것은 첫 작업이니, 처음 초

❺ 招
- 4급 8획 / 부를 초
  - ⑨ 招待 : 부를 초, 기다릴 대 (초대)
  - ⑩ 招聘 : 부를 초, 부를 빙 (초빙)
- 연상기억 : 손짓하여(手) 이름을 불러(召) 초빙하니, 부를 초

❻ 超
- 3Ⅱ급 12획 / 뛰어넘을 초
  - ⑪ 超過 : 뛰어넘을 초, 지날 과 (초과)
  - ⑫ 超越 : 뛰어넘을 초, 넘을 월 (초월)
- 연상기억 : 달리다가(走) 높은(召) 곳을 초과하니, 뛰어넘을 초

❼ 照
- 3Ⅱ급 13획 / 비칠 조
  - ⑬ 照明 : 비칠 조, 밝을 명 (조명)
  - ⑭ 照光 : 비칠 조, 빛 광 (조광)
- 연상기억 : 불빛(灬)이 밝게(昭) 비추는 조명이니, 비칠 조

❽ 詔
- 1급 12획 / 고할 조
  - ⑮ 詔告 : 고할 조, 고할 고 (조고)
  - ⑯ 詔書 : 고할 조, 글 서 (조서)
- 연상기억 : 호령하는 말(言)로 불러(召) 조서를 작성하니, 고할 조

❾ 忍
- 3Ⅱ급 7획 / 참을 인
  - ⑰ 忍耐 : 참을 인, 견딜 내 (인내)
  - ⑱ 强忍 : 굳셀 강, 참을 인 (강인)
- 연상기억 : 칼날(刃)이 심장(心)을 찌르는 아픔도 참아내어 인내하니, 참을 인

❿ 認
- 4Ⅱ급 14획 / 알 인
  - ⑲ 認識 : 알 인, 알 식 (인식)
  - ⑳ 認定 : 알 인, 정할 정 (인정)
- 연상기억 : 남의 말(言)을 끝까지 참아(忍) 들어 인식하니, 알 인

맵핑 漢字 연상기억

창과 戈의 場 100강

- 10. 뉘우칠 참 懺
  - ⑲ 참회
  - ⑳ 참회록

- 9. 가늘 섬 纖
  - ⑰ 섬유
  - ⑱ 섬세

- 4. 얕을 천 淺
  - ⑦ 심천
  - ⑧ 천박

- 5. 천할 천 賤
  - ⑨ 천대
  - ⑩ 천시

- 6. 밟을 천 踐
  - ⑪ 실천
  - ⑫ 천수

- 8. 남을 잔 殘
  - ⑮ 잔인
  - ⑯ 잔금

창과 戈

- 1. 심을 재 栽
  - ① 재배
  - ② 분재

- 2. 옷마를 재 裁
  - ③ 재단
  - ④ 재량

- 3. 실을 재 載
  - ⑤ 적재
  - ⑥ 게재

- 7. 어조사 재 哉
  - ⑬ 쾌재
  - ⑭ 재생백

262

漢字 자원(字源) 부수풀이 자동 연상기억

100일차 학습 — 창 과 戈

한자 쓰기 연습

❶ 栽
- 3Ⅱ급 10획 / 심을 재
  - ① 栽培 : 심을 재, 북돋을 배 (재배)
  - ② 盆栽 : 동이 분, 심을 재 (분재)
- 연상기억 : 흙(土)을 연장으로(戈) 파고 나무(木)를 재배하니, 심을 재

❷ 裁
- 3Ⅱ급 12획 / 옷마를 재
  - ③ 裁斷 : 옷마를 재, 끊을 단 (재단)
  - ④ 裁量 : 옷마를 재, 헤아릴 량 (재량)
- 연상기억 : 천(衣)을 잘라(土戈) 재단하니, 옷마를 재

❸ 載
- 3Ⅱ급 13획 / 실을 재
  - ⑤ 積載 : 쌓을 적, 실을 재 (적재)
  - ⑥ 揭載 : 걸 게, 실을 재 (게재)
- 연상기억 : 나무를 잘라(土戈) 틀을 수레(車)에 실어 적재하니, 실을 재

❹ 淺
- 3Ⅱ급 11획 / 얕을 천
  - ⑦ 深淺 : 깊을 심, 얕을 천 (심천)
  - ⑧ 淺薄 : 얕을 천, 엷을 박 (천박)
- 연상기억 : 창(戈)을 지팡이 삼아 물속(氵)을 걸을 수 있을 정도로 얕으니, 얕을 천

❺ 賤
- 3Ⅱ급 15획 / 천할 천
  - ⑨ 賤待 : 천할 천, 기다릴 대 (천대)
  - ⑩ 賤視 : 천할 천, 볼 시 (천시)
- 연상기억 : 재물(貝)이 창(戈)처럼 천시하니, 천할 천

❻ 踐
- 3Ⅱ급 15획 / 밟을 천
  - ⑪ 實踐 : 열매 실, 밟을 천 (실천)
  - ⑫ 踐修 : 밟을 천, 닦을 수 (천수)
- 연상기억 : 발(足)로 쌓인 낙엽을 밟고 오르니, 밟을 천

❼ 哉
- 3급 9획 / 어조사 재
  - ⑬ 快哉 : 쾌할 쾌, 어조사 재 (쾌재)
  - ⑭ 哉生魄 : 어조사 재, 날생, 혼백 (재생백)
- 연상기억 : 열(十)번 창(戈)으로 찌르니 말문(口)이 끊어져 어조사로 쓰다, 어조사 재

❽ 殘
- 4급 12획 / 남을 잔
  - ⑮ 殘忍 : 남을 잔, 참을 인 (잔인)
  - ⑯ 殘金 : 남을 잔, 쇠 금 (잔금)
- 연상기억 : 창(戈)에 찔려 부서진 뼈(歹)가 잔인하니, 남을 잔

❾ 纖
- 2급 23획 / 가늘 섬
  - ⑰ 纖柔 : 가늘 섬, 부드러울 유 (섬유)
  - ⑱ 纖細 : 가늘 섬, 가늘 세 (섬세)
- 연상기억 : 산부추(韱)처럼 가는(糸) 실이 섬유이니, 가늘 섬

❿ 懺
- 1급 20획 / 뉘우칠 참
  - ⑲ 懺悔 : 뉘우칠 참, 뉘우칠 회 (참회)
  - ⑳ 懺悔錄 : 뉘우칠 참, 뉘우칠 회, 기록할 록 (참회록)
- 연상기억 : 마음(忄)이 산부추(韱)처럼 가늘어 참회하니, 뉘우칠 참

맵핑 漢字 연상기억

가까울 근 近의 場 101강

10. 맹세할 서 誓
⑲ 맹서
⑳ 선서

逝 9. 갈 서
⑰ 서거
⑱ 급서

4. 밝을 석 晳
⑦ 명석
⑧ 명석판명

斬 1. 벨 참
① 참수
② 참신

가까울 근
近

慙 2. 부끄러울 참
③ 참괴
④ 참회

5. 꺾을 절 折
⑨ 절지
⑩ 절골

暫 3. 잠깐 잠
⑤ 잠간
⑥ 잠시

6. 밝을 철 哲
⑪ 철학
⑫ 명철

漸 7. 점점 점
⑬ 점점
⑭ 점차

8. 쪼갤 석 析
⑮ 해석
⑯ 분석

264

漢字 자원(字源) 부수풀이 자동 연상기억

101일차 학습 가까울 근 近

한자 쓰기 연습

❶ 斬
- 2급 11획
- 벨 참
- ① 斬首 : 벨 참, 머리 수 (참수)
- ② 斬新 : 벨 참, 새로울 신 (참신)
- 연상기억 : 수레(車)를 도끼(斤)로 내려쳐 참수하니, 벨 참

❷ 慙
- 3급 15획
- 부끄러울 참
- ③ 慙愧 : 부끄러울 참, 괴이할 괴 (참괴)
- ④ 慙悔 : 부끄러울 참, 뉘우칠 회 (참회)
- 연상기억 : 가슴을 도려내고(斬) 싶도록 참회하니, 부끄러울 참

❸ 暫
- 3Ⅱ급 15획
- 잠깐 잠
- ⑤ 暫間 : 잠깐 잠, 사이 간 (잠간)
- ⑥ 暫時 : 잠깐 잠, 때 시 (잠시)
- 연상기억 : 싹둑 베는(斬) 짧은 시간(日)이 잠시이니, 잠깐 잠

❹ 晳
- 2급 12획
- 밝을 석
- ⑦ 明晳 : 밝을 명, 밝을 석 (명석)
- ⑧ 明晳判明 : 밝을 명, 밝을 석, 판단할 판, 밝을 명 (명석판명)
- 연상기억 : 햇빛(日)이 쪼개어져(析) 비쳐 명석하니, 밝을 석

❺ 折
- 4급 7획
- 꺾을 절
- ⑨ 折枝 : 꺾을 절, 가지 지 (절지)
- ⑩ 折骨 : 꺾을 절, 뼈 골 (절골)
- 연상기억 : 도끼(斤)를 들고(扌) 물건을 찍으니, 꺾을 절

❻ 哲
- 3Ⅱ급 10획
- 밝을 철
- ⑪ 哲學 : 밝을 철, 배울 학 (철학)
- ⑫ 名哲 : 이름 명, 밝을 철 (명철)
- 연상기억 : 옳고 그름을 결단하여(折) 말하니(口), 밝을 철

❼ 漸
- 3Ⅱ급 14획
- 점점 점
- ⑬ 漸漸 : 점점 점, 점점 점 (점점)
- ⑭ 漸次 : 점점 점, 버금 차 (점차)
- 연상기억 : 물(氵)은 칼로 베어도(斬) 끊어지지 않고 점차 흐르니, 점점 점

❽ 析
- 3급 8획
- 쪼갤 석
- ⑮ 解析 : 풀 해, 쪼갤 석 (해석)
- ⑯ 分析 : 나눌 분, 쪼갤 석 (분석)
- 연상기억 : 나무(木)를 도끼(斤)로 쪼개어 분석하니, 쪼갤 석

❾ 逝
- 3급 11획
- 갈 서
- ⑰ 逝去 : 갈 서, 갈 거 (서거)
- ⑱ 急逝 : 급할 급, 갈 서 (급서)
- 연상기억 : 꺾이어(折) 걸어가다(辶) 급서하니, 갈 서

❿ 誓
- 3급 14획
- 맹세할 서
- ⑲ 盟誓 : 맹세할 맹, 맹세할 서 (맹서)
- ⑳ 宣誓 : 베풀 선, 맹세할 서 (선서)
- 연상기억 : 맹세한 글(言) 조각을 꺾어서(折) 선서하니, 맹세할 서

M·E·M·O

부록

1급 한자능력검정시험대비 총 3,500字 정리

* 8급~1급까지 가나다순으로 배열
* 급수별 배정 漢字의 훈·음 알아보기

[초급단계] 초등학생이 알아야 할 漢字
8급 : 배정한자　50字까지 (초등학생 1학년)
7급 : 배정한자　150字까지 (초등학생 2학년)
6급 : 배정한자　300字까지 (초등학생 3학년)
5급 : 배정한자　500字까지 (초등학생 4학년)
4급Ⅱ : 배정한자　750字까지 (초등학생 5학년)
4급 : 배정한자 1,000字까지 (초등학생 6학년)

[중급단계] 고등학생이 알아야 할 漢字
3급Ⅱ : 배정한자 1,500字까지 (중학생)
3급 : 배정한자 1,817字까지 (고등학생)

[고급단계] 대학생이 알아야 할 漢字
2급 : 배정한자 2,355字까지 (대학생 및 일반인)
1급 : 배정한자 3,500字까지 (대학생 및 일반인)

呵(가)~塏(개) 1~100字 漢字 및 훈음 알아보기 1

* 다음 漢字를 가나다 순으로 배열하고 각 한자에 해당하는 급수를 분류함.

한자	급	훈·음	한자	급	훈·음	한자	급	훈·음	한자	급	훈·음
呵	1급	꾸짖을 가	珏	2급	쌍옥 각	簡	4급	대쪽/간략할 간	甲	4급	갑옷 갑
哥	1급	성 가	却	3급	물리칠 각	間	7급	사이 간	慷	1급	슬플 강
嘉	1급	아름다울 가	脚	준3	다리 각	喝	1급	꾸짖을 갈	糠	1급	겨 강
嫁	1급	시집갈 가	閣	준3	집 각	竭	1급	다할 갈	腔	1급	속빌 강
稼	1급	심을 가	刻	4급	새길 각	褐	1급	갈색 갈	薑	1급	생강 강
苛	1급	가혹할 가	覺	4급	깨달을 각	鞨	2급	오랑캐이름 갈	姜	2급	성씨 강
袈	1급	가사 가	各	6급	각각 각	葛	2급	칡 갈	岡	2급	산등성이 강
駕	1급	멍에 가	角	6급	뿔 각	渴	3급	목마를 갈	崗	2급	언덕 강
伽	2급	절 가	墾	1급	개간할 간	勘	1급	헤아릴 감	彊	2급	굳셀 강
柯	2급	가지 가	奸	1급	간사할 간	堪	1급	견딜 감	疆	2급	지경 강
賈	2급	성 가/장사 고	揀	1급	가릴 간	柑	1급	귤 감	剛	준3	굳셀 강
軻	2급	수레/사람이름 가	澗	1급	산골 물 간	疳	1급	감질 감	綱	준3	벼리 강
迦	2급	부처이름 가	癎	1급	간질 간	瞰	1급	굽어볼 감	鋼	준3	강철 강
佳	준3	아름다울 가	竿	1급	낚싯대 간	紺	1급	감색 감	降	4급	내릴 강
架	준3	시렁 가	艱	1급	어려울 간	憾	2급	섭섭할 감	康	준4	편안 강
暇	4급	틈/겨를 가	諫	1급	간할 간	鑑	준3	거울 감	講	준4	욀 강
假	준4	거짓 가	杆	2급	몽둥이 간	敢	4급	감히 감	強	6급	강할 강
街	준4	거리 가	艮	2급	괘이름 간	甘	4급	달 감	江	7급	강 강
加	5급	더할 가	姦	3급	간음할 간	減	준4	덜 감	凱	1급	개선할 개
可	5급	옳을 가	刊	준3	새길 간	監	준4	볼 감	愾	1급	성낼 개
價	5급	값 가	幹	준3	줄기 간	感	6급	느낄 감	漑	1급	물댈 개
家	7급	집 가	懇	준3	간절할 간	匣	1급	갑 갑	箇	1급	낱 개
歌	7급	노래 가	肝	준3	간 간	閘	1급	수문 갑	芥	1급	겨자 개
恪	1급	삼갈 각	干	4급	방패 간	岬	2급	곶 갑	价	2급	클 개
殼	1급	껍질 각	看	4급	볼 간	鉀	2급	갑옷 갑	塏	2급	높은땅 개

268

慨(개)~京(경) 101~200字 漢字 및 훈음 알아보기 2

* 다음 漢字를 가나다 순으로 배열하고 각 한자에 해당하는 급수를 분류함.

한자	급	훈·음	한자	급	훈·음	한자	급	훈·음	한자	급	훈·음
慨	3급	슬퍼할 개	鍵	2급	열쇠 건	譴	1급	꾸짖을 견	鯨	1급	고래 경
皆	3급	다 개	乾	준3	하늘 건	鵑	1급	두견새 견	儆	2급	경계할 경
介	준3	낄 개	件	5급	물건 건	甄	2급	질그릇 견	炅	2급	빛날 경
概	준3	대개 개	健	5급	굳셀 건	牽	3급	이끌/끌 견	璟	2급	옥빛 경
蓋	준3	덮을 개	建	5급	세울 건	絹	3급	비단 견	瓊	2급	구슬 경
個	준4	낱 개	杰	2급	뛰어날 걸	肩	3급	어깨 견	卿	3급	벼슬 경
改	5급	고칠 개	桀	2급	하왕 이름 걸	遣	3급	보낼 견	庚	3급	별 경
開	6급	열 개	乞	3급	빌 걸	堅	4급	굳을 견	竟	3급	마침내 경
客	5급	손 객	傑	4급	뛰어날 걸	犬	4급	개 견	徑	준3	지름길 경
羹	1급	국 갱	劍	준3	칼 검	見	5급	볼 견/뵐 현	硬	준3	굳을 경
坑	2급	구덩이 갱	儉	4급	검소할 검	訣	준3	이별할 결	耕	준3	밭갈 경
醵	1급	추렴할 거/갹	檢	준4	검사할 검	潔	준4	깨끗할 결	頃	준3	이랑/잠깐 경
倨	1급	거만할 거	劫	1급	위협할 겁	缺	준4	이지러질 결	傾	4급	기울 경
渠	1급	개천 거	怯	1급	겁낼 겁	決	5급	결단할 결	更	4급	고칠 경/다시 갱
距	준3	상거할 거	偈	1급	불시 게	結	5급	맺을 결	鏡	4급	거울 경
居	4급	살 거	憩	2급	쉴 게	兼	준3	겸할 겸	驚	4급	놀랄 경
巨	4급	클 거	揭	2급	걸 게	謙	준3	겸손할 겸	境	준4	지경 경
拒	4급	막을 거	檄	1급	격문 격	勁	1급	굳셀 경	慶	준4	경사 경
據	4급	근거 거	膈	1급	가슴 격	憬	1급	깨달을/동경할 경	經	준4	지날/글 경
去	5급	갈 거	覡	1급	박수 격	梗	1급	줄기/막힐 경	警	준4	깨우칠 경
擧	5급	들 거	隔	준3	사이 뜰 격	痙	1급	경련 경	景	5급	볕 경
車	7급	수레 거/수레 차	擊	4급	칠 격	磬	1급	경쇠 경	競	5급	다툴 경
巾	1급	수건 건	激	4급	격할 격	脛	1급	정강이 경	輕	5급	가벼울 경
腱	1급	힘줄 건	格	5급	격식 격	莖	1급	줄기 경	敬	5급	공경 경
虔	1급	공경할 건	繭	1급	고치 견	頸	1급	목 경	京	6급	서울 경

悸(계)~括(괄) 201~300字 漢字 및 훈음 알아보기 3

* 다음 漢字를 가나다 순으로 배열하고 각 한자에 해당하는 급수를 분류함.

한자	급	훈·음	한자	급	훈·음	한자	급	훈·음	한자	급	훈·음
悸	1급	두근거릴 계	辜	1급	허물 고	棍	1급	몽둥이 곤	課	5급	공부할 과
癸	3급	북방 계	錮	1급	막을 고	袞	1급	곤룡포 곤	過	5급	지날 과
繫	3급	맬 계	皐	2급	언덕 고	坤	3급	따 곤	果	6급	실과 과
啓	준3	열 계	雇	2급	품 팔 고 / 새이름 호	困	4급	곤할 곤	科	6급	과목 과
契	준3	맺을 계	枯	3급	마를 고	汨	1급	골몰할 골	廓	1급	둘레 곽
桂	준3	계수나무 계	顧	3급	돌아볼 고	骨	4급	뼈 골	槨	1급	외관 곽
械	준3	기계 계	姑	준3	시어미 고	拱	1급	팔짱낄 공	藿	1급	콩잎 곽
溪	준3	시내 계	稿	준3	원고/볏짚 고	鞏	1급	굳을 공	郭	3급	둘레 곽
季	4급	계절 계	鼓	준3	북 고	供	준3	이바지할 공	棺	1급	널 관
戒	4급	경계할 계	孤	4급	외로울 고	恐	준3	두려울 공	灌	1급	물댈 관
系	4급	이어맬 계	庫	4급	곳집 고	恭	준3	공손할 공	顴	1급	광대뼈 관 / 광대뼈 권
繼	4급	이을 계	故	준4	연고 고	貢	준3	바칠 공	串	2급	꿸 관 / 땅이름 곶
階	4급	섬돌 계	固	5급	굳을 고	孔	4급	구멍 공	琯	2급	옥피리 관
鷄	4급	닭 계	考	5급	생각할 고	攻	4급	칠 공	款	2급	항목 관
係	준4	맬 계	告	5급	고할 고	公	6급	공평할 공	冠	준3	갓 관
界	6급	지경 계	古	6급	예 고	共	6급	한가지 공	寬	준3	너그러울 관
計	6급	셀 계	苦	6급	쓸 고	功	6급	공 공	慣	준3	익숙할 관
叩	1급	두드릴 고	高	6급	높을 고	工	7급	장인 공	貫	준3	꿸 관
呱	1급	울 고	梏	1급	수갑 곡	空	7급	빌 공	館	준3	집 관
拷	1급	칠 고	鵠	1급	고니 곡	顆	1급	낟알 과	管	4급	대롱 관
敲	1급	두드릴 고	哭	준3	울 곡	戈	2급	창 과	官	준4	벼슬 관
痼	1급	고질 고	谷	준3	골 곡	瓜	2급	외 과	觀	5급	볼 관
股	1급	넓적다리 고	穀	4급	곡식 곡	菓	2급	과자 과	關	5급	관계할 관
膏	1급	기름 고	曲	5급	굽을 곡	寡	준3	적을 과	刮	1급	긁을 괄
袴	1급	바지 고	昆	1급	맏 곤	誇	준3	자랑할 과	括	1급	묶을 괄

匡(광)~屈(굴) 301~400字 漢字 및 훈음 알아보기 4

* 다음 漢字를 가나다 순으로 배열하고 각 한자에 해당하는 급수를 분류함.

한자	급	훈·음	한자	급	훈·음	한자	급	훈·음	한자	급	훈·음
匡	1급	바룰 광	嬌	1급	아리따울 교	毆	1급	때릴 구	久	준3	오랠 구
壙	1급	뫼 구덩이 광	攪	1급	흔들 교	溝	1급	도랑 구	拘	준3	잡을 구
曠	1급	빌 광	狡	1급	교활할 교	灸	1급	뜸 구	構	4급	얽을 구
胱	1급	오줌통 광	皎	1급	달빛 교	矩	1급	모날 구	句	준4	글귀 구
狂	준3	미칠 광	蛟	1급	교룡 교	臼	1급	절구 구	求	준4	구할 구
鑛	4급	쇳돌 광	轎	1급	가마 교	舅	1급	시아비 구	究	준4	연구할 구
廣	5급	넓을 광	驕	1급	교만할 교	衢	1급	네거리 구	救	5급	구원할 구
光	6급	빛 광	僑	2급	더부살이 교	謳	1급	노래 구	具	5급	갖출 구
卦	1급	점괘 괘	絞	2급	목맬 교	軀	1급	몸 구	舊	5급	예 구
罫	1급	줄 괘	膠	2급	아교 교	鉤	1급	갈고리 구	區	6급	구분할 구
掛	3급	걸 괘	矯	3급	바로잡을 교	駒	1급	망아지 구	球	6급	공 구
乖	1급	어그러질 괴	郊	3급	들 교	鳩	1급	비둘기 구	口	7급	입 구
拐	1급	후릴 괴	巧	준3	공교할 교	廐	1급	마구 구	九	8급	아홉 구
魁	1급	우두머리 괴	較	준3	견줄 교	玖	2급	옥돌 구	鞠	2급	성 국
槐	2급	느티나무 괴	橋	5급	다리 교	邱	2급	언덕 구	菊	준3	국화 국
傀	2급	허수아비 괴	交	6급	사귈 교	歐	2급	구라파 구	局	5급	판 국
塊	3급	흙덩이 괴	敎	8급	가르칠 교	購	2급	살 구	國	8급	나라 국
愧	3급	부끄러울 괴	校	8급	학교 교	鷗	2급	갈매기 구	窘	1급	군색할 군
壞	준3	무너질 괴	仇	1급	원수 구	俱	3급	함께 구	君	4급	임금 군
怪	준3	괴이할 괴	嘔	1급	토할 구	懼	3급	두려워할 구	群	4급	무리 군
宏	1급	클 굉	垢	1급	때 구	狗	3급	개 구	郡	6급	고을 군
肱	1급	팔뚝 굉	寇	1급	도둑 구	苟	3급	진실로 구	軍	8급	군사 군
轟	1급	울릴 굉	嶇	1급	험할 구	驅	3급	몰 구	掘	2급	팔 굴
咬	1급	물 교	枸	1급	구기자 구	龜	3급	거북 구 거북 귀/터질 균	窟	2급	굴 굴
喬	1급	높을 교	柩	1급	널 구	丘	준3	언덕 구	屈	4급	굽힐 굴

穹(궁)~驥(기) 401~500字 漢字 및 훈음 알아보기 5

*다음 漢字를 가나다 순으로 배열하고 각 한자에 해당하는 급수를 분류함.

한자	급	훈·음	한자	급	훈·음	한자	급	훈·음	한자	급	훈·음
穹	1급	하늘 궁	貴	5급	귀할 귀	槿	2급	무궁화 근	矜	1급	자랑할 긍
躬	1급	몸 궁	硅	1급	규소 규	瑾	2급	아름다운 옥 근	兢	2급	떨릴 긍
弓	준3	활 궁	窺	1급	엿볼 규	僅	3급	겨우 근	肯	3급	즐길 긍
窮	4급	다할/궁할 궁	葵	1급	해바라기 규	斤	3급	근/날 근	伎	1급	재간 기
宮	준4	집 궁	逵	1급	길거리 규	謹	3급	삼갈 근	嗜	1급	즐길 기
倦	1급	게으를 권	圭	2급	서옥 규	勤	4급	부지런할 근	妓	1급	기생 기
捲	1급	말 권	奎	2급	별 규	筋	4급	힘줄 근	崎	1급	험할 기
眷	1급	돌볼 권	揆	2급	헤아릴 규	根	6급	뿌리 근	朞	1급	돌 기
圈	2급	우리 권	珪	2급	홀 규	近	6급	가까울 근	杞	1급	구기자 기
拳	준3	주먹 권	閨	2급	안방 규	擒	1급	사로잡을 금	畸	1급	뙈기밭 기
券	4급	문서 권	叫	3급	부르짖을 규	衾	1급	이불 금	綺	1급	비단 기
勸	4급	권할 권	糾	3급	얽힐 규	襟	1급	옷깃 금	羈	1급	굴레 기
卷	4급	책 권	規	5급	법 규	琴	준3	거문고 금	肌	1급	살 기
權	준4	권세 권	菌	준3	버섯 균	禽	준3	새 금	譏	1급	비웃을 기
蹶	1급	일어설/넘어질 궐	均	4급	고를 균	錦	준3	비단 금	冀	2급	바랄 기
闕	2급	대궐 궐	橘	1급	귤나무 귤	禁	준4	금할 금	岐	2급	갈림길 기
厥	3급	그 궐	剋	1급	이길 극	今	6급	이제 금	沂	2급	물 이름 기
机	1급	책상 궤	戟	1급	창 극	金	8급	쇠 금/성 김	淇	2급	물 이름 기
櫃	1급	궤짝 궤	棘	1급	가시 극	扱	1급	거둘 급	琦	2급	옥 이름 기
潰	1급	무너질 궤	隙	1급	틈 극	汲	1급	물 길을 급	琪	2급	아름다운 옥 기
詭	1급	속일 궤	克	준3	이길 극	及	준3	미칠 급	璣	2급	별이름 기
几	1급	안석 궤	劇	4급	심할 극	給	5급	줄 급	箕	2급	키 기
軌	3급	바퀴자국 궤	極	준4	다할 극	急	6급	급할 급	耆	2급	늙을 기
鬼	준3	귀신 귀	覲	1급	뵐 근	級	6급	등급 급	騏	2급	준마 기
歸	4급	돌아갈 귀	饉	1급	주릴 근	亘	1급	뻗칠 긍/베풀 선	驥	2급	천리마 기

麒(기)~憺(담) 501~600字 漢字 및 훈음 알아보기 6

* 다음 漢字를 가나다 순으로 배열하고 각 한자에 해당하는 급수를 분류함.

한자	급	훈·음	한자	급	훈·음	한자	급	훈·음	한자	급	훈·음
麒	2급	기린 기	旗	7급	기 기	奈	3급	어찌 내/어찌 나	泥	준3	진흙 니
棋	2급	바둑 기	氣	7급	기운 기	耐	준3	견딜 내	匿	1급	숨길 닉
幾	3급	몇 기	記	7급	기록할 기	內	7급	안 내	溺	2급	빠질 닉
忌	3급	꺼릴 기	緊	준3	긴할 긴	女	8급	계집 녀	茶	준3	차 다/차 차
旣	3급	이미 기	拮	1급	일할 길	撚	1급	비빌 년	多	6급	많을 다
棄	3급	버릴 기	吉	5급	길할 길	年	8급	해 년	簞	1급	소쿠리 단
欺	3급	속일 기	喫	1급	먹을 끽	涅	1급	열반 녈	緞	1급	비단 단
豈	3급	어찌 기	儺	1급	푸닥거리 나	念	5급	생각 념	蛋	1급	새알 단
飢	3급	주릴 기	懦	1급	나약할 나	寧	준3	평안 녕	湍	2급	여울 단
企	준3	꾀할 기	拏	1급	잡을 나	駑	1급	쇠뇌 노	鍛	2급	쇠 불릴 단
其	준3	그 기	拿	1급	잡을 나	駑	1급	둔한 말 노	丹	준3	붉을 단
畿	준3	경기 기	那	3급	어찌 나	奴	준3	종 노	但	준3	다만 단
祈	준3	빌 기	諾	준3	허락할 낙	努	준4	힘쓸 노	旦	준3	아침 단
騎	준3	말 탈 기	煖	1급	더울 난	怒	준4	성낼 노	段	4급	층계 단
奇	4급	기특할 기	暖	준4	따뜻할 난	膿	1급	고름 농	單	준4	홑 단
寄	4급	부칠 기	難	준4	어려울 난	濃	2급	짙을 농	斷	준4	끊을 단
機	4급	틀 기	捏	1급	꾸밀 날	農	7급	농사 농	檀	준4	박달나무 단
紀	4급	벼리 기	捺	1급	누를 날	惱	3급	번뇌할 뇌	端	준4	끝 단
器	준4	그릇 기	男	7급	사내 남	腦	준3	골 뇌	壇	5급	단 단
起	준4	일어날 기	南	8급	남녘 남	撓	1급	휠 뇨	團	5급	둥글 단
技	5급	재주 기	衲	1급	기울 납	尿	2급	오줌 뇨	短	6급	짧을 단
期	5급	기약할 기	納	4급	들일 납	訥	1급	말 더듬거릴 눌	撻	1급	때릴 달
汽	5급	물끓는 김 기	囊	1급	주머니 낭	紐	1급	맺을 뉴	疸	1급	황달 달
基	5급	터 기	娘	준3	계집 낭	能	5급	능할 능	達	준4	통달할 달
己	5급	몸 기	乃	3급	이에 내	尼	2급	여승 니	憺	1급	참담할 담

雲(운)~洞(동) 601~700字 漢字 및 훈음 알아보기 7

* 다음 漢字를 가나다 순으로 배열하고 각 한자에 해당하는 급수를 분류함.

한자	급	훈·음	한자	급	훈·음	한자	급	훈·음	한자	급	훈·음
曇	1급	흐릴 담	戴	2급	일 대	悼	2급	슬퍼할 도	督	준4	감독할 독
澹	1급	맑을 담	臺	준3	대 대	塗	3급	칠할 도	獨	5급	홀로 독
痰	1급	가래 담	貸	준3	빌릴 대	挑	3급	돋을 도	讀	6급	읽을 독/구절 두
譚	1급	클/말씀 담	帶	준4	띠 대	稻	3급	벼 도	沌	1급	엉길 돈
潭	2급	못 담	隊	준4	무리 대	跳	3급	뛸 도	惇	2급	도타울 돈
膽	2급	쓸개 담	代	6급	대신할 대	倒	준3	넘어질 도	燉	2급	불빛 돈
淡	준3	맑을 담	對	6급	대할 대	刀	준3	칼 도	頓	2급	조아릴 돈
擔	준4	맬 담	待	6급	기다릴 대	桃	준3	복숭아 도	敦	3급	도타울 돈
談	5급	말씀 담	大	8급	큰 대	渡	준3	건널 도	豚	3급	돼지 돈
遝	1급	뒤섞일 답	悳	2급	큰 덕	途	준3	길 도	乭	2급	이름 돌
畓	3급	논 답	德	5급	큰 덕	陶	준3	질그릇 도	突	준3	갑자기 돌
踏	준3	밟을 답	堵	1급	담 도	徒	4급	무리 도	憧	1급	동경할 동
答	7급	대답 답	屠	1급	죽일 도	盜	4급	도둑 도	疼	1급	아플 동
撞	1급	칠 당	掉	1급	흔들 도	逃	4급	도망할 도	瞳	1급	눈동자 동
棠	1급	아가위 당	搗	1급	찧을 도	導	준4	인도할 도	胴	1급	큰창자 동
螳	1급	사마귀 당	淘	1급	쌀일 도	島	5급	섬 도	董	2급	바를 동
塘	2급	못 당	滔	1급	물 넘칠 도	都	5급	도읍 도	桐	2급	오동나무 동
唐	준3	당나라 당	濤	1급	물결 도	到	5급	이를 도	棟	2급	마룻대 동
糖	준3	엿 당	睹	1급	볼 도	圖	6급	그림 도	凍	준3	얼 동
黨	준4	무리 당	禱	1급	빌 도	度	6급	법도 도/살 택 헤아릴 탁	銅	준4	구리 동
當	5급	마땅 당	萄	1급	포도 도	道	7급	길 도	童	6급	아이 동
堂	6급	집 당	賭	1급	내기 도	瀆	1급	더럽힐 독	冬	7급	겨울 동
擡	1급	들 대	蹈	1급	밟을 도	禿	1급	대머리 독	動	7급	움직일 동
袋	1급	자루 대	鍍	1급	도금할 도	篤	3급	도타울 독	同	7급	한가지 동
垈	2급	집터 대	燾	2급	비칠 도	毒	준4	독 독	洞	7급	골 동/밝을 통

東(동)~劣(렬) 701~800字 漢字 및 훈음 알아보기 8

* 다음 漢字를 가나다 순으로 배열하고 각 한자에 해당하는 급수를 분류함.

한자	급	훈·음	한자	급	훈·음	한자	급	훈·음	한자	급	훈·음
東	8급	동녘 동	羅	준4	벌릴 라	廊	준3	사랑채 랑	黎	1급	검을 려
兜	1급	투구 두	烙	1급	지질 락	浪	준3	물결 랑	呂	2급	성 려/법칙 려
痘	1급	역질 두	酪	1급	쇠젖 락	郎	준3	사내 랑	廬	2급	농막집 려
杜	2급	막을 두	駱	1급	낙타 락	朗	5급	밝을 랑	礪	2급	숫돌 려
斗	준4	말 두	洛	2급	물이름 락	萊	2급	명아주 래	驪	2급	검은말 려
豆	준4	콩 두	絡	준3	이을 락	來	7급	올 래	勵	준3	힘쓸 려
頭	6급	머리 두	落	5급	떨어질 락	冷	5급	찰 랭	慮	4급	생각할 려
臀	1급	볼기 둔	樂	6급	즐길 락/노래 악/좋아할 요	掠	3급	노략질 략	麗	준4	고울 려
遁	1급	숨을 둔	瀾	1급	물결 란	略	4급	간략할 략	旅	5급	나그네 려
屯	3급	진칠 둔	鸞	1급	난새 란	倆	1급	재주 량	瀝	1급	스밀 력
鈍	3급	둔할 둔	爛	2급	빛날 란	粱	1급	기장 량	礫	1급	조약돌 력
得	준4	얻을 득	欄	준3	난간 란	亮	2급	밝을 량	曆	준3	책력 력
橙	1급	귤 등	蘭	준3	난초 란	樑	2급	들보 량	歷	5급	지날 력
鄧	2급	나라이름 등	亂	4급	어지러울 란	輛	2급	수레 량	力	7급	힘 력
藤	2급	등나무 등	卵	4급	알 란	諒	3급	살펴알 량	輦	1급	가마 련
謄	2급	베낄 등	剌	1급	발랄할 랄	梁	준3	들보 량	漣	2급	잔물결 련
騰	3급	오를 등	辣	1급	매울 랄	涼	준3	서늘할 량	煉	2급	달굴 련
燈	준4	등 등	籃	1급	대바구니 람	糧	4급	양식 량	憐	3급	불쌍히여길 련
等	6급	무리 등	藍	2급	쪽 람	兩	준4	두 량	戀	준3	그리워할 련
登	7급	오를 등	濫	3급	넘칠 람	量	5급	헤아릴 량	聯	준3	연이을 련
懶	1급	게으를 라	覽	4급	볼 람	良	5급	어질 량	蓮	준3	연꽃 련
癩	1급	문둥이 라	臘	1급	섣달 랍	侶	1급	짝 려	鍊	준3	쇠불릴 련
螺	1급	소라 라	蠟	1급	밀 랍	戾	1급	어그러질 려	連	준4	이을 련
邏	1급	순라 라	拉	2급	끌 랍	濾	1급	거를 려	練	5급	익힐 련
裸	2급	벗을 라	狼	1급	이리 랑	閭	1급	마을 려	劣	3급	못할 렬

裂(렬)~綾(릉) 801~900字 漢字 및 훈음 알아보기 9

* 다음 漢字를 가나다 순으로 배열하고 각 한자에 해당하는 급수를 분류함.

한자	급	훈·음	한자	급	훈·음	한자	급	훈·음	한자	급	훈·음
裂	준3	찢어질 렬	虜	1급	사로잡을 로	賂	1급	뇌물 뢰	硫	2급	유황 류
烈	4급	매울 렬	盧	2급	성 로	賴	준3	의뢰할 뢰	謬	2급	그르칠 류
列	준4	벌릴 렬	蘆	2급	갈대 로	雷	준3	우레 뢰	柳	4급	버들 류
斂	1급	거둘 렴	魯	2급	노나라 로	寮	1급	동관 료	留	준4	머무를 류
殮	1급	염할 렴	鷺	2급	백로 로	燎	1급	횃불 료	流	5급	흐를 류
簾	1급	발 렴	爐	준3	화로 로	瞭	1급	밝을 료	類	5급	무리 류
濂	2급	물이름 렴	露	준3	이슬 로	聊	1급	애오라지 료	戮	1급	죽일 륙
廉	3급	청렴할 렴	勞	5급	일할 로	寥	1급	쓸쓸할 료(요)	陸	5급	뭍 륙
獵	3급	사냥 렵	路	6급	길 로	遼	2급	멀 료	六	8급	여섯 륙
囹	1급	옥 령	老	7급	늙을 로	療	2급	병고칠 료	淪	1급	빠질 륜
逞	1급	쾌할 령	碌	1급	푸른돌 록	了	3급	마칠 료	綸	1급	벼리 륜
鈴	1급	방울 령	麓	1급	산기슭 록	僚	3급	동료 료	崙	2급	산이름 륜
齡	1급	나이 령	鹿	3급	사슴 록	料	5급	헤아릴 료	倫	준3	인륜 륜
玲	2급	옥소리 령	祿	준3	녹 록	龍	4급	용 룡	輪	4급	바퀴 륜
零	3급	떨어질 령	錄	준4	기록할 록	壘	1급	보루 루	慄	1급	떨릴 률
嶺	준3	고개 령	綠	6급	푸를 록	陋	1급	더러울 루	栗	준3	밤 률
靈	준3	신령 령	論	준4	논할 론	屢	3급	여러 루	率	준3	비율 률
令	5급	하여금 령	壟	1급	밭두둑 롱	淚	3급	눈물 루	律	준4	법칙 률
領	5급	거느릴 령	瓏	1급	옥소리 롱	樓	준3	다락 루	隆	준3	높을 륭
醴	2급	단술 례	聾	1급	귀먹을 롱	漏	준3	샐 루	勒	1급	굴레 륵
隷	3급	종 례	籠	2급	대바구니 롱	累	준3	자주 루	肋	1급	갈빗대 륵
例	6급	법식 례	弄	준3	희롱할 롱	溜	1급	처마물 류	凜	1급	찰 름
禮	6급	예도 례	儡	1급	꼭두각시 뢰	琉	1급	유리 류	凌	1급	업신여길 릉
撈	1급	건질 로	牢	1급	우리 뢰	瘤	1급	혹 류	稜	1급	모날 릉
擄	1급	노략질할 로	磊	1급	돌무더기 뢰	劉	2급	죽일/묘금도 류	綾	1급	비단 릉

菱(릉)~緬(면) 901~1000字 漢字 및 훈음 알아보기 10

* 다음 漢字를 가나다 순으로 배열하고 각 한자에 해당하는 급수를 분류함.

한자	급	훈·음	한자	급	훈·음	한자	급	훈·음	한자	급	훈·음
菱	1급	마름 릉	淋	1급	임질 림	娩	2급	낳을 만	煤	1급	그을음 매
楞	2급	네모질 릉	臨	준3	임할 림	灣	2급	물굽이 만	罵	1급	꾸짖을 매
陵	준3	언덕 릉	林	7급	수풀 림	蠻	2급	오랑캐 만	邁	1급	갈 매
俚	1급	속될 리	笠	1급	삿갓 립	慢	3급	거만할 만	呆	1급	어리석을 매
俐	1급	영리할 리	粒	1급	낟알 립	漫	3급	흩어질 만	枚	2급	낱 매
痢	1급	이질 리	立	7급	설 립	晚	준3	늦을 만	魅	2급	매혹할 매
籬	1급	울타리 리	摩	2급	문지를 마	滿	준4	찰 만	埋	3급	묻을 매
罹	1급	걸릴 리	痲	2급	저릴 마	萬	8급	일만 만	媒	준3	중매 매
裡	1급	속 리	魔	2급	마귀 마	抹	1급	지울 말	梅	준3	매화 매
釐	1급	다스릴 리	磨	준3	갈 마	沫	1급	물거품 말	妹	4급	누이 매
梨	3급	배 리	麻	준3	삼 마	襪	1급	버선 말	買	5급	살 매
吏	준3	관리 리	馬	5급	말 마	靺	2급	말갈 말	賣	5급	팔 매
履	준3	밟을 리	寞	1급	고요할 막	末	5급	끝 말	每	7급	매양 매
裏	준3	속 리	膜	2급	꺼풀 막	芒	1급	까끄라기 망	貊	2급	맥국 맥
離	4급	떠날 리	幕	준3	장막 막	惘	1급	멍할 망	麥	준3	보리 맥
利	6급	이할 리	漠	준3	넓을 막	網	2급	그물 망	脈	준4	줄기 맥
李	6급	오얏/성씨 리	莫	준3	없을 막	忘	3급	잊을 망	萌	1급	움 맹
理	6급	다스릴 리	卍	1급	만 만	忙	3급	바쁠 망	孟	준3	맏 맹
里	7급	마을 리	彎	1급	굽을 만	罔	3급	없을 망	猛	준3	사나울 맹
吝	1급	아낄 린	挽	1급	당길 만	茫	3급	아득할 망	盲	준3	눈멀 맹
燐	1급	도깨비불 린	瞞	1급	속일 만	妄	준3	망령될 망	盟	준3	맹세 맹
躪	1급	짓밟을 린	蔓	1급	덩굴 만	亡	5급	망할 망	覓	2급	찾을 멱
鱗	1급	비늘 린	輓	1급	끌/애도할 만	望	5급	바랄 망	棉	1급	목화 면
麟	2급	기린 린	饅	1급	만두 만	寐	1급	잘 매	眄	1급	곁눈질할 면
隣	3급	이웃 린	鰻	1급	뱀장어 만	昧	1급	어두울 매	緬	1급	멀 면

麵(면)~味(미) 1001~1100字 漢字 및 훈음 알아보기 11

* 다음 漢字를 가나다 순으로 배열하고 각 한자에 해당하는 급수를 분류함.

한자	급	훈·음	한자	급	훈·음	한자	급	훈·음	한자	급	훈·음
麵	1급	국수 면	耗	1급	소모할 모	沒	준3	빠질 몰	舞	4급	춤출 무
冕	2급	면류관 면	糢	1급	모호할 모	夢	준3	꿈 몽	務	준4	힘쓸 무
沔	2급	물이름 면	牟	2급	성/보리 모	蒙	준3	어두울 몽	武	준4	호반 무
俛	2급	힘쓸 면	茅	2급	띠 모	描	1급	그릴 묘	無	5급	없을 무
免	준3	면할 면	謨	2급	꾀 모	杳	1급	아득할 묘	墨	준3	먹 묵
眠	준3	잘 면	帽	2급	모자 모	渺	1급	아득할/물질펀할 묘	默	준3	잠잠할 묵
綿	준3	솜 면	矛	2급	창 모	猫	1급	고양이 묘	蚊	1급	모기 문
勉	4급	힘쓸 면	侮	3급	업신여길 모	昴	2급	별이름 묘	汶	2급	물이름 문
面	7급	낯 면	冒	3급	무릅쓸 모	卯	3급	토끼 묘	紊	2급	어지러울 문
蔑	2급	업신여길 멸	募	3급	뽑을 모	廟	3급	사당 묘	紋	준3	무늬 문
滅	준3	꺼질 멸	暮	3급	저물 모	苗	3급	모 묘	聞	6급	들을 문
暝	1급	저물 명	某	3급	아무 모	墓	4급	무덤 묘	問	7급	물을 문
溟	1급	바다 명	慕	준3	그릴 모	妙	4급	묘할 묘	文	7급	글월 문
皿	1급	그릇 명	謀	준3	꾀 모	巫	1급	무당 무	門	8급	문 문
螟	1급	멸구 명	貌	준3	모양 모	憮	1급	어루만질 무	勿	준3	말 물
酩	1급	술취할 명	模	4급	본뜰 모	拇	1급	엄지손가락 무	物	7급	물건 물
冥	3급	어두울 명	毛	준4	털 모	撫	1급	어루만질 무	媚	1급	아첨할/예쁠 미
銘	준3	새길 명	母	8급	어미 모	母	1급	말 무	薇	1급	장미 미
鳴	4급	울 명	穆	2급	화목할 목	畝	1급	이랑 무/이랑 묘	靡	1급	쓰러질 미
明	6급	밝을 명	沐	2급	머리감을 목	蕪	1급	거칠 무	彌	2급	미륵/오랠 미
名	7급	이름 명	睦	준3	화목할 목	誣	1급	속일 무	眉	3급	눈썹 미
命	7급	목숨 명	牧	준4	칠 목	戊	3급	천간 무	迷	3급	미혹할 미
袂	1급	소매 메	目	6급	눈 목	霧	3급	안개 무	尾	준3	꼬리 미
摸	1급	더듬을 모	木	8급	나무 목	茂	준3	무성할 무	微	준3	작을 미
牡	1급	수컷 모	歿	1급	죽을 몰	貿	준3	무역할 무	味	준4	맛 미

未(미)~背(배) 1101~1200字 漢字 및 훈음 알아보기 12

* 다음 漢字를 가나다 순으로 배열하고 각 한자에 해당하는 급수를 분류함.

한자	급	훈·음	한자	급	훈·음	한자	급	훈·음	한자	급	훈·음
未	준4	아닐 미	舶	2급	배 박	半	6급	반 반	龐	2급	높은 집 방
米	6급	쌀 미	泊	3급	머무를/배댈 박	反	6급	돌이킬 반	紡	2급	길쌈 방
美	6급	아름다울 미	薄	준3	엷을 박	班	6급	나눌 반	倣	3급	본뜰 방
悶	1급	답답할 민	迫	준3	핍박할 박	勃	1급	노할 발	傍	3급	곁 방
旻	2급	하늘 민	拍	4급	칠 박	撥	1급	다스릴 발	邦	3급	나라 방
旼	2급	화할 민	博	준4	넓을 박	潑	1급	물뿌릴 발	芳	준3	꽃다울 방
玟	2급	아름다운 돌 민	朴	6급	성 박	跋	1급	밟을 발	妨	4급	방해할 방
珉	2급	옥돌 민	拌	1급	버릴 반	醱	1급	술괼 발	房	준4	방 방
閔	2급	성 민	攀	1급	더위잡을 반	魃	1급	가물 발	訪	준4	찾을 방
憫	3급	민망할 민	斑	1급	아롱질 반	渤	2급	바다이름 발	防	준4	막을 방
敏	3급	민첩할 민	槃	1급	쟁반 반	鉢	2급	바리때 발	放	6급	놓을 방
民	8급	백성 민	畔	1급	밭두둑 반	拔	준3	뽑을 발	方	7급	모 방
謐	1급	고요할 밀	礬	1급	백반 반	髮	4급	터럭 발	徘	1급	어정거릴 배
蜜	3급	꿀 밀	絆	1급	얽어맬 반	發	6급	필 발	湃	1급	물결칠 배
密	준4	빽빽할 밀	蟠	1급	서릴 반	坊	1급	동네 방	胚	1급	아기밸 배
剝	1급	벗길 박	頒	1급	나눌 반	尨	1급	삽살개 방	陪	1급	보실 배
搏	1급	두드릴 박	潘	2급	성 반	幇	1급	도울 방	裵	2급	성 배
撲	1급	칠 박	磻	2급	반계 반	彷	1급	헤맬 방	俳	2급	배우 배
樸	1급	순박할 박	搬	2급	옮길 반	昉	1급	밝을 방	賠	2급	물어줄 배
珀	1급	호박 박	伴	3급	짝 반	枋	1급	다목 방	杯	3급	잔 배
箔	1급	발 박	叛	3급	배반할 반	榜	1급	방 붙일 방	培	준3	북돋을 배
粕	1급	지게미 박	返	3급	돌이킬 반	肪	1급	기름 방	排	준3	밀칠 배
縛	1급	얽을 박	盤	준3	소반 반	膀	1급	오줌통 방	輩	준3	무리 배
膊	1급	팔뚝 박	般	준3	가지/일반 반	謗	1급	헐뜯을 방	拜	준4	절 배
駁	1급	논박할 박	飯	준3	밥 반	旁	2급	곁 방	背	준4	등 배

配(배)~剖(부) 1201~1300字 漢字 및 훈음 알아보기 13

* 다음 漢字를 가나다 순으로 배열하고 각 한자에 해당하는 급수를 분류함.

한자	급	훈·음	한자	급	훈·음	한자	급	훈·음	한자	급	훈·음
配	준4	나눌/짝 배	犯	4급	범할 범	炳	2급	불꽃 병	馥	2급	향기 복
倍	5급	곱 배	範	4급	법 범	秉	2급	잡을 병	卜	3급	점 복
帛	1급	비단 백	法	5급	법 법	倂	2급	아우를 병	腹	준3	배 복
魄	1급	넋 백	劈	1급	쪼갤 벽	屛	3급	병풍 병	覆	준3	다시 복/덮을 부
柏	2급	측백 백	擘	1급	엄지손가락 벽	竝	3급	나란히 병	伏	4급	엎드릴 복
伯	준3	맏 백	璧	1급	구슬 벽	丙	준3	남녘 병	複	4급	겹칠 복
百	7급	일백 백	癖	1급	버릇 벽	兵	5급	병사 병	復	준4	회복할 복/다시 부
白	8급	흰 백	闢	1급	열 벽	病	6급	병 병	福	5급	복 복
蕃	1급	불을 번	僻	2급	궁벽할 벽	堡	1급	작은성 보	服	6급	옷 복
藩	1급	울타리 번	碧	준3	푸를 벽	洑	1급	보 보/스며흐를 복	本	6급	근본 본
煩	3급	번거로울 번	壁	준4	벽 벽	菩	1급	보살 보	捧	1급	받들 봉
飜	3급	번역할 번	卞	2급	성 변	潽	2급	물이름 보	棒	1급	막대 봉
繁	준3	번성할 번	弁	2급	고깔 변	甫	2급	클 보	烽	1급	봉화 봉
番	6급	차례 번	辨	3급	분별할 변	輔	2급	도울 보	鋒	1급	칼날 봉
筏	2급	뗏목 벌	辯	4급	말씀 변	補	준3	기울 보	蓬	2급	쑥 봉
閥	2급	문벌 벌	邊	준4	가 변	譜	준3	족보 보	俸	2급	녹 봉
伐	준4	칠 벌	變	5급	변할 변	普	4급	넓을 보	縫	2급	꿰맬 봉
罰	준4	벌할 벌	瞥	1급	눈깜짝할 별	保	준4	지킬 보	蜂	3급	벌 봉
帆	1급	돛 범	鱉	1급	자라 별	報	준4	갚을/알릴 보	封	준3	봉할 봉
梵	1급	불경 범	別	6급	다를/나눌 별	寶	준4	보배 보	峯	준3	봉우리 봉
汎	1급	넘칠 범	甁	1급	병 병	步	준4	걸을 보	逢	준3	만날 봉
泛	1급	뜰 범	餠	1급	떡 병	僕	1급	종 복	鳳	준3	봉새 봉
范	2급	성 범	昞	2급	밝을 병	匐	1급	길 복	奉	5급	받들 봉
汎	2급	넓을 범	昺	2급	밝을 병	輻	1급	바퀴살 복/부	俯	1급	구부릴 부
凡	준3	무릇 범	柄	2급	자루 병	鰒	1급	전복 복	剖	1급	쪼갤 부

咐(부)~嬪(빈) 1301~1400字 漢字 및 훈음 알아보기 14

* 다음 漢字를 가나다 순으로 배열하고 각 한자에 해당하는 급수를 분류함.

한자	급	훈·음	한자	급	훈·음	한자	급	훈·음	한자	급	훈·음
咐	1급	분부할/불 부	副	준4	버금 부	弗	2급	아닐/말 불	誹	1급	헐뜯을 비
埠	1급	부두 부	婦	준4	며느리 부	拂	준3	떨칠 불	譬	1급	비유할 비
孵	1급	알깔 부	富	준4	부자 부	佛	준4	부처 불	鄙	1급	더러울 비
斧	1급	도끼 부	府	준4	마을 부	不	7급	아닐 불	妣	1급	죽은어미 비
腑	1급	육부 부	部	6급	떼 부	棚	1급	사다리 붕	丕	2급	클 비
芙	1급	연꽃 부	夫	7급	지아비 부	硼	1급	붕사 붕	毖	2급	삼갈 비
訃	1급	부고 부	父	8급	아비 부	繃	1급	묶을 붕	毘	2급	도울 비
賻	1급	부의 부	北	8급	북녘 북/달아날 배	鵬	2급	새 붕	泌	2급	분비할 비/스며흐를 필
駙	1급	부마 부	吩	1급	분부할 분	崩	3급	무너질 붕	匪	2급	비적 비
傅	2급	스승 부	噴	1급	뿜을 분	朋	3급	벗 붕	卑	준3	낮을 비
釜	2급	가마 부	忿	1급	성낼 분	匕	1급	비수 비	妃	준3	왕비 비
阜	2급	언덕 부	扮	1급	꾸밀 분	庇	1급	덮을 비	婢	준3	계집종 비
敷	2급	펼 부	焚	1급	불사를 분	憊	1급	고단할 비	肥	준3	살찔 비
膚	2급	살갗 부	盆	1급	동이 분	扉	1급	사립문 비	批	4급	비평할 비
赴	3급	다다를/갈 부	糞	1급	똥 분	沸	1급	끓을 비/용솟음할 불	碑	4급	비석 비
付	준3	부칠 부	雰	1급	눈날릴 분	琵	1급	비파 비	祕	4급	숨길 비
扶	준3	도울 부	芬	2급	향기 분	痺	1급	저릴 비	備	준4	갖출 비
浮	준3	뜰 부	墳	3급	무덤 분	砒	1급	비상 비	悲	준4	슬플 비
符	준3	부호 부	奔	준3	달릴 분	秕	1급	쭉정이 비	非	준4	아닐 비
簿	준3	문서 부	奮	준3	떨칠 분	緋	1급	비단 비	飛	준4	날 비
腐	준3	썩을 부	紛	준3	어지러울 분	翡	1급	물총새 비	比	5급	견줄 비
賦	준3	부세 부	憤	4급	분할 분	脾	1급	지라 비	費	5급	쓸 비
附	준3	붙을 부	粉	4급	가루 분	臂	1급	팔 비	鼻	5급	코 비
否	4급	아닐 부	分	6급	나눌 분	蜚	1급	바퀴/날 비	嚬	1급	찡그릴 빈
負	4급	질 부	彿	1급	비슷할 불	裨	1급	도울 비	嬪	1급	궁녀벼슬이름 빈

殯(빈)~想(상) 1401~1500字 漢字 및 훈음 알아보기 15

* 다음 漢字를 가나다 순으로 배열하고 각 한자에 해당하는 급수를 분류함.

한자	급	훈·음	한자	급	훈·음	한자	급	훈·음	한자	급	훈·음
殯	1급	빈소 빈	飼	2급	기를 사	仕	5급	섬길 사	森	준3	수풀 삼
濱	1급	물가 빈	似	3급	닮을 사	史	5급	사기 사	三	8급	석 삼
瀕	1급	물가/가까울 빈	巳	3급	뱀 사	士	5급	선비 사	澁	1급	떫을 삽
彬	2급	빛날 빈	捨	3급	버릴 사	使	6급	하여금/부릴 사	挿	2급	꽂을 삽
賓	3급	손 빈	斯	3급	이 사	死	6급	죽을 사	孀	1급	홀어미 상
頻	3급	자주 빈	詐	3급	속일 사	社	6급	모일 사	爽	1급	시원할 상
貧	준4	가난할 빈	賜	3급	줄 사	事	7급	일 사	翔	1급	날 상
憑	1급	비길 빙	司	준3	맡을 사	四	8급	넉 사	觴	1급	잔 상
馮	2급	탈 빙/성 풍	斜	준3	비낄 사	朔	3급	초하루 삭	庠	2급	학교 상
聘	3급	부를 빙	沙	준3	모래 사	削	준3	깎을 삭	箱	2급	상자 상
氷	5급	얼음 빙	祀	준3	제사 사	刪	1급	깎을 산	嘗	3급	맛볼 상
些	1급	적을 사	蛇	준3	긴뱀 사	珊	1급	산호 산	祥	3급	상서 상
嗣	1급	이을 사	詞	준3	말/글 사	疝	1급	산증 산	像	준3	모양 상
奢	1급	사치할 사	邪	준3	간사할 사	傘	2급	우산 산	償	준3	갚을 상
娑	1급	춤출 사	射	4급	쏠 사	酸	2급	실 산	喪	준3	잃을 상
徙	1급	옮길 사	私	4급	사사 사	散	4급	흩을 산	尙	준3	오히려 상
瀉	1급	쏟을 사	絲	4급	실 사	産	5급	낳을 산	桑	준3	뽕나무 상
獅	1급	사자 사	辭	4급	말씀 사	算	7급	셈 산	裳	준3	치마 상
祠	1급	사당 사	寺	준4	절 사	山	8급	메 산	詳	준3	자세할 상
紗	1급	비단 사	師	준4	스승 사	撒	1급	뿌릴 살	霜	준3	서리 상
蓑	1급	도롱이 사	舍	준4	집 사	煞	1급	죽일 살	傷	4급	다칠 상
麝	1급	사향노루 사	謝	준4	사례할 사	薩	1급	보살 살	象	4급	코끼리 상
泗	2급	물이름 사	寫	5급	베낄 사	殺	준4	죽일 살/감할 쇄	常	준4	떳떳할 상
唆	2급	부추길 사	思	5급	생각 사	滲	1급	스밀 삼	床	준4	상 상
赦	2급	용서할 사	査	5급	조사할 사	蔘	2급	삼 삼	想	준4	생각 상

狀(장)~姓(성) 1501~1600字 漢字 및 훈음 알아보기 16

* 다음 漢字를 가나다 순으로 배열하고 각 한자에 해당하는 급수를 분류함.

한자	급	훈·음	한자	급	훈·음	한자	급	훈·음	한자	급	훈·음
狀	준4	형상 상/문서 장	庶	3급	여러 서	煽	1급	부채질할 선	舌	4급	혀 설
賞	5급	상줄 상	敍	3급	펼 서	羨	1급	부러워할 선/무덤길 연	設	준4	베풀 설
商	5급	장사 상	暑	3급	더울 서	腺	1급	샘 선	說	5급	말씀 설/달랠 세
相	5급	서로 상	誓	3급	맹세할 서	膳	1급	선물/반찬 선	雪	6급	눈 설
上	7급	윗 상	逝	3급	갈 서	銑	1급	무쇠 선	殲	1급	다죽일 섬
璽	1급	옥새 새	徐	준3	천천할 서	瑄	2급	도리옥 선	閃	1급	번쩍일 섬
嗇	1급	아낄 색	恕	준3	용서할 서	璇	2급	옥 선	暹	2급	나라이름 섬
塞	준3	막힐 색/변방 새	緖	준3	실마리 서	璿	2급	구슬 선	蟾	2급	두꺼비 섬
索	준3	찾을 색/새끼줄 삭	署	준3	마을 서	繕	2급	기울 선	陝	2급	땅이름 섬
色	7급	빛 색	序	5급	차례 서	旋	준3	돌 선	纖	2급	가늘 섬
牲	1급	희생 생	書	6급	글 서	禪	준3	선 선	燮	2급	불꽃 섭
甥	1급	생질 생	西	8급	서녘 서	宣	4급	베풀 선	攝	3급	다스릴/잡을 섭
生	8급	날 생	瀉	1급	개펄 석	善	5급	착할 선	涉	3급	건널 섭
壻	1급	사위 서	奭	2급	클/쌍백 석	選	5급	가릴 선	醒	1급	깰 성
嶼	1급	섬 서	晳	2급	밝을 석	船	5급	배 선	晟	2급	밝을 성
抒	1급	풀 서	錫	2급	주석 석	仙	5급	신선 선	城	준4	재 성
曙	1급	새벽 서	碩	2급	클 석	鮮	5급	고울 선	星	준4	별 성
棲	1급	깃들일 서	昔	3급	예 석	線	6급	줄 선	盛	준4	성할 성
犀	1급	무소 서	析	3급	쪼갤 석	先	8급	먼저 선	聖	준4	성인 성
胥	1급	서로 서	惜	준3	아낄 석	屑	1급	가루 설	聲	준4	소리 성
薯	1급	감자 서	釋	준3	풀 석	泄	1급	샐 설	誠	준4	정성 성
黍	1급	기장 서	席	6급	자리 석	洩	1급	샐 설/퍼질 예	性	5급	성품 성
鼠	1급	쥐 서	石	6급	돌 석	渫	1급	파낼 설	成	6급	이룰 성
舒	2급	펼 서	夕	7급	저녁 석	卨	2급	사람이름 설	省	6급	살필 성/덜 생
瑞	2급	상서 서	扇	1급	부채 선	薛	2급	성 설	姓	7급	성 성

283

貰(세)~樹(수) 1601~1700字 漢字 및 훈음 알아보기 17

* 다음 漢字를 가나다 순으로 배열하고 각 한자에 해당하는 급수를 분류함.

한자	급	훈·음	한자	급	훈·음	한자	급	훈·음	한자	급	훈·음
貰	2급	세놓을 세	騷	3급	떠들 소	訟	준3	송사할 송	隋	2급	수나라 수
勢	준4	형세 세	燒	준3	사를 소	松	4급	소나무 송	囚	3급	가둘 수
稅	준4	세금 세	疏	준3	소통할 소	頌	4급	기릴/칭송할 송	搜	3급	찾을 수
細	준4	가늘 세	蘇	준3	되살아날 소	送	준4	보낼 송	睡	3급	졸음 수
歲	5급	해 세	訴	준3	호소할 소	灑	1급	뿌릴 쇄	誰	3급	누구 수
洗	5급	씻을 세	掃	준4	쓸 소	碎	1급	부술 쇄	遂	3급	드디어 수
世	7급	인간 세	笑	준4	웃을 소	刷	준3	인쇄할 쇄	雖	3급	비록 수
塑	1급	흙 빚을 소	素	준4	본디/흴 소	鎖	준3	쇠사슬 쇄	須	3급	모름지기 수
宵	1급	밤 소	消	6급	사라질 소	衰	준3	쇠할 쇠	垂	준3	드리울 수
搔	1급	긁을 소	少	7급	적을 소	嫂	1급	형수 수	壽	준3	목숨 수
梳	1급	얼레빗 소	所	7급	바 소	戍	1급	수자리 수	帥	준3	장수 수
甦	1급	깨어날 소	小	8급	작을 소	狩	1급	사냥할 수	愁	준3	근심 수
疎	1급	성길 소	贖	1급	속죄할 속	瘦	1급	여윌 수	殊	준3	다를 수
瘙	1급	피부병 소	粟	3급	조 속	穗	1급	이삭 수	獸	준3	짐승 수
簫	1급	퉁소 소	屬	4급	붙일 속	竪	1급	세울 수	輸	준3	보낼 수
蕭	1급	쓸쓸할 소	俗	준4	풍속 속	粹	1급	순수할 수	隨	준3	따를 수
逍	1급	노닐 소	續	준4	이을 속	繡	1급	수놓을 수	需	준3	쓰일/쓸 수
遡	1급	거스를 소	束	5급	묶을 속	羞	1급	부끄러울 수	秀	4급	빼어날 수
巢	2급	새집 소	速	6급	빠를 속	蒐	1급	모을 수	修	준4	닦을 수
沼	2급	못 소	遜	1급	겸손할 손	袖	1급	소매 수	受	준4	받을 수
邵	2급	땅이름/성 소	損	4급	덜 손	酬	1급	갚을 수	守	준4	지킬 수
紹	2급	이을 소	孫	6급	손자 손	髓	1급	뼛골 수	授	준4	줄 수
召	3급	부를 소	悚	1급	두려울 송	讎	1급	원수 수	收	준4	거둘 수
昭	3급	밝을 소	宋	2급	성 송	洙	2급	물가 수	首	5급	머리 수
蔬	3급	나물 소	誦	3급	욀 송	銖	2급	저울눈 수	樹	6급	나무 수

284

手(수)~悉(실) 1701~1800字 漢字 및 훈음 알아보기 18

* 다음 漢字를 가나다 순으로 배열하고 각 한자에 해당하는 급수를 분류함.

한자	급	훈·음	한자	급	훈·음	한자	급	훈·음	한자	급	훈·음
手	7급	손 수	旬	준3	열흘 순	猜	1급	시기할 시	識	5급	알 식
數	7급	셈 수	瞬	준3	눈깜짝일 순	諡	1급	시호 시	式	6급	법 식
水	8급	물 수	純	준4	순수할 순	豺	1급	승냥이 시	植	7급	심을 식
塾	1급	굴방 숙	順	5급	순할 순	柿	1급	감 시	食	7급	밥/먹을 식
夙	1급	이를 숙	戌	3급	개 술	柴	2급	섶 시	呻	1급	읊조릴 신
菽	1급	콩 숙	述	준3	펼 술	屍	2급	주검 시	娠	1급	아이 밸 신
孰	3급	누구 숙	術	6급	재주 술	矢	3급	화살 시	宸	1급	대궐 신
淑	준3	맑을 숙	崇	4급	높을 숭	侍	준3	모실 시	燼	1급	불탄끝 신
熟	준3	익을 숙	膝	1급	무릎 슬	施	준4	베풀 시	薪	1급	섶 신
叔	4급	아재비 숙	瑟	2급	큰거문고 슬	是	준4	이/옳을 시	蜃	1급	큰조개 신
肅	4급	엄숙할 숙	濕	준3	젖을 습	視	준4	볼 시	訊	1급	물을 신
宿	5급	잘 숙/별자리 수	拾	준3	주울 습/열 십	試	준4	시험 시	迅	1급	빠를 신
筍	1급	죽순 순	襲	준3	엄습할 습	詩	준4	시 시	紳	2급	띠 신
醇	1급	전국술 순	習	6급	익힐 습	示	5급	보일 시	腎	2급	콩팥 신
馴	1급	길들일 순	丞	1급	정승 승	始	6급	비로소 시	伸	3급	펼 신
洵	2급	참으로 순	繩	2급	노끈 승	市	7급	저자 시	晨	3급	새벽 신
淳	2급	순박할 순	升	2급	되 승	時	7급	때 시	辛	3급	매울 신
珣	2급	옥이름 순	乘	준3	탈 승	拭	1급	씻을 식	愼	준3	삼갈 신
舜	2급	순임금 순	僧	준3	중 승	熄	1급	불꺼질 식	申	준4	납 신
荀	2급	풀이름 순	昇	준3	오를 승	蝕	1급	좀먹을 식	臣	5급	신하 신
盾	2급	방패 순	承	준4	이을 승	湜	2급	물맑을 식	信	6급	믿을 신
循	3급	돌 순	勝	6급	이길 승	軾	2급	수레가로나무 식	新	6급	새 신
殉	3급	따라 죽을 순	匙	1급	숟가락 시	殖	2급	불릴 식	神	6급	귀신 신
脣	3급	입술 순	媤	1급	시집 시	飾	준3	꾸밀 식	身	6급	몸 신
巡	준3	돌/순행할 순	弑	1급	윗사람 죽일 시	息	준4	쉴 식	悉	1급	다 실

實(실)~楊(양) 1801~1900字 漢字 및 훈음 알아보기 19

* 다음 漢字를 가나다 순으로 배열하고 각 한자에 해당하는 급수를 분류함.

한자	급	훈·음	한자	급	훈·음	한자	급	훈·음	한자	급	훈·음
實	5급	열매 실	堊	1급	흰 흙 악	押	3급	누를 압	櫻	1급	앵두 앵
失	6급	잃을 실	愕	1급	놀랄 악	壓	준4	누를 압	鶯	1급	꾀꼬리 앵
室	8급	집 실	顎	1급	턱 악	怏	1급	원망할 앙	冶	1급	풀무 야
瀋	2급	즙 낼/물 이름 심	握	2급	쥘 악	秧	1급	모 앙	揶	1급	야유할 야
尋	3급	찾을 심	岳	3급	큰 산 악	鴦	1급	원앙 앙	爺	1급	아비 야
審	준3	살필 심	惡	5급	악할 악/미워할 오	昂	1급	높을 앙	倻	2급	가야 야
甚	준3	심할 심	按	1급	누를 안	殃	3급	재앙 앙	惹	2급	이끌 야
深	준4	깊을 심	晏	1급	늦을 안	仰	준3	우러를 앙	也	3급	이끼/어조사 야
心	7급	마음 심	鞍	1급	안장 안	央	준3	가운데 앙	耶	3급	어조사 야
什	1급	열사람 십/세간 집	雁	3급	기러기 안	崖	1급	언덕 애	夜	6급	밤 야
十	8급	열 십	顔	준3	낯 안	曖	1급	희미할 애	野	6급	들 야
雙	준3	두/쌍 쌍	岸	준3	언덕 안	隘	1급	좁을 애	葯	1급	꽃밥 약
氏	4급	각시/성씨 씨	眼	준4	눈 안	靄	1급	아지랑이 애	躍	3급	뛸 약
俄	1급	아까 아	案	5급	책상 안	埃	2급	티끌 애	若	준3	같을 약/반야 야
啞	1급	벙어리 아	安	7급	편안 안	艾	2급	쑥 애	約	5급	맺을 약
衙	1급	마을 아	斡	1급	돌 알	礙	2급	거리낄 애	弱	6급	약할 약
訝	1급	의심할 아	軋	1급	삐걱거릴 알	涯	3급	물가 애	藥	6급	약 약
餓	3급	주릴 아	閼	2급	막을 알	哀	준3	슬플 애	恙	1급	병/근심할 양
亞	준3	버금 아	謁	3급	뵐 알	愛	6급	사랑 애	攘	1급	물리칠 양
我	준3	나 아	庵	1급	암자 암	扼	1급	잡을 액	瘍	1급	헐 양
牙	준3	어금니 아	闇	1급	숨을 암	縊	1급	목맬 액	釀	1급	술 빚을 양
芽	준3	싹 아	癌	2급	암 암	腋	1급	겨드랑이 액	癢	1급	가려울 양
阿	준3	언덕 아	巖	준3	바위 암	厄	3급	액 액	襄	2급	도울 양
雅	준3	맑을 아	暗	준4	어두울 암	額	4급	이마 액	孃	2급	아가씨 양
兒	5급	아이 아	鴨	2급	오리 압	液	준4	진 액	楊	3급	버들 양

286

壤(양)~銳(예) 1901~2000字 漢字 및 훈음 알아보기 20

* 다음 漢字를 가나다 순으로 배열하고 각 한자에 해당하는 급수를 분류함.

한자	급	훈·음	한자	급	훈·음	한자	급	훈·음	한자	급	훈·음
壤	준3	흙덩이 양	儼	1급	엄연할 엄	姸	2급	고울 연	鹽	준3	소금 염
揚	준3	날릴 양	奄	1급	문득 엄	淵	2급	못 연	燁	2급	빛날 엽
讓	준3	사양할 양	掩	1급	가릴 엄	衍	2급	넓을 연	葉	5급	잎 엽
樣	4급	모양 양	嚴	4급	엄할 엄	硯	2급	벼루 연	嬰	1급	어린아이 영
羊	준4	양 양	業	6급	업 업	宴	준3	잔치 연	暎	2급	비칠 영
養	5급	기를 양	予	3급	나 여	沿	준3	물 따라갈 연	瑛	2급	옥빛 영
洋	6급	큰바다 양	余	3급	나 여	燕	준3	제비 연	盈	2급	찰 영
陽	6급	볕 양	汝	3급	너 여	軟	준3	연할 연	泳	3급	헤엄칠 영
圄	1급	옥 어	輿	3급	수레 여	延	4급	늘일 연	詠	3급	읊을 영
瘀	1급	어혈질 어	與	4급	더불/줄 여	燃	4급	탈 연	影	준3	그림자 영
禦	1급	막을 어	如	준4	같을 여	緣	4급	인연 연	映	4급	비칠 영
於	3급	어조사 어/탄식할 오	餘	준4	남을 여	鉛	4급	납 연	營	4급	경영할 영
御	준3	거느릴 어	繹	1급	풀 역	演	준4	펼 연	迎	4급	맞을 영
漁	5급	고기잡을 어	亦	준3	또 역	煙	준4	연기 연	榮	준4	영화 영
魚	5급	물고기 어	役	준3	부릴 역	硏	준4	갈 연	永	6급	길 영
語	7급	말씀 어	疫	준3	전염병 역	然	7급	그럴 연	英	6급	꽃부리 영
臆	1급	가슴 억	譯	준3	번역할 역	閱	3급	볼 열	曳	1급	끌 예
憶	준3	생각할 억	驛	준3	역 역	悅	준3	기쁠 열	穢	1급	더러울 예
抑	준3	누를 억	域	4급	지경 역	熱	5급	더울 열	裔	1급	후손 예
億	5급	억 억	易	4급	바꿀 역/쉬울 이	焰	1급	불꽃 염	詣	1급	이를 예
堰	1급	둑 언	逆	준4	거스릴 역	艶	1급	고울 염	濊	2급	종족이름 예
諺	1급	언문/속담 언	捐	1급	버릴 연	閻	2급	마을 염	睿	2급	슬기 예
彦	2급	선비 언	椽	1급	서까래 연	厭	2급	싫어할 염	芮	2급	성 예
焉	3급	어찌 언	筵	1급	대자리 연	染	준3	물들 염	預	2급	맡길/미리 예
言	6급	말씀 언	鳶	1급	솔개 연	炎	준3	불꽃 염	銳	3급	날카로울 예

譽(예)~寓(우) 2001~2100字 漢字 및 훈음 알아보기 21

* 다음 漢字를 가나다 순으로 배열하고 각 한자에 해당하는 급수를 분류함.

한자	급	훈·음	한자	급	훈·음	한자	급	훈·음	한자	급	훈·음
譽	준3	기릴/명예 예	蘊	1급	쌓을 온	旺	2급	왕성할 왕	腰	3급	허리 요
豫	4급	미리 예	穩	2급	편안할 온	汪	2급	넓을 왕	遙	3급	멀 요
藝	준4	재주 예	溫	6급	따뜻할 온	往	준4	갈 왕	謠	준4	노래 요
伍	1급	다섯사람 오	壅	1급	막을 옹	王	8급	임금 왕	曜	5급	빛날 요
奧	1급	깊을 오	甕	2급	독 옹	矮	1급	난쟁이 왜	要	5급	요긴할 요
寤	1급	잠깰 오	邕	2급	막힐 옹	倭	2급	왜나라 왜	慾	준3	욕심 욕
懊	1급	한할 오	雍	2급	화할 옹	歪	2급	기울 왜/기울 외	欲	준3	하고자 할 욕
吳	2급	성 오	擁	3급	낄 옹	巍	1급	높고 클 외	辱	준3	욕될 욕
墺	2급	물가 오	翁	3급	늙은이 옹	猥	1급	외람할 외	浴	5급	목욕할 욕
梧	2급	오동나무 오	渦	1급	소용돌이 와	畏	3급	두려워할 외	涌	1급	물 솟을 용
傲	3급	거만할 오	蝸	1급	달팽이 와	外	8급	바깥 외	聳	1급	솟을 용
吾	3급	나 오	訛	1급	그릇될 와	僥	1급	요행 요	茸	1급	풀 날 용 / 버섯 이
嗚	3급	슬플 오	臥	3급	누울 와	凹	1급	오목할 요	蓉	1급	연꽃 용
娛	3급	즐길 오	瓦	준3	기와 와	夭	1급	일찍 죽을 요	踊	1급	뛸 용
汚	3급	더러울 오	婉	1급	순할/아름다울 완	拗	1급	우길 요	溶	2급	녹을 용
悟	준3	깨달을 오	宛	1급	완연할 완	擾	1급	시끄러울 요	瑢	2급	패옥 소리 용
烏	준3	까마귀 오	玩	1급	즐길 완	窈	1급	고요할 요	鎔	2급	쇠 녹일 용
誤	준4	그르칠 오	腕	1급	팔뚝 완	窯	1급	기와 가마 요	鏞	2급	쇠북 용
午	7급	낮 오	阮	1급	성 완	邀	1급	맞을 요	傭	2급	품팔 용
五	8급	다섯 오	頑	1급	완고할 완	饒	1급	넉넉할 요	熔	2급	녹을 용
沃	2급	기름질 옥	莞	2급	빙그레할 완/왕골 관	堯	2급	요임금 요	庸	3급	떳떳할 용
鈺	2급	보배 옥	緩	준3	느릴 완	姚	2급	예쁠 요	容	준4	얼굴 용
獄	준3	옥 옥	完	5급	완전할 완	耀	2급	빛날 요	勇	6급	날랠 용
玉	준4	구슬 옥	曰	3급	가로 왈	妖	2급	요사할 요	用	6급	쓸 용
屋	5급	집 옥	枉	1급	굽을 왕	搖	3급	흔들 요	寓	1급	부칠 우

虞(우)~悠(유) 2101~2200字 漢字 및 훈음 알아보기 22

* 다음 漢字를 가나다 순으로 배열하고 각 한자에 해당하는 급수를 분류함.

한자	급	훈·음
虞	1급	염려할/나라이름 우
迂	1급	에돌 우
隅	1급	모퉁이 우
嵎	1급	산굽이 우
佑	2급	도울 우
祐	2급	복 우
禹	2급	성 우
于	3급	어조사 우
又	3급	또 우
尤	3급	더욱 우
偶	준3	짝 우
宇	준3	집 우
愚	준3	어리석을 우
憂	준3	근심 우
羽	준3	깃 우
優	4급	넉넉할 우
遇	4급	만날 우
郵	4급	우편 우
牛	5급	소 우
友	5급	벗 우
雨	5급	비 우
右	7급	오른 우
旭	2급	아침 해 욱
昱	2급	햇빛 밝을 욱
煜	2급	빛날 욱

한자	급	훈·음
郁	2급	성할 욱
項	2급	삼갈 욱
殞	1급	죽을 운
耘	1급	김맬 운
隕	1급	떨어질 운
芸	2급	향풀 운
云	3급	이를 운
韻	준3	운 운
雲	5급	구름 운
運	6급	옮길 운
蔚	2급	고을 이름 울
鬱	2급	답답할 울
熊	2급	곰 웅
雄	5급	수컷 웅
猿	1급	원숭이 원
鴛	1급	원앙 원
冤	1급	원통할 원
媛	2급	계집 원
瑗	2급	구슬 원
袁	2급	성 원
苑	2급	나라 동산 원
怨	4급	원망할 원
援	4급	도울 원
源	4급	근원 원
員	준4	인원 원

한자	급	훈·음
圓	준4	둥글 원
原	5급	언덕 원
院	5급	집 원
願	5급	원할 원
元	5급	으뜸 원
園	6급	동산 원
遠	6급	멀 원
越	준3	넘을 월
月	8급	달 월
萎	1급	시들 위
渭	2급	물이름 위
韋	2급	가죽 위
魏	2급	성 위
尉	2급	벼슬 위
緯	3급	씨 위
違	3급	어긋날 위
僞	준3	거짓 위
胃	준3	밥통 위
謂	준3	이를 위
危	4급	위태할 위
圍	4급	에워쌀 위
委	4급	맡길 위
威	4급	위엄 위
慰	4급	위로할 위
爲	준4	하/할 위

한자	급	훈·음
衛	준4	지킬 위
位	5급	자리 위
偉	5급	클 위
喩	1급	깨우칠 유
宥	1급	너그러울 유
愉	1급	즐거울 유
揄	1급	야유할 유
柚	1급	유자 유
游	1급	헤엄칠 유
癒	1급	병나을 유
諛	1급	아첨할 유
諭	1급	타이를 유
蹂	1급	밟을 유
鍮	1급	놋쇠 유
兪	2급	대답할/인월도 유
庾	2급	곳집/노적가리 유
楡	2급	느릅나무 유
踰	2급	넘을 유
唯	3급	오직 유
惟	3급	생각할 유
愈	3급	나을 유
酉	3급	닭 유
幼	준3	어릴 유
幽	준3	그윽할 유
悠	준3	멀 유

柔(유)~日(일) 2201~2300字 漢字 및 훈음 알아보기 23

* 다음 漢字를 가나다 순으로 배열하고 각 한자에 해당하는 급수를 분류함.

한자	급	훈·음	한자	급	훈·음	한자	급	훈·음	한자	급	훈·음
柔	준3	부드러울 유	誾	2급	향기 은	儀	4급	거동 의	翊	2급	도울 익
猶	준3	오히려 유	隱	4급	숨을 은	疑	4급	의심할 의	翼	준3	날개 익
維	준3	벼리 유	恩	준4	은혜 은	義	준4	옳을 의	益	준4	더할 익
裕	준3	넉넉할 유	銀	6급	은 은	議	준4	의논할 의	咽	1급	목구멍 인/목멜 열/삼킬 연
誘	준3	꾈 유	乙	준3	새 을	意	6급	뜻 의	湮	1급	묻힐 인
乳	4급	젖 유	蔭	1급	그늘 음	衣	6급	옷 의	蚓	1급	지렁이 인
儒	4급	선비 유	吟	3급	읊을 음	醫	6급	의원 의	靭	1급	질길 인
遊	4급	놀 유	淫	준3	음란할 음	姨	1급	이모 이	刃	2급	칼날 인
遺	4급	남길 유	陰	준4	그늘 음	弛	1급	늦출 이	姻	3급	혼인 인
油	6급	기름 유	音	6급	소리 음	爾	1급	너 이	寅	3급	범 인
由	6급	말미암을 유	飮	6급	마실 음	痍	1급	상처 이	忍	준3	참을 인
有	7급	있을 유	揖	1급	읍할 읍	餌	1급	미끼 이	仁	4급	어질 인
肉	준4	고기 육	泣	3급	울 읍	伊	2급	저 이	印	준4	도장 인
育	7급	기를 육	邑	7급	고을 읍	怡	2급	기쁠 이	引	준4	끌 인
允	2급	맏 윤	膺	1급	가슴 응	珥	2급	귀고리 이	認	준4	알 인
尹	2급	성 윤	鷹	2급	매 응	貳	2급	두/갖은두 이	因	5급	인할 인
胤	2급	자손 윤	凝	3급	엉길 응	夷	3급	오랑캐 이	人	8급	사람 인
鈗	2급	창 윤	應	준4	응할 응	而	3급	말이을 이	佚	1급	편안할 일/질탕 질
閏	3급	윤달 윤	擬	1급	비길 의	已	준3	이미 이	溢	1급	넘칠 일
潤	준3	불을 윤	椅	1급	의자 의	異	4급	다를 이	佾	2급	줄 춤 일
戎	1급	병장기/오랑캐 융	毅	1급	굳셀 의	移	준4	옮길 이	鎰	2급	무게 이름 일
絨	1급	가는 베 융	誼	1급	정 의	耳	5급	귀 이	壹	2급	한/갖은한 일
融	2급	녹을 융	宜	3급	마땅 의	以	5급	써 이	逸	준3	편안할 일
垠	2급	지경 은	矣	3급	어조사 의	二	8급	두 이	一	8급	한 일
殷	2급	은나라 은	依	4급	의지할 의	翌	1급	다음날 익	日	8급	날 일

妊(임)~詛(저) 2301~2400字 漢字 및 훈음 알아보기 24

* 다음 漢字를 가나다 순으로 배열하고 각 한자에 해당하는 급수를 분류함.

한자	급	훈·음	한자	급	훈·음	한자	급	훈·음	한자	급	훈·음
妊	2급	아이 밸 임	資	4급	재물 자	雜	4급	섞일 잡	獎	4급	장려할 장
壬	준3	북방 임	者	6급	놈 자	仗	1급	의장 장	將	준4	장수 장
賃	준3	품삯 임	子	7급	아들 자	匠	1급	장인 장	障	준4	막을 장
任	5급	맡길 임	字	7급	글자 자	杖	1급	지팡이 장	章	6급	글 장
入	7급	들 입	自	7급	스스로 자	檣	1급	돛대 장	場	7급	마당 장
剩	1급	남을 잉	勺	1급	구기 작	漿	1급	즙 장	長	8급	긴 장
孕	1급	아이밸 잉	嚼	1급	씹을 작	薔	1급	장미 장	滓	1급	찌끼 재
仔	1급	자세할 자	灼	1급	불사를 작	醬	1급	장 장	齋	1급	재계할/집 재
炙	1급	구울 자/적	炸	1급	터질 작	庄	2급	전장 장	哉	3급	어조사 재
煮	1급	삶을 자	綽	1급	너그러울 작	獐	2급	노루 장	宰	3급	재상 재
瓷	1급	사기그릇 자	芍	1급	함박꽃 작	璋	2급	홀 장	栽	준3	심을 재
疵	1급	허물 자	雀	1급	참새 작	蔣	2급	성 장	裁	준3	옷마를 재
蔗	1급	사탕수수 자	鵲	1급	까치 작	墻	3급	담 장	載	준3	실을 재
藉	1급	깔/핑계할 자	爵	3급	벼슬 작	丈	준3	어른 장	再	5급	두 재
滋	2급	불을 자	酌	3급	술 부을/잔질할 작	掌	준3	손바닥 장	災	5급	재앙 재
磁	2급	자석 자	作	6급	지을 작	粧	준3	단장할 장	材	5급	재목 재
諮	2급	물을 자	昨	6급	어제 작	臟	준3	오장 장	財	5급	재물 재
雌	2급	암컷 자	棧	1급	사다리 잔	莊	준3	씩씩할 장	在	6급	있을 재
恣	3급	마음대로/방자할 자	盞	1급	잔 잔	葬	준3	장사 지낼 장	才	6급	재주 재
玆	3급	이 자	殘	4급	남을 잔	藏	준3	감출 장	錚	1급	쇳소리 쟁
刺	준3	찌를 자/찌를 척/수라 라	箴	1급	경계 잠	壯	4급	장할 장	爭	5급	다툴 쟁
慈	준3	사랑 자	簪	1급	비녀 잠	帳	4급	장막 장	咀	1급	씹을 저
紫	준3	자줏빛 자	蠶	2급	누에 잠	張	4급	베풀 장	狙	1급	원숭이/엿볼 저
姉	4급	손위 누이 자	暫	준3	잠깐 잠	腸	4급	창자 장	箸	1급	젓가락 저
姿	4급	모양 자	潛	준3	잠길 잠	裝	4급	꾸밀 장	詛	1급	저주할 저

踏(저)~征(정) 2401~2500字 漢字 및 훈음 알아보기 25

* 다음 漢字를 가나다 순으로 배열하고 각 한자에 해당하는 급수를 분류함.

한자	급	훈·음	한자	급	훈·음	한자	급	훈·음	한자	급	훈·음
躇	1급	머뭇거릴 저	敵	준4	대적할 적	轉	4급	구를 전	挺	1급	빼어날 정
邸	1급	집 저	赤	5급	붉을 적	錢	4급	돈 전	町	1급	밭두둑 정
觝	1급	씨름 저	的	5급	과녁 적	田	준4	밭 전	睛	1급	눈동자 정
豬	1급	돼지 저	剪	1급	가위 전	傳	5급	전할 전	碇	1급	닻 정
沮	2급	막을 저	塡	1급	메울 전	典	5급	법 전	穽	1급	함정 정
抵	준3	막을 저	奠	1급	정할/제사 전	展	5급	펼 전	酊	1급	술 취할 정
著	준3	나타날 저	廛	1급	가게 전	戰	6급	싸움 전	釘	1급	못 정
底	4급	밑 저	悛	1급	고칠 전	全	7급	온전 전	錠	1급	덩이 정
低	준4	낮을 저	栓	1급	마개 전	前	7급	앞 전	靖	1급	편안할 정
貯	5급	쌓을 저	氈	1급	담 전	電	7급	번개 전	旌	2급	기 정
嫡	1급	정실 적	澱	1급	앙금 전	截	1급	끊을 절	晶	2급	맑을 정
狄	1급	오랑캐 적	煎	1급	달일 전	竊	3급	훔칠 절	楨	2급	광나무 정
謫	1급	귀양 갈 적	癲	1급	미칠 전	折	4급	꺾을 절	汀	2급	물가 정
迹	1급	자취 적	箋	1급	기록할 전	絶	준4	끊을 절	珽	2급	옥이름 정
滴	3급	물방울 적	箭	1급	살 전	切	5급	끊을 절/온통 체	禎	2급	상서로울 정
寂	준3	고요할 적	篆	1급	전자 전	節	5급	마디 절	鄭	2급	나라 정
摘	준3	딸 적	纏	1급	얽을 전	粘	1급	붙을 점	鼎	2급	솥 정
笛	준3	피리 적	輾	1급	돌아누울 전	霑	1급	젖을 점	偵	2급	염탐할 정
跡	준3	발자취 적	銓	1급	사람 가릴 전	漸	준3	점점 점	呈	2급	드릴 정
蹟	준3	자취 적	顚	1급	엎드러질/이마 전	占	4급	점령할/점칠 점	艇	2급	배 정
積	4급	쌓을 적	顫	1급	떨 전	點	4급	점 점	訂	3급	바로잡을 정
籍	4급	문서 적	餞	1급	보낼 전	店	5급	가게 점	井	준3	우물 정
績	4급	길쌈 적	甸	2급	경기 전	蝶	3급	나비 접	亭	준3	정자 정
賊	4급	도둑 적	殿	준3	전각 전	接	준4	이을 접	廷	준3	조정 정
適	4급	맞을 적	專	4급	오로지 전	幀	1급	그림 족자 정	征	준3	칠 정

淨(정)~做(주) 2501~2600字 漢字 및 훈음 알아보기 26

* 다음 漢字를 가나다 순으로 배열하고 각 한자에 해당하는 급수를 분류함.

한자	급	훈·음
淨	준3	깨끗할 정
貞	준3	곧을 정
頂	준3	정수리 정
丁	4급	고무래/장정 정
整	4급	가지런할 정
靜	4급	고요할 정
政	준4	정사 정
程	준4	한도/길 정
精	준4	정할 정
停	5급	머무를 정
情	5급	뜻 정
定	6급	정할 정
庭	6급	뜰 정
正	7급	바를 정
啼	1급	울 제
悌	1급	공손할 제
梯	1급	사다리 제
蹄	1급	굽 제
劑	2급	약제 제
堤	3급	둑 제
諸	준3	모두 제
齊	준3	가지런할 제
帝	4급	임금 제
制	준4	절제할 제
提	준4	끌 제

한자	급	훈·음
濟	준4	건널 제
祭	준4	제사 제
製	준4	지을 제
除	준4	덜 제
際	준4	즈음/가 제
第	6급	차례 제
題	6급	제목 제
弟	8급	아우 제
凋	1급	시들 조
嘲	1급	비웃을 조
曺	1급	무리 조
棗	1급	대추 조
槽	1급	구유 조
漕	1급	배로 실어 나를 조
爪	1급	손톱 조
眺	1급	볼 조
稠	1급	빽빽할 조
粗	1급	거칠 조
糟	1급	지게미 조
繰	1급	고치 켤 조
肇	1급	비롯할 조
藻	1급	마름 조
詔	1급	조서 조
躁	1급	조급할 조
遭	1급	만날 조

한자	급	훈·음
阻	1급	막힐 조
曹	2급	성 조
祚	2급	복 조
趙	2급	나라 조
彫	2급	새길 조
措	2급	둘 조
釣	2급	낚을/낚시 조
弔	3급	조상할 조
燥	3급	마를 조
兆	준3	억조 조
照	준3	비칠 조
租	준3	조세 조
條	4급	가지 조
潮	4급	밀물/조수 조
組	4급	짤 조
助	준4	도울 조
早	준4	이를 조
造	준4	지을 조
鳥	준4	새 조
操	5급	잡을 조
調	5급	고를 조
朝	6급	아침 조
祖	7급	할아비 조
簇	1급	가는대 족
族	6급	겨레 족

한자	급	훈·음
足	7급	발 족
存	4급	있을 존
尊	준4	높을 존
猝	1급	갑자기 졸
拙	3급	졸할 졸
卒	5급	마칠 졸
慫	1급	권할 종
腫	1급	종기 종
踪	1급	자취 종
踵	1급	발꿈치 종
琮	2급	옥홀 종
綜	2급	모을 종
縱	준3	세로 종
從	4급	좇을 종
鍾	4급	쇠북 종
宗	준4	마루 종
終	5급	마칠 종
種	5급	씨 종
挫	1급	꺾을 좌
佐	3급	도울 좌
坐	준3	앉을 좌
座	4급	자리 좌
左	7급	왼 좌
罪	5급	허물 죄
做	1급	지을 주

胄(주)~陳(진) 2601~2700字 漢字 및 훈음 알아보기 27

* 다음 漢字를 가나다 순으로 배열하고 각 한자에 해당하는 급수를 분류함.

한자	급	훈·음	한자	급	훈·음	한자	급	훈·음	한자	급	훈·음
胄	1급	자손 주	週	5급	주일 주	汁	1급	즙 즙	誌	4급	기록할 지
呪	1급	빌 주	晝	6급	낮 주	葺	1급	기울 즙	志	준4	뜻 지
嗾	1급	부추길 주	注	6급	부을 주	贈	3급	줄 증	指	준4	가리킬 지
廚	1급	부엌 주	主	7급	임금/주인 주	憎	준3	미울 증	支	준4	지탱할 지
紂	1급	주임금 주	住	7급	살 주	曾	준3	일찍 증	至	준4	이를 지
紬	1급	명주 주	竹	준4	대 죽	症	준3	증세 증	止	5급	그칠 지
註	1급	글뜻 풀 주	樽	1급	술통 준	蒸	준3	찔 증	知	5급	알 지
誅	1급	벨 주	竣	1급	마칠 준	證	4급	증거 증	地	7급	땅 지
躊	1급	머뭇거릴 주	蠢	1급	꾸물거릴 준	增	준4	더할 증	紙	7급	종이 지
輳	1급	몰려들 주	埈	2급	높을 준	咫	1급	여덟치 지	稙	2급	올벼 직
疇	2급	이랑 주	峻	2급	높을/준엄할 준	摯	1급	잡을 지	稷	2급	피 직
駐	2급	머무를 주	晙	2급	밝을 준	枳	1급	탱자 지/탱자 기	織	4급	짤 직
舟	3급	배 주	浚	2급	깊게 할 준	祉	1급	복 지	職	준4	직분 직
奏	준3	아뢸 주	濬	2급	깊을 준	肢	1급	팔다리 지	直	7급	곧을 직
宙	준3	집 주	駿	2급	준마 준	址	2급	터 지	嗔	1급	성낼 진
柱	준3	기둥 주	准	2급	비준 준	芝	2급	지초 지	疹	1급	마마 진
株	준3	그루 주	俊	3급	준걸 준	旨	2급	뜻 지	晉	2급	진나라 진
洲	준3	물가 주	遵	3급	좇을 준	脂	2급	기름 지	秦	2급	성 진
珠	준3	구슬 주	準	준4	준할 준	只	3급	다만 지	塵	2급	티끌 진
鑄	준3	쇠불릴 주	仲	준3	버금 중	遲	3급	더딜/늦을 지	津	2급	나루 진
周	4급	두루 주	衆	준4	무리 중	之	준3	갈 지	診	2급	진찰할 진
朱	4급	붉을 주	重	7급	무거울 중	枝	준3	가지 지	振	준3	떨칠 진
酒	4급	술 주	中	8급	가운데 중	池	준3	못 지	辰	준3	별 진/때 신
走	준4	달릴 주	卽	준3	곧 즉	持	4급	가질 지	鎭	준3	진압할 진
州	5급	고을 주	櫛	1급	빗 즐	智	4급	슬기/지혜 지	陳	준3	베풀/묵을 진

震(진)~責(책) 2701~2800字 漢字 및 훈음 알아보기 28

* 다음 漢字를 가나다 순으로 배열하고 각 한자에 해당하는 급수를 분류함.

한자	급	훈·음	한자	급	훈·음	한자	급	훈·음	한자	급	훈·음
震	준3	우레 진	徵	준3	부를 징	贊	준3	도울 찬	艙	1급	부두 창
珍	4급	보배 진	叉	1급	갈래 차	讚	4급	기릴 찬	菖	1급	창포 창
盡	4급	다할 진	嗟	1급	탄식할 차	擦	1급	문지를 찰	敞	2급	시원할 창
陣	4급	진칠 진	蹉	1급	미끄러질 차	刹	2급	절 찰	昶	2급	해 길/트일 창
眞	준4	참 진	遮	2급	가릴 차	札	2급	편지 찰	彰	2급	드러날 창
進	준4	나아갈 진	且	3급	또 차	察	준4	살필 찰	滄	2급	큰바다 창
叱	1급	꾸짖을 질	借	준3	빌/빌릴 차	僭	1급	주제넘을 참	暢	3급	화창할 창
嫉	1급	미워할 질	此	준3	이 차	塹	1급	구덩이 참	倉	준3	곳집 창
帙	1급	책권 차례 질	差	4급	다를 차	懺	1급	뉘우칠 참	昌	준3	창성할 창
桎	1급	차꼬 질	次	준4	버금 차	站	1급	역마을 참	蒼	준3	푸를 창
膣	1급	음도 질	搾	1급	짤 착	讒	1급	참소할 참	創	준4	비롯할 창
跌	1급	거꾸러질 질	窄	1급	좁을 착	讖	1급	예언 참	唱	5급	부를 창
迭	1급	갈마들 질	鑿	1급	뚫을 착	斬	2급	벨 참	窓	6급	창 창
窒	2급	막힐 질	捉	3급	잡을 착	慘	3급	참혹할 참	寨	1급	목책 채
姪	3급	조카 질	錯	준3	어긋날 착	慙	3급	부끄러울 참	埰	2급	사패지 채
疾	준3	병 질	着	5급	붙을 착	參	5급	참여할 참/석 삼	蔡	2급	성 채
秩	준3	차례 질	撰	1급	지을 찬	倡	1급	광대 창	采	2급	풍채 채
質	5급	바탕 질	纂	1급	모을 찬	娼	1급	창녀 창	債	준3	빚 채
斟	1급	짐작할 짐	饌	1급	반찬 찬	廠	1급	공장 창	彩	준3	채색 채
朕	1급	나 짐	篡	1급	빼앗을 찬	愴	1급	슬플 창	菜	준3	나물 채
輯	2급	모을 집	燦	2급	빛날 찬	槍	1급	창 창	採	4급	캘 채
執	준3	잡을 집	璨	2급	옥빛 찬	漲	1급	넘칠 창	柵	1급	울타리 책
集	6급	모을 집	瓚	2급	옥잔 찬	猖	1급	미쳐 날뛸 창	策	준3	꾀 책
澄	1급	맑을 징	鑽	2급	뚫을 찬	瘡	1급	부스럼 창	冊	4급	책 책
懲	3급	징계할 징	餐	2급	밥 찬	脹	1급	부을 창	責	5급	꾸짖을 책

凄(처)~撮(촬) 2801~2900字 漢字 및 훈음 알아보기 29

* 다음 漢字를 가나다 순으로 배열하고 각 한자에 해당하는 급수를 분류함.

한자	급	훈·음	한자	급	훈·음	한자	급	훈·음	한자	급	훈·음
凄	1급	쓸쓸할 처	千	7급	일천 천	晴	3급	갤 청	哨	2급	망볼 초
悽	2급	슬퍼할 처	天	7급	하늘 천	廳	4급	관청 청	焦	2급	탈 초
妻	준3	아내 처	川	7급	내 천	聽	4급	들을 청	抄	3급	뽑을 초
處	준4	곳 처	凸	1급	볼록할 철	請	준4	청할 청	秒	3급	분초 초
擲	1급	던질 척	綴	1급	엮을 철	淸	6급	맑을 청	礎	준3	주춧돌 초
滌	1급	씻을 척	轍	1급	바퀴자국 철	靑	8급	푸를 청	肖	준3	닮을/같을 초
瘠	1급	여윌 척	喆	2급	밝을/쌍길 철	涕	1급	눈물 체	超	준3	뛰어넘을 초
脊	1급	등마루 척	澈	2급	맑을 철	諦	1급	살필 체	招	4급	부를 초
陟	2급	오를 척	撤	2급	거둘 철	締	2급	맺을 체	初	5급	처음 초
隻	2급	외짝 척	哲	준3	밝을 철	替	3급	바꿀 체	草	7급	풀 초
斥	3급	물리칠 척	徹	준3	통할 철	逮	3급	잡을 체	囑	1급	부탁할 촉
尺	준3	자 척	鐵	5급	쇠 철	遞	3급	갈릴 체	蜀	2급	나라 이름 촉
戚	준3	친척 척	僉	1급	다/여러 첨	滯	준3	막힐 체	燭	3급	촛불 촉
拓	준3	넓힐 척/박을 탁	籤	1급	제비 첨	體	6급	몸 체	促	준3	재촉할 촉
喘	1급	숨찰 천	諂	1급	아첨할 첨	僬	1급	파리할 초	觸	준3	닿을 촉
擅	1급	멋대로 할 천	瞻	2급	볼 첨	梢	1급	나무 끝 초	忖	1급	헤아릴 촌
穿	1급	뚫을 천	尖	3급	뾰족할 첨	樵	1급	나무할 초	村	7급	마을 촌
闡	1급	밝힐 천	添	3급	더할 첨	炒	1급	볶을 초	寸	8급	마디 촌
釧	2급	팔찌 천	帖	1급	문서 첩	硝	1급	화약 초	叢	1급	떨기/모일 총
薦	3급	천거할 천	捷	1급	빠를 첩	礁	1급	암초 초	塚	1급	무덤 총
淺	준3	얕을 천	牒	1급	편지 첩	稍	1급	점점 초	寵	1급	사랑할 총
賤	준3	천할 천	疊	1급	거듭 첩	蕉	1급	파초 초	聰	3급	귀 밝을 총
踐	준3	밟을 천	貼	1급	붙일 첩	貂	1급	담비 초	總	준4	다 총
遷	준3	옮길 천	諜	2급	염탐할 첩	醋	1급	초 초	銃	준4	총 총
泉	4급	샘 천	妾	3급	첩 첩	楚	2급	초나라 초	撮	1급	모을/사진 찍을 촬

崔(최)~墮(타) 2901~3000字 漢字 및 훈음 알아보기 30

* 다음 漢字를 가나다 순으로 배열하고 각 한자에 해당하는 급수를 분류함.

한자	급	훈·음	한자	급	훈·음	한자	급	훈·음	한자	급	훈·음
崔	2급	성/높을 최	畜	준3	짐승 축	吹	준3	불 취	致	5급	이를 치
催	준3	재촉할 최	縮	4급	줄일 축	醉	준3	취할 취	勅	1급	칙서 칙
最	5급	가장 최	築	준4	쌓을 축	就	4급	나아갈 취	則	5급	법칙 칙
墜	1급	떨어질 추	蓄	준4	모을 축	趣	4급	뜻 취	親	6급	친할 친
椎	1급	쇠몽치/등골 추	祝	5급	빌 축	取	준4	가질 취	漆	준3	옻 칠
樞	1급	지도리 추	椿	2급	참죽나무 춘	惻	1급	슬플 측	七	8급	일곱 칠
芻	1급	꼴 추	春	7급	봄 춘	側	준3	곁 측	砧	1급	다듬잇돌 침
酋	1급	우두머리 추	黜	1급	내칠 출	測	준4	헤아릴 측	鍼	1급	침 침
錐	1급	송곳 추	出	7급	날 출	層	4급	층 층	枕	3급	베개 침
錘	1급	저울추 추	沖	2급	화할 충	侈	1급	사치할 치	沈	준3	잠길 침/성 심
鎚	1급	쇠망치 추	衷	2급	속마음 충	嗤	1급	비웃을 치	浸	준3	잠길 침
鰍	1급	미꾸라지 추	衝	준3	찌를 충	幟	1급	기 치	寢	4급	잘 침
槌	1급	망치 추/망치 퇴	忠	준4	충성 충	熾	1급	성할 치	針	4급	바늘 침
楸	2급	가래 추	蟲	준4	벌레 충	痔	1급	치질 치	侵	준4	침노할 침
鄒	2급	추나라 추	充	5급	채울 충	癡	1급	어리석을 치	蟄	1급	숨을 칩
趨	2급	달아날 추	悴	1급	파리할 췌	緻	1급	빽빽할 치	秤	1급	저울 칭
抽	3급	뽑을 추	膵	1급	췌장 췌	馳	1급	달릴 치	稱	4급	일컬을 칭
醜	3급	추할 추	萃	1급	모을 췌	峙	2급	언덕 치	快	준4	쾌할 쾌
追	준3	쫓을/따를 추	贅	1급	혹 췌	雉	2급	꿩 치	唾	1급	침 타
推	4급	밀 추	娶	1급	장가들 취	値	준3	값 치	惰	1급	게으를 타
秋	7급	가을 추	翠	1급	푸를/물총새 취	恥	준3	부끄러울 치	楕	1급	길고 둥글 타
蹴	2급	찰 축	脆	1급	연할 취	稚	준3	어릴 치	舵	1급	키 타
軸	2급	굴대 축	聚	2급	모을 취	治	준4	다스릴 치	陀	1급	비탈질/부처 타
丑	3급	소 축	炊	2급	불땔 취	置	준4	둘 치	駝	1급	낙타 타
逐	3급	쫓을 축	臭	3급	냄새 취	齒	준4	이 치	墮	3급	떨어질 타

妥(타)~貝(패) 3001~3100字 漢字 및 훈음 알아보기 31

* 다음 漢字를 가나다 순으로 배열하고 각 한자에 해당하는 급수를 분류함.

한자	급	훈·음	한자	급	훈·음	한자	급	훈·음	한자	급	훈·음
妥	3급	온당할 타	探	4급	찾을 탐	吐	준3	토할 토	芭	1급	파초 파
他	5급	다를 타	搭	1급	탈 탑	討	4급	칠 토	跛	1급	절름발이 파/비스듬히 설 피
打	5급	칠 타	塔	준3	탑 탑	土	8급	흙 토	坡	2급	언덕 파
擢	1급	뽑을 탁	宕	1급	호탕할 탕	慟	1급	서러워할 통	把	3급	잡을 파
鐸	1급	방울 탁	蕩	1급	방탕할 탕	桶	1급	통 통	播	3급	뿌릴 파
琢	2급	다듬을 탁	湯	준3	끓을 탕	筒	1급	통 통	罷	3급	마칠 파
託	2급	부탁할 탁	汰	1급	일 태	痛	4급	아플 통	頗	3급	자못 파
托	3급	맡길 탁	答	1급	볼기 칠 태	統	준4	거느릴 통	派	4급	갈래 파
濁	3급	흐릴 탁	苔	1급	이끼 태	通	6급	통할 통	波	준4	물결 파
濯	3급	씻을 탁	跆	1급	밟을 태	堆	1급	쌓을 퇴	破	준4	깨뜨릴 파
卓	5급	높을 탁	兌	2급	바꿀/기쁠 태	腿	1급	넓적다리 퇴	辦	1급	힘들일 판
呑	1급	삼킬 탄	台	2급	별 태	褪	1급	바랠 퇴	阪	2급	언덕 판
坦	1급	평탄할 탄	胎	2급	아이 밸 태	頹	1급	무너질 퇴	販	3급	팔 판
憚	1급	꺼릴 탄	颱	2급	태풍 태	退	준4	물러날 퇴	版	준3	판목 판
綻	1급	터질 탄	怠	3급	게으를 태	套	1급	씌울 투	判	4급	판단할 판
灘	2급	여울 탄	殆	준3	거의 태	妬	1급	샘낼 투	板	5급	널 판
誕	3급	낳을/거짓 탄	泰	준3	클 태	透	준3	사무칠 투	八	8급	여덟 팔
彈	4급	탄알 탄	態	준4	모습 태	投	4급	던질 투	佩	1급	찰 패
歎	4급	탄식할 탄	太	6급	클 태	鬪	4급	싸움 투	唄	1급	염불 소리 패
炭	5급	숯 탄	澤	준3	못 택	慝	1급	사특할 특	悖	1급	거스를 패
奪	준3	빼앗을 탈	擇	4급	가릴 택	特	6급	특별할 특	沛	1급	비 쏟아질 패
脫	4급	벗을 탈	宅	5급	집 택/집 댁	婆	1급	할미 파	牌	1급	패 패
眈	1급	노려볼 탐	撑	1급	버틸 탱	巴	1급	꼬리 파	稗	1급	피 패
耽	2급	즐길 탐	攄	1급	펼 터	爬	1급	긁을 파	霸	2급	으뜸 패
貪	3급	탐낼 탐	兔	준3	토끼 토	琶	1급	비파 파	貝	3급	조개 패

298

敗(패)~虐(학) 3101~3200字 漢字 및 훈음 알아보기 32

* 다음 漢字를 가나다 순으로 배열하고 각 한자에 해당하는 급수를 분류함.

한자	급	훈·음	한자	급	훈·음	한자	급	훈·음	한자	급	훈·음
敗	5급	패할 패	肺	준3	허파 폐	布	준4	베 포/보시 보	被	준3	입을 피
澎	1급	물소리 팽	閉	4급	닫을 폐	砲	준4	대포 포	疲	4급	피곤할 피
膨	1급	불을 팽	匍	1급	길 포	曝	1급	쪼일 폭/쪼일 포	避	4급	피할 피
彭	2급	성 팽	咆	1급	고함지를 포	瀑	1급	폭포 폭/소나기 포	疋	1급	필 필
愎	1급	강퍅할 팍	哺	1급	먹일 포	幅	3급	폭 폭	弼	2급	도울 필
鞭	1급	채찍 편	圃	1급	채마밭 포	爆	4급	불터질 폭	匹	3급	짝 필
騙	1급	속일 편	泡	1급	거품 포	暴	준4	사나울/모질 포	畢	준3	마칠 필
扁	2급	작을 편	疱	1급	물집 포	剽	1급	겁박할 표	必	5급	반드시 필
遍	3급	두루 편	脯	1급	포 포	慓	1급	급할 표	筆	5급	붓 필
偏	준3	치우칠 편	蒲	1급	부들 포	豹	1급	표범 표	乏	1급	모자랄 핍
片	준3	조각 편	袍	1급	도포 포	飄	1급	나부낄 표	逼	1급	핍박할 핍
編	준3	엮을 편	褒	1급	기릴 포	杓	2급	북두 자루 표	瑕	1급	허물 하
篇	4급	책 편	逋	1급	도망갈 포	漂	3급	떠다닐 표	蝦	1급	두꺼비/새우 하
便	7급	편할 편/똥오줌 변	庖	1급	부엌 포	標	4급	표할 표	遐	1급	멀 하
貶	1급	낮출 폄	葡	2급	포도 포	票	준4	표 표	霞	1급	노을 하
萍	1급	부평초 평	鮑	2급	절인 물고기 포	表	6급	겉 표	何	준3	어찌 하
坪	2급	들 평	怖	2급	두려워할 포	稟	1급	여쭐 품	荷	준3	멜 하
評	4급	평할 평	拋	2급	던질 포	品	5급	물건 품	賀	준3	하례할 하
平	7급	평평할 평	鋪	2급	펼/가게 포	諷	1급	풍자할 풍	河	5급	물 하
斃	1급	죽을 폐	抱	3급	안을 포	楓	준3	단풍 풍	下	7급	아래 하
陛	1급	대궐 섬돌 폐	飽	3급	배부를 포	豊	준4	풍년 풍	夏	7급	여름 하
幣	3급	화폐 폐	捕	준3	잡을 포	風	6급	바람 풍	壑	1급	구렁 학
蔽	3급	덮을 폐	浦	준3	개 포	披	1급	헤칠 피	謔	1급	희롱할 학
廢	준3	폐할/버릴 폐	胞	4급	세포 포	彼	준3	저 피	瘧	1급	학질 학
弊	준3	폐단/해질 폐	包	준4	쌀 포	皮	준3	가죽 피	虐	2급	모질 학

鶴(학)~狹(협) 3201~3300字 漢字 및 훈음 알아보기 33

* 다음 漢字를 가나다 순으로 배열하고 각 한자에 해당하는 급수를 분류함.

한자	급	훈·음	한자	급	훈·음	한자	급	훈·음	한자	급	훈·음
鶴	준3	학 학	咸	3급	다 함	奚	3급	어찌 해	險	4급	험할 험
學	8급	배울 학	含	준3	머금을 함	該	3급	갖출 해	驗	준4	시험할 험
悍	1급	사나울 한	陷	준3	빠질 함	解	준4	풀 해	爀	2급	불빛 혁
澣	1급	빨래 할/열흘 한	盒	1급	합 합	害	5급	해할 해	赫	2급	빛날 혁
罕	1급	드물 한	蛤	1급	조개 합	海	7급	바다 해	革	4급	가죽 혁
邯	2급	조나라서울 한/땅이름 감	合	6급	합할 합	劾	1급	꾸짖을 핵	眩	1급	어지러울 현
翰	2급	편지 한	缸	1급	항아리 항	核	4급	씨 핵	絢	1급	무늬 현
旱	3급	가물 한	肛	1급	항문 항	杏	2급	살구 행	衒	1급	자랑할 현
汗	준3	땀 한	亢	2급	높을 항	幸	6급	다행 행	峴	2급	고개 현
恨	4급	한 한	沆	2급	넓을 항	行	6급	다닐 행/항렬 항	炫	2급	밝을 현
閑	4급	한가할 한	巷	3급	거리 항	嚮	1급	길잡을 향	鉉	2급	솥귀 현
限	준4	한할 한	恒	준3	항상 항	饗	1급	잔치할 향	弦	2급	시위 현
寒	5급	찰 한	項	준3	항목 항	享	3급	누릴 향	絃	3급	줄 현
漢	7급	한수/한나라 한	抗	4급	겨룰 항	響	준3	울릴 향	縣	3급	고을 현
韓	8급	한국/나라 한	港	준4	항구 항	鄕	준4	시골 향	懸	준3	달 현
轄	1급	다스릴 할	航	준4	배 항	香	준4	향기 향	玄	준3	검을 현
割	준3	벨 할	偕	1급	함께 해	向	6급	향할 향	顯	4급	나타날 현
函	1급	함 함	咳	1급	기침 해	噓	1급	불 허	賢	준4	어질 현
喊	1급	소리칠 함	懈	1급	게으를 해	墟	1급	터 허	現	6급	나타날 현
檻	1급	난간 함	楷	1급	본보기 해	虛	준4	빌 허	穴	준3	굴 혈
涵	1급	젖을 함	諧	1급	화할 해	許	5급	허락할 허	血	준4	피 혈
緘	1급	봉할 함	邂	1급	만날 해	軒	3급	집 헌	嫌	3급	싫어할 혐
銜	1급	재갈 함	駭	1급	놀랄 해	獻	준3	드릴 헌	俠	1급	의기로울 협
鹹	1급	짤 함	骸	1급	뼈 해	憲	4급	법 헌	挾	1급	낄 협
艦	2급	큰 배 함	亥	3급	돼지 해	歇	1급	쉴 헐	狹	1급	좁을 협

頰(협)~闊(활) 3301~3400字 漢字 및 훈음 알아보기 34

* 다음 漢字를 가나다 순으로 배열하고 각 한자에 해당하는 급수를 분류함.

한자	급	훈·음	한자	급	훈·음	한자	급	훈·음	한자	급	훈·음
頰	1급	뺨 협	琥	1급	호박 호	酷	2급	심할 혹	貨	준4	재물 화
陜	2급	좁을 협/땅이름 합	瑚	1급	산호 호	惑	준3	미혹할 혹	化	5급	될 화
峽	2급	골짜기 협	糊	1급	풀칠할 호	或	4급	혹 혹	和	6급	화할 화
脅	준3	위협할 협	壕	2급	해자 호	渾	1급	흐릴 혼	畫	6급	그림 화/그을 획
協	준4	화할 협	扈	2급	따를 호	昏	3급	어두울 혼	花	7급	꽃 화
荊	1급	가시나무 형	昊	2급	하늘 호	魂	준3	넋 혼	話	7급	말씀 화
瀅	2급	물 맑을 형	晧	2급	밝을 호	婚	4급	혼인할 혼	火	8급	불 화
炯	2급	빛날 형	澔	2급	넓을 호	混	4급	섞을 혼	擴	3급	넓힐 확
瑩	2급	밝을 형/옥돌 영	皓	2급	흴[白] 호	惚	1급	황홀할 홀	穫	3급	거둘 확
邢	2급	성씨 형	祜	2급	복[福] 호	笏	1급	홀 홀	確	준4	굳을 확
馨	2급	꽃다울 형	鎬	2급	호경 호	忽	준3	갑자기 홀	喚	1급	부를 환
型	2급	모형 형	濠	2급	호주 호	哄	1급	떠들썩할 홍	宦	1급	벼슬 환
亨	3급	형통할 형	乎	3급	어조사 호	虹	1급	무지개 홍	驩	1급	기뻐할 환
螢	3급	반딧불이 형	互	3급	서로 호	訌	1급	어지러울 홍	鰥	1급	홀아비 환
衡	3급	저울대 형	毫	3급	터럭 호	泓	2급	물 깊을 홍	桓	2급	굳셀 환
刑	4급	형벌 형	浩	준3	넓을 호	弘	3급	클 홍	煥	2급	빛날 환
形	6급	모양 형	胡	준3	되 호	鴻	3급	기러기 홍	幻	2급	헛보일 환
兄	8급	형 형	虎	준3	범 호	洪	준3	넓을 홍	丸	3급	둥글 환
彗	1급	살별 혜	豪	준3	호걸 호	紅	4급	붉을 홍	換	준3	바꿀 환
醯	1급	식혜 혜	呼	준4	부를 호	嬅	2급	탐스러울 화	還	준3	돌아올 환
兮	3급	어조사 혜	好	준4	좋을 호	樺	2급	벗나무/자작나무 화	歡	4급	기쁠 환
慧	준3	슬기로울 혜	戶	준4	집 호	靴	2급	신 화	環	4급	고리 환
惠	준4	은혜 혜	護	준4	도울 호	禾	3급	벼 화	患	5급	근심 환
弧	1급	활 호	湖	5급	호수 호	禍	준3	재앙 화	猾	1급	교활할 활
狐	1급	여우 호	號	6급	이름 호	華	4급	빛날 화	闊	1급	넓을 활

301

滑(활)~詰(힐) 3401~3500字 漢字 및 훈음 알아보기 35

* 다음 漢字를 가나다 순으로 배열하고 각 한자에 해당하는 급수를 분류함.

한자	급	훈·음	한자	급	훈·음	한자	급	훈·음	한자	급	훈·음
滑	2급	미끄러울 활	廻	2급	돌 회	後	7급	뒤 후	凶	5급	흉할 흉
活	7급	살 활	悔	준3	뉘우칠 회	暈	1급	무리 훈	黑	5급	검을 흑
凰	1급	봉황 황	懷	준3	품을 회	壎	2급	질나발 훈	欣	1급	기쁠 흔
徨	1급	헤맬 황	灰	4급	재 회	熏	2급	불길 훈	痕	1급	흔적 흔
恍	1급	황홀할 황	回	준4	돌아올 회	薰	2급	향풀 훈	欠	1급	하품 흠
惶	1급	두려울 황	會	6급	모일 회	勳	2급	공 훈	歆	1급	흠향할 흠
慌	1급	어리둥절할 황	劃	준3	그을 획	訓	6급	가르칠 훈	欽	2급	공경할 흠
煌	1급	빛날 황	獲	준3	얻을 획	喧	1급	지껄일 훤	恰	1급	흡사할 흡
遑	1급	급할 황	橫	준3	가로 횡	卉	1급	풀 훼	洽	1급	흡족할 흡
晃	2급	밝을 황	哮	1급	성낼 효	喙	1급	부리 훼	吸	준4	마실 흡
滉	2급	깊을 황	嚆	1급	울릴 효	毁	3급	헐 훼	興	준4	일 흥
皇	준3	임금 황	爻	1급	사귈/가로그을 효	彙	1급	무리 휘	犧	1급	희생 희
荒	준3	거칠 황	酵	1급	삭힐 효	諱	1급	꺼릴 휘	嬉	2급	아름다울 희
況	4급	상황 황	曉	3급	새벽 효	麾	1급	기 휘	憙	2급	기뻐할 희
黃	6급	누를 황	效	5급	본받을 효	徽	2급	아름다울 휘	熹	2급	빛날 희
徊	1급	머뭇거릴 회	孝	7급	효도 효	輝	3급	빛날 휘	禧	2급	복 희
恢	1급	넓을 회	吼	1급	울부짖을 후	揮	4급	휘두를 휘	羲	2급	복희 희
晦	1급	그믐 회	嗅	1급	맡을 후	烋	2급	아름다울 휴	噫	2급	한숨 쉴 희
繪	1급	그림 회	朽	1급	썩을 후	携	3급	이끌 휴	姬	2급	계집 희
膾	1급	회 회	逅	1급	만날 후	休	7급	쉴 휴	熙	2급	빛날 희
蛔	1급	회충 회	后	2급	임금/왕후 후	恤	1급	불쌍할 휼	稀	준3	드물 희
誨	1급	가르칠 회	喉	2급	목구멍 후	兇	1급	흉악할 흉	戲	준3	놀이 희
賄	1급	재물/뇌물 회	侯	3급	제후 후	洶	1급	용솟음칠 흉	喜	4급	기쁠 희
檜	2급	전나무 회	候	4급	기후 후	匈	2급	오랑캐 흉	希	준4	바랄 희
淮	2급	물이름 회	厚	4급	두터울 후	胸	준3	가슴 흉	詰	1급	꾸짖을 힐

한자능력검정시험 급수별 교재

배병주 · 원창희 · 임재범 지음
376쪽 | 19,000원

배병주 · 원창희 · 임재범 지음
336쪽 | 14,000원

배병주 · 원창희 · 임재범 지음
520쪽 | 18,000원

배병주 · 원창희 · 임재범 지음
368쪽 | 15,000원

손주남 지음
272쪽 | 10,000원

손주남 지음
232쪽 | 10,000원

손주남 지음
208쪽 | 9,000원

한자능력검정시험 관련 사이트

한국어문회 www.hanja.re.kr(02-6003-7400) | 대한상공회의소 www.passon.co.kr(02-2102-3600)
대한검정회 www.hanja.ne.kr(02-386-4848) | 한자교육진흥회 web.hanja114.org(02-3406-9111)

BM 성안당
http://www.cyber.co.kr
04032 서울시 마포구 양화로 127 첨단빌딩 5층(출판기획 R&D 센터) T.02.3142.0036
10881 경기도 파주시 문발로 112 출판문화정보산업단지(제작 및 물류) T.031.950.6300

성안당 한자사전

한+ 한자대사전

장삼식 지음 | 1,876쪽 | 35,000원

20,000여 표제자를 수록하고 있는 한자사전으로 120,000여 어휘의 상세하고 정확한 해석을 담고 있으며, 우리나라 고전부터 고사, 성구, 인명, 서명, 지명 등을 수록하고 해설하여 한자사전 뿐 아니라 고사성어사전, 인명지명사전 역할을 하고 있다. 모든 한자에 일어와 영어를 병기하고, 한·중·일·영 4개국의 언어도 담고 있으며, 현대 중국어의 발음기호와 사성을 표시하고 있다. 특히, 약자와 우리나라에서만 쓰이는 한자를 담고 있는 것이 특징이다.

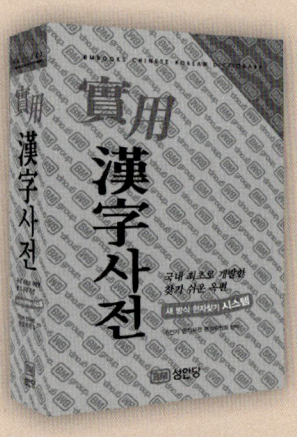

실용 한자사전

6인자 한자사전 편집위원회 지음 | 999쪽 | 20,000원

복잡하고 어려운 한자 찾기에 대한 고민을 깨끗이 해결할 수 있도록 구성한 실용적인 한자사전이다. 새 방식 한자찾기 시스템을 도입하여 쉽고 편한 한자 검색 방식으로 보다 편리하게 한자를 찾을 수 있도록 하였다.

종횡무진 한자사전

금하연 · 오채금 지음 | 608쪽 | 23,000원

대부분의 한자가 부수와 성부가 결합하여 이루어진 형성자라는 특징을 고려해서 구성한 한자사전이다. 4,888자를 대상으로 삼아 그 성부를 밝히고, 주로 설문해자를 근거로 삼았으며, 학습효과를 증대시키기 위해 성부를 부수 순으로 배열하고 해당 형성자를 그 아래에 배열하여 구성하였다.

BM 성안당 http://www.cyber.co.kr

04032 서울시 마포구 양화로 127 첨단빌딩 5층(출판기획 R&D 센터) T.02.3142.0036
10881 경기도 파주시 문발로 112 출판문화정보산업단지(제작 및 물류) T.031.950.6300